Martin Limbeck

Das neue Hardselling

Martin Limbeck

Das neue Hardselling

Verkaufen heißt verkaufen –
So kommen Sie zum Abschluss

4., ergänzte Auflage

Bibliografische Information der Deutschen Nationalbibliothek
Die Deutsche Nationalbibliothek verzeichnet diese Publikation in der
Deutschen Nationalbibliografie; detaillierte bibliografische Daten sind im Internet über
<http://dnb.d-nb.de> abrufbar.

1. Auflage 2005
2., ergänzte Auflage 2007
3., ergänzte Auflage 2009
4., ergänzte Auflage 2011

Alle Rechte vorbehalten
© Gabler Verlag | Springer Fachmedien Wiesbaden GmbH 2011

Lektorat: Barbara Möller

Gabler Verlag ist eine Marke von Springer Fachmedien.
Springer Fachmedien ist Teil der Fachverlagsgruppe Springer Science+Business Media.
www.gabler.de

Das Werk einschließlich aller seiner Teile ist urheberrechtlich geschützt. Jede Verwertung außerhalb der engen Grenzen des Urheberrechtsgesetzes ist ohne Zustimmung des Verlags unzulässig und strafbar. Das gilt insbesondere für Vervielfältigungen, Übersetzungen, Mikroverfilmungen und die Einspeicherung und Verarbeitung in elektronischen Systemen.

Die Wiedergabe von Gebrauchsnamen, Handelsnamen, Warenbezeichnungen usw. in diesem Werk berechtigt auch ohne besondere Kennzeichnung nicht zu der Annahme, dass solche Namen im Sinne der Warenzeichen- und Markenschutz-Gesetzgebung als frei zu betrachten wären und daher von jedermann benutzt werden dürften.

Umschlaggestaltung: KünkelLopka Medienentwicklung, Heidelberg
Satz: ITS Text und Satz Anne Fuchs, Bamberg
Druck und buchbinderische Verarbeitung: MercedesDruck, Berlin
Gedruckt auf säurefreiem und chlorfrei gebleichtem Papier
Printed in Germany

ISBN 978-3-8349-2500-8

Verkaufen heißt verkaufen

Es gibt mehrere Möglichkeiten, warum Sie ausgerechnet dieses Buch in der Hand halten: Sie stehen in diesem Moment in einer Buchhandlung vor einem Regal, haben – nicht zufällig, sondern nach dem Gesetz von Ursache und Wirkung! – danach gegriffen, und jetzt stellen Sie sich gerade die Frage: „Schon wieder ein Buch über das Verkaufen? Wo es doch schon so viele gibt!" Eine weitere Möglichkeit ist, dass Sie dieses Buch geschenkt bekommen haben. Oder Sie haben es sich bereits gekauft.

Wie Sie auch immer zu diesem Buch gekommen sind: Ich kann Ihnen nur dazu gratulieren! „Das neue Hardselling – Verkaufen heißt verkaufen" beschäftigt sich mit dem wichtigsten im Verkauf: mit Ihnen, dem Verkäufer, und mit dem Verkaufen selbst.

Wir alle verkaufen. Jeden Tag. Denn Verkaufen heißt nichts anderes als: andere zu Taten zu bewegen. Ob in der Familie, in der Partnerschaft, ob Freunde, Bekannte, Kollegen, Mitarbeiter. Nicht anders ist es im Verkauf: Dort wollen wir unsere Kunden für unsere Produkte und Dienstleistungen, für unser Unternehmen und vor allem für uns selbst – für uns als Verkäufer – gewinnen.

Wir alle hatten unsere Kindheitsträume: „Was werde ich einmal, wenn ich groß bin? Lokführer? Kriminalkommissar? Astronaut? Millionär?" Die wenigsten von uns allerdings sagten schon als kleine – oder auch als größere – Steppkes: „Ich will einmal ein Spitzenverkäufer werden!"

So ging es auch mir. Bis zu meinem 16. Lebensjahr wusste ich nicht so richtig, was ich irgendwann einmal beruflich tun wollte. Den entscheidenden Kick für meinen späteren beruflichen Weg bekam ich, als ich ein Jahr lang eine Highschool in den USA besuchte und dabei feststellte, dass sich dort im Verkauf alles um den Kunden dreht und sich Leistung lohnt.

Mein host father, bei dessen Familie ich lebte, war damals Verkaufsleiter eines großen Mineralölkonzerns. Darüber hinaus arbeitete er in seiner freien Zeit nebenberuflich für andere. Damit steckte er mich so sehr an, dass ich begann, nach Schulschluss um 15 Uhr für den Hausmeister unserer Schule, der in seinem Zweitberuf ein Gartenbau-Unternehmen besaß, bei anderen Leuten Rasen zu mähen und im Winter bei den Nachbarn Schnee zu räumen. So verdiente ich mir die ersten tausend Dollar, mit denen ich dann meinen Eltern eine Art Taschengeld-Kredit, den sie mir gegeben hatten, zurückzahlen konnte. Ich war mächtig stolz auf meine Leistung!

So entschloss ich mich, nach meiner Ausbildung zum Groß- und Außenhandelskaufmann aktiv in den Verkauf einzusteigen – nur so einfach war es leider nicht, wie ich es mir damals vorgestellt hatte: Auf die meisten meiner vielen Bewerbungen bekam ich als Antwort: „Werden Sie erst einmal erwachsen, dann haben Sie die Chance, Verkäufer zu werden!"

Schließlich fand ich doch ein Unternehmen. Der Geschäftsführer Manfred Best, dem ich heute noch sehr dankbar dafür bin, gab mir die Chance, als Verkäufer für Kopierer und Faxgeräte aktiv in das Metier einzusteigen und damit den Grundstein für meine berufliche Karriere und meinen Erfolg zu legen. Mein Vater sagte damals: „Wenn du es in dieser harten Branche schaffst, kannst du später einmal alles verkaufen!"

Einem vierwöchigen Verkaufstraining ohne Produktkenntnisse folgte eine kurze Einarbeitung im Unternehmen – und schon wurde ich „auf die freie Wildbahn" geschickt. Gut erinnere ich mich noch an meinen ersten Tag in der Kaltakquise. Ich hatte mir extra ein kleines Verkaufsgebiet ausgesucht: „Hier kannst du wenig falsch machen", so dachte ich damals noch.

Ich fuhr also mit meinem Auto nach Friedrichsdorf/Köppern im Taunus, wo sich ungefähr 15 Klein-, Mittel- und Großfirmen angesiedelt hatten. So stand ich nun da am Auto, in meinem ersten Anzug und mit einer Verkaufsmappe unter dem Arm und überlegte: „In welches Unternehmen gehe ich denn nun zuerst?"

Gesagt – aber nicht getan. „Wenn ich in das kleine Unternehmen gehe, habe ich gleich ein Gespräch mit dem Entscheider. Zum Üben vielleicht nicht so gut. Mmmmhhhh ... Na ja, wenn ich jetzt in das große Unternehmen gehe, dann bleibe ich im Vorzimmer bei der Sekretärin hängen ... vielleicht auch nicht so gut ..."

So stand ich also da, rauchte eine nach der anderen und merkte, wie meine Knie weicher und weicher wurden. Nach ca. 20 Minuten ergebnislosen Hin- und Herüberlegens sagte ich mir schließlich: „Egal, wo du auch hingehst – pack's an, denn du willst ja erfolgreich sein!" Und so klapperte ich Unternehmen für Unternehmen ab, nach dem Motto: „Hier bin ich, hier bleib' ich, hier schreib' ich!"

In meinem ersten Jahr führte ich in knapp neun Monaten über 1 000 Kaltakquisen durch, verkaufte 81 Kopiersysteme und verdiente durch meine Verkaufserfolge das Dreifache meines Gehalts, das ich nach dem Abschluss meiner Ausbildung als gelernter Groß- und Außenhandelskaufmann bekam.

Schon nach kurzer Zeit galt ich in der Branche als einer der besten und erfolgreichsten Verkäufer. Geholfen haben mir dabei auch viele gute Verkaufstrainings, unter anderem auch die des Instituts für Wirtschaftspädagogik Peter R. Volke, bei dem ich später auch als Partner meine Trainerkarriere startete und der mich während meiner ersten sieben Jahre als Trainer begleitete. Dafür sei ihm an dieser Stelle sehr herzlich gedankt! Somit lernte ich das Geschäft von der Pike auf: Kalt- und Telefonakquise, Bedarfsermittlung und Motivanalyse, Angebotspräsentation, Einwandbehandlung, Abschlusstechniken – und immer wieder Preisgespräche, denn keiner wollte einen neuen Kopierer, weil jeder schon einen hatte ...

Das Schöne am Verkaufen ist für mich: Ich lerne jeden Tag dazu.

Um was geht's in diesem Buch?

DAS NEUE HARDSELLING®* ist ein neues Verkaufskonzept: Es verbindet die konsequente *Zielgerichtetheit auf den Verkaufsabschluss* mit dem für eine langfristige Kundenbindung notwendigen *Beziehungsmanagement*. Dabei folgt es in acht Stufen mit telefonischem Erstkontakt, qualifiziertem Erstgespräch und Folgetermin inklusive optimalem Verkaufsabschluss und After-Sales-Strategien dem idealtypischen Ablauf einer erfolgreichen Neukundenakquise und der daraus folgenden langfristigen Kundenbindung.

Leitfigur dieses neuen Verkaufskonzepts ist DER NEUE HARDSELLER®. Sie lernen seine Erfolgsgeheimnisse kennen und erfahren, wie Sie

- ▶ sich selbst auf den Verkaufserfolg programmieren,
- ▶ zu neuen Kunden auf höchster Entscheidungsebene kommen,
- ▶ Verkaufsgespräche aktiv führen und Ihre Kunden mit starken Argumenten überzeugen,
- ▶ das weite Spektrum zwischenmenschlicher Kommunikation in der Situation des Verkaufsgesprächs verstehen und für Ihren Nutzen und den Ihrer Kunden einsetzen,
- ▶ Aktionen und Reaktionen Ihres Kunden gezielt steuern und ihn so intelligent zum Abschluss führen sowie
- ▶ Ihre überzeugten Neukunden zu begeisterten Stammkunden machen!

Der modulare Aufbau ermöglicht es Ihnen, in Ihrem individuellen Training Schwerpunkte zu setzen bzw. einzelne Themen zu wiederholen. Ob als kurzweiliges Intensivtraining, als informatives Nachschlagewerk oder als Inspirationsquelle für kreatives Verkaufen – wie Sie dieses Buch auch immer nutzen, Sie profitieren von meinem über viele Jahre gewachsenen Know-how als Trainer *und* Verkäufer!

Es komprimiert also meine mehr als 20-jährige Vertriebserfahrung und mein Know-how aus Weiterbildungen und Coachings durch Top-Trainer in den USA und Europa in dem wenigen Raum zwischen zwei Buchdeckeln, denn auch ein Verkaufstrainer muss sich – angesichts des harten Wettbewerbs, der heute in dieser Branche herrscht – immer auch selbst verkaufen. Daher mein Motto: „Nur ein Verkaufstrainer, der selbst verkaufen kann, kann auch Verkaufsschulungen durchführen."

Für wen ist dieses Buch interessant?

Dieses Buch richtet sich an alle Verkäufer – inklusive Freiberufler, zum Beispiel Versicherungsmakler und Handelsvertreter – im Innen- und Außendienst sowohl im Business-to-Business (B2B)- als auch im Business-to-Consumer (B2C)-Bereich. Darüber hinaus finden auch Verkaufs-/Vertriebsleiter in der Industrie, Vorstände, Manager, Entscheider im Handel und bei (großen) Dienstleistern wie Banken, Versicherungen, IT-Unternehmern etc., Geschäftsführer/Entscheider in KMU und andere Kollegen in Führungspositionen cleveres Handlungswissen und smarte Strategien – aus der Praxis für die Praxis.

Für die vorliegende 4. Auflage wurde ein zusätzlicher Schwerpunkt auf die Vertriebsführung gelegt. Erfolgreiche Vertriebe brauchen eine eindeutige und klare Führungsarbeit, um alle Mitarbeiter zum neuen Hardselling zu motivieren und die Verkaufs-Skills immer weiter auszubauen und zu entwickeln. Daher habe ich für diese 4. Auflage erstmals einige Exkurse zum Thema Führung im Vertrieb eingebaut.

Mein Dank gilt meinem Sohn, der mich jeden Tag lehrt, was Hartnäckigkeit, Standfestigkeit und Durchhaltevermögen heißt. Ebenso danke ich meiner Partnerin, die stets ein kritisches Auge auf mein Manuskript warf, meiner Familie, die mich auf meinem Weg als Verkäufer und Trainer förderte, und natürlich meinen Kunden und Seminarteilnehmern, meinem eigenen Trainerteam, meinen Freunden und Mentoren sowie den Trainerkollegen der SALESMASTERs, Alexander Christiani, Erich-Norbert Detroy, Klaus-J. Fink und Dirk Kreuter, die mich bestärkt haben, das Thema „Das neue Hardselling" aufzugreifen, und mir auf dem langen Weg zu diesem Buch immer wieder gute Sparringspartner waren. Und ich danke Patrick Grootveldt, der mich dabei unterstützt hat, das polarisierende Thema Hardselling in eine lesbare Form zu bringen, sowie Jascha Pinkert für seine Recherchen.

Dieses Buch soll Ihnen Spaß machen und Ihnen einen guten Weg ebnen, wie Sie im immer härteren Wettbewerb, in zunehmend engen Märkten und bei einem unüberschaubaren Angebot an vergleichbaren Produkten und Dienstleistungen weiterhin als Topverkäufer die Nase vorn haben. Denn Sie wissen ja: Wer glaubt, dass Kokosnüsse eine harte Schale haben, der hatte noch nie richtig Hunger!

Die überwältigende Resonanz auf das Buch zeigt, Sie haben noch Hunger und dass sich das Konzept des neuen Hardselling geschmeidig den schwierigen Rahmenbedingungen für den Verkäufer von heute anpasst und dabei lösungsorientierte und kreative Antworten für seinen Alltag zwischen vertrieblichen Erfordernissen einerseits und anspruchsvollen Kunden andererseits liefert. Offensichtlich trifft die richtige Mischung aus konsequenter Abschlussorientierung und nachhaltiger Kundenbindung und -begeisterung den Nerv der Zeit – schließlich vermittelt sie dem Verkäufer das notwendige Selbstbewusstsein für ein souveränes Auftreten und gibt ihm das Handwerkszeug an die Hand, um seinen Kunden zum Kauf zu motivieren.

Viel Erfolg beim Umsetzen dieses Konzepts und der Strategien zum neuen Hardselling wünscht Ihnen ein Verkäufer,

Ihr Martin Limbeck

Ein Wort zur Schreibweise: Um das Buch für Sie so klar und verständlich wie möglich zu gestalten, wird ganz bewusst darauf verzichtet, jeweils auch eine Form der weiblichen Schreibweise zu nutzen. Selbstverständlich ist mit Verkäufer auch die Verkäufer*in*, mit dem Gesprächspartner die Gesprächspartner*in*, mit dem Interessenten die Interessent*in*, mit dem Entscheider auch sein weibliches Pendant etc. gemeint.

* Folgende Begriffe sind geschützte Wort-Bild-Marken des Autors:
   DAS NEUE HARDSELLING®   DER NEUE HARDSELLER®
   THE AGE OF SAVE®   R-A-U-S-S®-Technik
   MONA®-Technik   BAP®-Technik

Inhalt

Verkaufen heißt verkaufen — 5

Was ist neu am „neuen Hardselling"? — 15
„Guten Tag, ich bin Verkäufer und will Ihnen etwas verkaufen" — 15
Trends im Verkauf – was bedeutet Verkaufen heute? — 16
Was bestehenden Verkaufskonzepten heute fehlt — 19
Das neue Hardselling: Verkaufen heißt verkaufen — 20
Die Einstellung macht den Unterschied — 21

Die DNA des neuen Hardsellers — 29
Ein Topverkäufer hat die DNA des neuen Hardsellers — 29
„Wer das Ziel nicht kennt, wird den Weg nicht finden" –
die eigenen Ziele (er)kennen und konsequent verfolgen — 38
Negative Denkmuster aufbrechen und positives Handeln pushen — 43
Der R-A-U-S-S®-Test: Wie sehen Sie sich selbst? — 44
Motivation: Nur der Begeisterte kann andere überzeugen — 50
Zeit für Kreativität: Nur wer gut organisiert ist, hat neue Ideen — 52
Überzeugen statt Überreden:
Mit der Kraft der Persönlichkeit kommunizieren — 54
Sind Sie ein neuer Hardseller? — 59
Neue Hardseller führen — 61

Mut zur Neukundenakquisition — 67
Vom Erstkontakt zum Abschluss –
Grundsätzliches zur Neukundengewinnung — 67
Das Telefon, dein Freund und Helfer:
Die Vorteile der Telefonakquise konsequent nutzen — 69
Locker bleiben: Eine gründliche Vorbereitung ist die halbe Miete — 72
Ziel: Terminvereinbarung. Mit dem persönlichen Leitfaden
das Telefongespräch steuern und den Kunden führen — 80

Über die Zugbrücke in die Burg:
An der Assistentin vorbei zum Entscheider ... 82

Interessieren statt informieren: Die Neugier des Kunden
gewinnen und die Vorteile des eigenen Angebots vermitteln ... 95

„Ja, aber ...": Einwände am Telefon souverän entkräften ... 97

Geschafft! Den Termin für den persönlichen Besuch
festklopfen und sich richtig verabschieden ... 106

Neukundenakquisition als Führungsaufgabe ... 110

Am Anfang war das Wort: Das qualifizierte Erstgespräch ... 115

Nach dem Spiel ist vor dem Spiel: Kundenpotenzialanalyse
und individuelle Vorbereitung auf den persönlichen Erstbesuch ... 115

Für den ersten Eindruck gibt es keine zweite Chance: Nutzen
Sie die Gesetze der verbalen und nonverbalen Kommunikation ... 118

„Was machen die Geschäfte?" – Killerfloskeln
beim Gesprächseinstieg und wie Sie sie vermeiden ... 131

Bedarfs- und Motivermittlung: Aktiv hinhören
und die richtigen Fragen stellen ... 141

Neugier wecken und Kauflust anheizen ... 149

Der Vorab-Abschluss: Klare Ziel- und Terminabsprache
für den Folgetermin ... 152

Zielgerichtet führen: Klare Ansagen statt Kuschelkurs ... 157

Ein echtes Heimspiel: Die Angebotspräsentation ... 161

Es gibt keine Standardpräsentation: Individuelle Ausarbeitung
des Angebots und professionelle Vorbereitung ... 161

Seien Sie Ihr eigener Regisseur: Die Angebotspräsentation
clever aufbauen und kontrollieren ... 164

Kennen Sie MONA? Produktmerkmale in individuellen
Kundennutzen übersetzen ... 170

Klotzen statt Kleckern: Über Zeugen überzeugen! ... 174

The brand called you: Wie Sie sich als Experte positionieren ... 180

Wie konnte ich wissen, was du meintest, als ich hörte,
was du sagtest 185

Die Gesprächsergebnisse schriftlich fixieren ... 187

Aus „Nein" mach' „Ja": Die Einwandbehandlung — 189

Einwände sind Wegweiser zum Abschluss — 189

Von Einwänden, Vorwänden und Bedingungen:
Wie Sie die Gegenargumente Ihrer Kunden richtig einschätzen — 191

Das „Nein" als echte Herausforderung im neuen Hardselling — 196

Kontrollieren Sie sich selbst und das Gespräch — 197

Typische Einwände — 200

Smarte Antwortstrategien für die Einwandbehandlung — 205

Geiz ist geil? Souverän durchs Preisgespräch — 213

Zwischen Schnäppchenjagd und Luxus:
Die Bedeutung des Preises im Hyper-Wettbewerb — 213

Die Einstellung macht's: Vom Wert des eigenen Preises
überzeugt sein — 215

Wie Sie die Preisvorstellungen Ihres Kunden unbemerkt
beeinflussen — 218

Exkurs: Preis-Psychologie — 220

„Zu teuer"! Zu teuer? — 222

Alles schon gehört: Wie Sie Preisdrückerstrategien
entspannt begegnen — 226

Von Mehrwerten und Preisbaguettes – der Handel
um den fairen Preis — 230

Auch die Führung muss raus auf die Straße — 237

Der Abschluss: Dem Kunden zur richtigen Entscheidung verhelfen — 241

Keine Angst vor dem Abschluss: Motivation statt Frustration — 241

Die Emotionen des Kunden ansprechen – so führen Sie
Ihren Gesprächspartner geschickt über die Ziellinie — 245

Das ging daneben: Typische Abschlussfehler
von Durchschnittsverkäufern — 257

Auch nach dem Shake-Hands dran bleiben:
Den Kunden motivieren — 261

Kundenbindung ganz konkret: Der After-Sales-Service 263

Haben Sie überhaupt etwas mit After-Sales-Service zu tun? 263

After Sales beginnt direkt nach dem Abschluss:
Geben Sie Ihrem Kunden Sicherheit 266

Bringen Sie den Auftrag ins Rollen:
Die Nachbereitung des Verkaufsgesprächs 268

Bleiben Sie am Ball! Kundenvertrauen ist Kundenloyalität 274

Gelassenheit hilft: Der souveräne Umgang mit Reklamationen 284

Empfehlungen: Die elegante Art der Neukundengewinnung 281

Der Fleißige schlägt das Talent oder warum es ohne Training nicht geht 303

Du hast es in der Hand 305

Literatur 311

Der Autor 313

Was ist neu am neuen Hardselling"?

*Erfolgreich sein: genau die Fähigkeiten haben,
die im Moment gefragt sind.*
Henry Ford

„Guten Tag, ich bin Verkäufer und will Ihnen etwas verkaufen"

Diese scheinbar banale Selbstverständlichkeit kommt leider viel zu wenigen Kollegen über die Lippen. Stattdessen sind rhetorische Eiertänze à la „Ich möchte Sie nur beraten ...", „... nur ein wenig Information ..." und „Ich möchte Ihnen kurz unser Angebot vorstellen ..." an der Tagesordnung. Seltsam, fragt sich der Kunde, ein Verkäufer, der nichts verkaufen will?

Zugegeben: Der Wettbewerb wird härter. Die allgemein angespannte Wirtschaftslage zwingt Unternehmen dazu, Ausgaben zu reduzieren und höhere Umsätze zu realisieren. Und wenn es Unternehmen schlecht geht, steht vor allem der Vertrieb unter Druck – es muss stärker differenziert, sparsamer geworben und klüger verkauft werden. Sie als Verkäufer geraten immer stärker in den Fokus, wenn Ihr Unternehmen versucht, im härteren Kampf um den Kunden mitzuhalten.

Kurz: Exzellente Verkäufer sind gerade in schwierigen Zeiten extrem wichtig für Unternehmen.

Sie haben natürlich Recht: Der Käufermarkt mit sinkenden Preisen aufgrund von Angebotsüberschüssen, Nachfragedefiziten und hoher Wettbewerbsintensität infolge steigender Produktivität ist schon lange harte Realität. Die klassischen Versorgungsmärkte sind gesättigt, in vielen dieser Branchen gibt es deutliche Überkapazitäten. Folge: Die Mitte bei Preis und Qualität schwindet, die beiden Pole „Spitzenprodukt" und „Billigangebot" nehmen an Bedeutung zu, können aber nicht mehr konkreten Zielgruppen zugeordnet werden – jeder (Kunde) kauft überall, je nach Lust und Laune und Situation.

Die Nachfragemacht der Kunden nimmt also zu. Sie erwarten, als Individuen mit spezifischen Bedürfnissen und Wünschen wahrgenommen und bedient zu werden. Sie verstehen sich nicht mehr als einem Marktsegment zugehörig, sondern als Unikate, die kein Interesse (mehr) an Massenware haben. Unternehmen reagieren auf diese Anforderungen in den Zeiten von „Egonomics" (Kunden setzen zunehmend ihre individuellen Wünsche durch) mit Individualisierungs- und Differenzierungsstrategien: Produkt- und Dienstleistungsangebote werden immer stärker für den einzelnen Kunden maßgeschneidert. One-to-One-Märkte und One-to-One-Marketing mögen heute noch eine Ausnahme darstellen – in der Zukunft wird kaum ein Unternehmen mit seinen Mitarbeitern und Verkäufern daran vorbeikommen.

Kurz: Die Anforderungen an Ihr verkäuferisches Denken und Handeln wachsen Tag für Tag.

Trends im Verkauf – was bedeutet Verkaufen heute?

Das Internet wird den Verkäufer nicht ersetzen. Natürlich machen das World Wide Web und andere neue Medien die Märkte transparenter, indem sie unendlich viele Wege zu Informationen über Produkte und Dienstleistungen eröffnen. Gleichzeitig aber ergänzen diese neue Kommunikations(platt)formen die Möglichkeiten der bisherigen Kommunikation mit unseren Kunden. Mit immer raffinierteren Detaillösungen in Online-Shops werden auch erklärungsbedürftige Produkte und Dienstleistungen in Zukunft über das Internet vermarktet. Diese Form der Information und Werbung über das World Wide Web wird aber nicht den für Unternehmen vitalen Teil des Verkaufszyklus' – den erfolgreichen Geschäftsabschluss – überflüssig machen – dafür wird der neue Hardseller gebraucht!

Individuelles Beziehungsmanagement ist und bleibt für den Verkäufer neben seiner konsequenten Abschlussorientierung der wichtigste Erfolgsfaktor. Kundenorientierung ist in vielen Unternehmen zwar ein gebetsmühlenartig wiederholtes Credo, aber wenig gelebte Realität. Doch im Lauf der nächsten Jahre müssen sich alle Mitarbeiter ihrer Verantwortung gegenüber den Kunden ihres Unternehmens bewusst werden und entsprechend handeln. Somit wird auch das Verkaufen im Team – also das effektive Zusammenwirken von Entwicklung, Verkauf, Logistik und Service für die individuelle Lösung für den einzelnen Kunden – zu einer Notwendigkeit für den Verkaufserfolg.

Unsere Kunden sehen sich einer unüberschaubaren Menge von kaum noch unterscheidbaren Me-Too-Produkten und Look-Alike-Dienstleistungen gegenüber. Produktinnovationszyklen werden immer kürzer, Marktvorteile lassen sich nur noch kurzfristig realisieren, weil der Wettbewerb unsere Angebote schnell kopiert und verbessert. Insbesondere im Konsumgüterbereich (Bekleidung und Schuhe sind hier die „Pionierbranchen") entwickeln Massenproduzenten die Fähigkeit, ein kundenorientiertes Qualitätsprodukt zum Preis eines Massenproduktes herzustellen.

Hier setzt der neue Hardseller an: Er muss preiskritischen Kunden die Vorteile eines Qualitätsprodukts nahe bringen. Der zunehmenden Preissensibilität ihrer Kunden werden Unternehmen und ihre Verkäufer nur beggnen, indem sie ihre Kunden schon im Vorfeld in die Preisfindung einbeziehen oder durch mehr Flexibilität hinsichtlich anderer Verhandlungsoptionen überzeugen. Und nicht zuletzt müssen wir dabei auch die zunehmende Convenience-Orientierung unserer Kunden – ihr Bedürfnis nach Überblick, Einfachheit, Bequemlichkeit und Ruhe – berücksichtigen. Der neue Hardseller versteht sich daher auch als Wegbereiter, der seinen Kunden den Weg durch den Angebotsdschungel hin zum passenden Produkt frei schlägt.

Neben der Individualisierung von Produkten und Dienstleistungen ist die Erhöhung ihres Emotionsgehaltes der andere Weg, um sie von denen anderer Anbieter stärker abzugrenzen. Verkäufer müssen mehr denn je die Motive und Wünsche ihrer Kunden erkennen und mit Stories gezielt ansprechen: Welche Erlebnisse haben meine Kunden beim Gebrauch meines Produkts? Wie kann ich diese Emotionen in der Gesprächssituation optimal vermitteln?

Kurz: Wir leben in „The Age of Save" – unsere Kunden erwarten einen exzellenten, umfassenden Service, der ihnen *Sicherheit* gibt, individuelle und schnelle *Antworten,* und dafür müssen Unternehmen und ihre Verkäufer ihre Kompetenzen *Vernetzung* sowie *Emotionen* gezielt ansprechen!

THE AGE OF SAVE®

Ob Altersvorsorge und/oder Geldanlagen, Sicherheitsausstattungen bei Automobilen (Airbag, ESP etc.), die enorme Nachfrage nach Angeboten von Sicherheitsunternehmen (Objektschutz, Kameraanlagen etc.) – *Sicherheit* in jeder Form ist gefragt wie nie zuvor und mittlerweile für viele Unternehmen ein zentrales Verkaufsargument. Noch nie lag so viel Geld zum Minimalzins auf den Sparkonten der Deutschen.

Schnelle *Antworten:* Insbesondere die riesigen Fortschritte in der Informations- und Kommunikationstechnologie (vor gerade mal einem Jahrzehnt begann der Siegeszug des Internets!) sorgen dafür, dass die Ungeduld unserer Kunden wächst – das Unternehmen, das heute eine Anfrage per E-Mail nicht innerhalb von vier Stunden beantwortet, ist nicht (mehr lange) wettbewerbsfähig.

Vernetzung: Die Zeiten, in denen der Verkauf von Kaffee das Kerngeschäft von Tchibo war, sind schon lange vorbei – heute schafft der Kaffeeröster durch ein eigenes Warenlabel („TCM") und vor allem durch die Zusammenarbeit mit Unternehmen aus völlig anderen Branchen (Cross-Selling) einen kaum zu übertreffenden Mehrwert. Oder hätten Sie früher Ihr Prepaid-Handy mit enorm günstigen Tarifen („Tchibofonie" – Zusammenarbeit mit O_2) oder eine Lebensversicherung (Zusammenarbeit mit Asstel-Versicherungen) bei Tchibo gekauft?

(Ver-)Kaufen ist ein *emotion*aler Vorgang – ob und wie wir ein Angebot wahrnehmen, ist eine Entscheidung „aus dem Bauch" heraus, die nachträglich von unserer Ratio vernünftig begründet wird. So gelang es vor einigen Jahren den Machern der Aida-Kreuzfahrten, Zielgruppen zu gewinnen, die bis dahin 14-tägige Schiffsurlaube als langweilige Seniorenveranstaltungen betrachteten. Mit vielfältigen Sport-, Wellness- und Unterhaltungs-Angeboten, die sich an Cluburlauben orientieren („Das Clubschiff"), schob das Aida-Unternehmen den *Erlebnischarakter* der Kreuzfahrten in den Vordergrund. Ergebnis: Das Durchschnittsalter der Aida-Kreuzfahrer liegt bei 35 bis 40 Jahren. Mittlerweile gibt es zwar schon vier AIDA-Schiffe – leider schwindet damit für potenzielle Interessenten die Exklusivität dieses Erlebnischarakters ...

Was bestehenden Verkaufskonzepten heute fehlt

Die sich ändernden Rahmenbedingungen hinsichtlich des größeren Wettbewerbsdrucks und der gestiegenen Ansprüche seitens der Kunden brachten in den letzten Jahrzehnten unterschiedlichste Verkaufsphilosophien hervor, die sich grob zwei Hauptströmungen zuordnen lassen:

Das herkömmliche, „alte" Hardselling, das in den 1960er und 1970er Jahren aus den USA zu uns herüberschwappte, versuchte, Produkte mit aggressiven Verkaufstechniken in den Markt hineinzupressen, vernachlässigte dabei aber völlig die Wünsche und Erwartungen der überrumpelten Kunden, die sich häufig zu Recht über den Tisch gezogen fühlten.

Anfang der 1990er Jahre wurde der Begriff des „Verkaufsberaters" eingeführt, um das Image des Verkäufers insgesamt aufzupolieren und damit den „klassischen" Verkäufer ad acta zu legen. Aufgabe des Verkaufsberaters war/ist es, neben dem Absatz und Ertrag vor allem die Zufriedenheit seiner Kunden im Auge zu behalten. Viele Unternehmen reagierten darauf mit Verkaufstrainings, in denen die neue, „weiche" Verkaufsphilosophie im Mittelpunkt stand: Beratung in der Partnerschaft mit dem Kunden. Die Gefühle des Kunden wurden in den Mittelpunkt verkäuferischen Handelns gestellt. Klangvolle und kreative Konzepte wie Soft Selling, Emotional Selling, Partner Selling etc. machten die Qualität des Beziehungsmanagements zum alleinigen Gradmesser des Verkaufserfolges. Leitgedanke war, dass eine intensive Fachberatung über die Präsentation des Produkts hinaus und eine fast freundschaftliche Beziehung zum Kunden den Kaufimpuls bei diesem quasi automatisch auslösen würde. Motto: Mein Kunde ist mündig und kann selbst entscheiden. Mit dem Prototyp des Verkaufsberaters jedoch wurde das, woran der Verkäufer in erster Linie gemessen wird, fast zur Nebensache: der Abschluss. Er vergaß, die entscheidende Abschlussfrage zu stellen: „Herr Kunde, habe ich Sie hier und jetzt als neuen Kunden gewonnen?" Aber in unseren Zeiten harten Wettbewerbs ist es für den Verkäufer unabdingbar, konsequent den optimalen Abschluss zu suchen – für seine eigene Provision und den Erfolg seines Unternehmens.

Das neue Hardselling: Verkaufen heißt verkaufen

Dem Softseller bzw. Verkaufsberater ist keine Arbeit zu mühsam, um seine Kunden scheinbar zufrieden zu stellen: In stundenlangen Beratungsgesprächen triezt er seine Kunden mit einer beeindruckenden Vielfalt an Angeboten und Argumenten – um sie dann in ihrer Kaufentscheidung, in der Qual der Wahl, allein zu lassen. Kaufen seine Interessenten dann doch einmal, dann eher, weil sie vor lauter Müdigkeit kapitulieren und einfach Mitleid haben. Aber er selbst hat ein gutes Gefühl, denn er hat ja diese Kunden umfassend beraten! Nur einmal im Monat, wenn er seine Provisionsabrechnung überfliegt, kommen ihm leise Zweifel, ob seine Verkaufsstrategie aufgeht ... Das Problem des Softsellers bzw. Verkaufsberaters ist: Er will es allen recht machen – seinem Vertriebsleiter, seinen Kunden, sich selbst – und so bleibt er im Mittelmaß stecken, statt sich zu entscheiden.

Eine kürzlich veröffentlichte Studie zum Thema „Effektivität von Autoverkäufern" zeigt zumindest für den Automobilhandel, dass die „klassische" Verkäuferrolle zu einem deutlich höheren Verkaufserfolg führt als die des Beraters: Verkäufer sind erfolgreicher als Verkaufsberater. Sie haben die besseren Umsätze und Provisionen. Der „Verkäufer mit Biss" verlässt sich auf seinen verkäuferischen Instinkt und ist ein harter, aber fairer Verhandlungspartner. Interessanterweise ergab die Studie auch, dass Kunden den aktiven und professionell handelnden Verkäufer mehr schätzen als den Verkaufsberater.

Der *neue* Hardselling-Ansatz sorgt dafür, dass Sie in keiner Gesprächssituation beim Kunden den ureigensten Zweck Ihres Berufes vergessen: das Verkaufen. Denn die Gefahr, dass bei der Gestaltung des Gesprächs und der Beziehung zum Kunden die konsequente Abschlussorientierung ins Hintertreffen gerät, ist nicht zu unterschätzen. Der neue Hardseller belässt es nicht beim Beraten: Er motiviert seinen Kunden, eine Kaufentscheidung zu treffen. Das neue Konzept ist also auf ein konkretes Ziel – den Verkaufserfolg – hin ausgerichtet und stellt die dafür erforderliche Kompetenz in den Mittelpunkt Ihres verkäuferischen Denkens und Handelns: Verkaufen heißt verkaufen!

Der Markt verlangt nach dem neuen Hardselling: Das Konzept richtet sich nach den aktuellen und zukünftigen Marktbedingungen und befähigt den Verkäufer dazu, zielgerichtet zu akquirieren, konsequent den Abschluss zu suchen und Kunden optimal zu binden. Es vermittelt dem Verkäufer das notwendige Selbstbewusstsein für ein souveränes Auftreten – denn nur ein selbstbewusster Verkäufer gibt seinem Kunden das sichere Gefühl, mit einem Gewinner zusammenzuarbeiten!

Die Einstellung macht den Unterschied

Das neue Hardselling verknüpft die Verkaufsmethodik mit der inneren Einstellung des Verkäufers: Es gibt dem Verkäufer das wichtige Handwerkszeug und vermittelt den notwendigen positiven Egoismus, verkaufen zu *wollen*. Hier geht es keineswegs um eine Rückkehr zum aggressiven und rücksichtslosen Hardselling vergangener Tage. Vielmehr werden die positiven Ansätze früherer Verkaufsphilosophien in ein neues Konzept eingebracht, das den Blick des Verkäufers (wieder) auf den Abschluss lenkt, ohne dass er allerdings das nachhaltige Beziehungsmanagement aus den Augen verliert. Unsere Kunden brauchen heute Verkäufer, die ihnen helfen, die richtige Entscheidung zu treffen!

„Verkaufen heißt verkaufen" bedeutet deshalb: Den Kunden positiv zu beeinflussen, ihn zu motivieren, den Auftrag zu unterzeichnen. Insofern heißt neues Hardselling für den Verkäufer selbst nichts anderes, als den Lohn seiner optimalen Angebotspräsentation und Verkaufsberatung zu ernten!

Verkäufer stehen heute unter mehrfachem Druck

Wir vergessen leicht, welcher Belastung ein Verkäufer heute angesichts des harten Verdrängungswettbewerbes ausgesetzt ist. Dieser Druck wirkt von mehreren Seiten auf ihn ein:

Da ist zunächst einmal sein *Chef*, der Verkaufs-, Vertriebs- oder Abteilungsleiter: Nach einem alten Vertriebsmotto, das harte Realität ist, wechseln am Monatsende entweder die Zahlen oder die Gesichter. Auf jeden Fall werden Verkäufer heute mehr denn je an ihrer Verkaufsleistung, den Absatz- oder Umsatzzahlen, die sie erzielen, gemessen: „Wenn Ihre Zahlen nicht besser werden, ist der nächste Erste Ihr Letzter ..."

Heutige *Kunden* sind sich ihrer Machtposition in der Verkaufssituation durchaus bewusst und sie gehen sehr selbstbewusst mit ihren Forderungen um: ihrer Forderung nach mehr Leistung, individuellerem Service, günstigen Preisen etc. Auf wen treffen diese Forderungen zuerst? Wer muss schnell und doch überlegt darauf reagieren und dabei gleichzeitig die Interessen seines Unternehmens wahrnehmen?

Wer als Verkäufer ständig „on the road" ist und jeden Tag zehn bis zwölf Stunden für seine Provision kämpft, hört irgendwann unweigerlich den Vorwurf: „Seit du beim Unternehmen XY bist, hast du gar keine Zeit mehr – wenn du morgens gehst, schlafen die Kinder noch, wenn du abends kommst, schlafen sie wieder!" *Familie und Partnerschaft* haben ihre ganz eigenen Ansprüche – genauso wie *Freunde und Bekannte*, die sich ebenso beschweren, dass wir sie vernachlässigen ...

Die größten Ansprüche allerdings hat der *Verkäufer* an sich selbst – er will ja beruflich und privat stets zu 100 Prozent präsent sein, mal ganz abgesehen davon, dass er selbst auch Wünsche hat ...

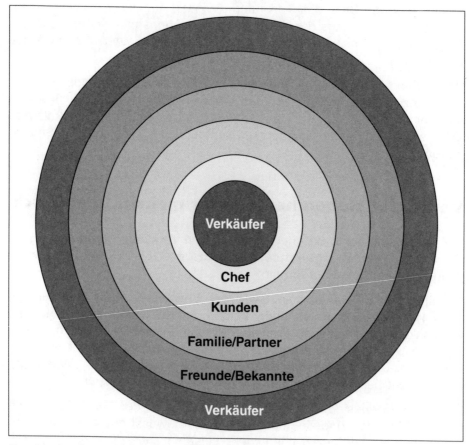

Der Verkäufer steht heute unter mehrfachem Druck

Daher lebt und arbeitet der neue Hardseller nach dem 20/80-Prinzip: Er konzentriert sich auf die 20 Prozent Kunden und Produkte, die ihm 80 Prozent seines Ertrags bringen. Er gibt fünf Tage Vollgas, um sich zwei Tage aktiv zu erholen, denn er weiß: Nur die richtige Balance zwischen Power und Entspannung erhält dauerhaft seine volle Leistungsfähigkeit, denn die Identifikation mit dem Beruf entscheidet!

Das Konzept des neuen Hardselling hilft Ihnen bei Ihrer inneren – und damit auch äußeren – Haltung, die sich in Ihrer Identifikation mit Ihrem Beruf, in Ihrem Selbstverständnis als Verkäufer widerspiegelt. So entscheiden sich Verkaufserfolge nicht in den drei Minuten unmittelbar vor dem Verkaufsgespräch, sondern in den drei Stunden der Selbstprogrammierung während der Gesprächsvorbereitung. Ihr Kunde weiß, dass Sie wegen des Auftrages kommen – und das ist Ihr gutes Recht, schließlich sind Sie doch ein Verkäufer, oder?

Dennoch bedanken sich viele Verkäufer beim ersten Kundenbesuch erst einmal für diesen Termin und beginnen mit unverbindlichem Smalltalk, weil sie ja darauf getrimmt sind, die ersten Minuten mit so genannten „Eisbrecher-Fragen" zu überbrücken: „Danke, dass Sie sich Zeit für mich genommen haben" ... „Sie haben aber ein tolles Unternehmen" ... „Ich möchte zunächst einmal mich und mein Unternehmen vorstellen ..."

Verkäufer, die diese Bittsteller-Haltung gleich zu Beginn des Termins einnehmen, haben es im folgenden Verkaufsgespräch sehr schwer, aus dieser Position heraus als gleichwertiger Verhandlungspartner wahrgenommen zu werden. Unsere Kunden wollen von Siegern kaufen, das heißt, von selbstbewussten, sicheren, starken Verkäufern, denen sie vertrauen. Der neue Hardseller nimmt sich das ganz selbstverständliche Recht jedes Verkäufers, von Anfang an deutlich zu machen, dass er sein Angebot an den Kunden bringen will.

Beispiel:

Gleich zu Beginn des Folgetermins legt der neue Hardseller den Auftragsblock auf den Tisch des Kunden und signalisiert so: „Heute bin ich da, um mit dir diesen Auftrag zu schreiben."

Meine feste Überzeugung ist: Wir müssen als Verkäufer weg vom bisherigen Schmusekurs gerade in der so genannten Warm-up-Phase! Statt mit Standard-Smalltalk unsere Kunden einzuseifen, sollten wir gleich auf den Punkt kommen: „Herr Kunde, damit ich Ihnen hier und heute nur das sage, was für Sie wichtig und interessant ist, welche Anforderung stellen Sie an unser Produkt/unsere Dienstleistung?" Das gibt unseren Kunden

Vergleich alter Hardseller – Softseller/Verkaufsberater – neuer Hardseller

	Alter Hardseller	Softseller/Verkaufsberater	Neuer Hardseller
Verhältnis zum Kunden	• kein oder geringes Interesse am Kunden, an seiner Person, an seinem Bedarf, seinen Bedürfnissen • betrachtet den Kunden als Kuh, die an erster Stelle für die eigene Provision und an zweiter Stelle für den Ertrag des Unternehmens gemolken werden *muss* und gemolken werden *will*	• großes Interesse vor allem an der Person des Kunden – rückt die Beziehung zum Kunden in den Vordergrund • betrachtet sich als Berater des Kunden, dem er – unabhängig von der möglichen Chance zum Auftrag – die Kaufentscheidung völlig überlässt • Humor hilft ihm, von Spannungen abzulenken und freundschaftliche Beziehungen zu pflegen – Konflikten, die die Beziehung zum Kunden belasten, geht er aus dem Weg	• hat großes Interesse am Bedarf, den Wünschen und damit auch der Person des Kunden, solange dieser auch Interesse an ihm bzw. am Unternehmen und am Angebot zeigt • betrachtet den Kunden und sich selbst als gleichberechtigte Verhandlungs- und Businesspartner • Konflikte werden offen und einfühlsam ausgetragen
Identifikation mit dem Produkt/der Dienstleistung	• keine oder geringe Produktidentifikation – ist für die „Verkaufsstrategie" des alten Hardsellers unerheblich • besitzt gerade ausreichende Produktkenntnisse, um seinem Kunden Expertentum vorgaukeln zu können	• geht total in „seinem" Produkt/„seiner" Dienstleistung auf • will seinen Kunden zum Fachexperten „ausbilden" und verliert so den Bedarf und die Wünsche seines Kunden aus den Augen	• hohe Produktidentifikation, aber kein Technofreak oder detailverliebter Bastler • besitzt das für eine qualifizierte Nutzenargumentation notwendige Produkt-Know-how, im Bedarfsfall greift er auf Kollegen aus Fachabteilungen seines Unternehmens zurück
Identifikation mit dem Unternehmen	• ist seinem Unternehmen gegenüber nur so lange loyal, wie seine Provisionen stimmen • seine Identifikation ist nur oberflächlich – er könnte „für jeden alles an jeden" verkaufen	• ist loyal und zugewandt – leider in jeder Beziehung: Er leidet unter den normalen Interessenkonflikten zwischen seinem Unternehmen und seinen Kunden	• hat große Loyalität zu seinem Unternehmen • vertritt dessen Interessen überzeugt und überzeugend nach außen

	Alter Hardseller	Softseller/Verkaufsberater	Neuer Hardseller
(Fortsetzung) **Identifikation mit dem Unternehmen**	• opfert zur Not Unternehmensinteressen, wenn es zu seinem Vorteil ist	• ist zu schnell bereit, teure Kompromisse einzugehen, damit der Kunde ihn und seine Beratungskompetenz weiterhin schätzt • sieht stets seine Kompetenz und seine Beziehung zum Kunden und nicht so sehr die wirtschaftliche Notwendigkeit seines Unternehmens – denkt nicht unternehmerisch	• nimmt für seine Loyalität Nachteile in Kauf, weil er von der Richtigkeit seiner Haltung überzeugt ist
Identifikation mit dem Beruf	• seine „Strategie" ist die des schnellen Einmalgeschäftes, Bestands- oder gar zufriedene Stammkunden kennt er eher zufällig • sein einziges Interesse gilt einem schnellen Abschluss, dem Ertrag für sein Unternehmen und vor allem den Provisionen, die sich daraus für ihn ergeben • übt Druck auf den Kunden aus, um schnell zum Abschluss zu kommen, greift „zur Not" auch zu Lügen – Motto: Der Zweck heiligt die Mittel • extreme Leistungsorientierung – „menschelnde" Aspekte blendet er im Verkaufsgespräch soweit wie möglich aus, weil er sie als störend empfindet, oder er täuscht sie wenig überzeugend vor	• identifiziert sich völlig mit der selbst gewählten Beraterrolle, aber nicht mit der des Verkäufers – dafür fehlt ihm der Wille zum Abschluss • betrachtet den Abschluss eher als Nebenprodukt seiner umfassenden Beratung und seiner Freundlichkeit denn als Konsequenz der eigenen Initiative • verwaltet vor allem Bestands- und Stammkunden, die er zum Teil als Freunde betrachtet • Provision: ist meist mit Fixum zufrieden	• sieht im Verkaufen nicht nur einen Beruf, sondern eine Berufung – darin spiegelt sich sein Selbstverständnis als gleichberechtigter Partner seines Kunden und seine konsequente Abschlussorientierung • verbindet großes Interesse am Abschluss mit gleich großem Interesse am Kunden – vor dem Abschluss pflegt er intensiven Austausch mit Kunden: Abstimmung des eigenen Angebots auf genau ermittelten Bedarf und auf die Wünsche des Kunden – angemessene Verkaufsentscheidungen werden gemeinsam erarbeitet • neben der intensiven Pflege langfristiger Kundenbeziehungen treibt ihn vor allem die Neugier auf Neukunden an, die er zu Stammkunden macht – das sichert ihm langfristig stetige wachsende Provisionen

Die Einstellung macht den Unterschied **25**

Sicherheit und vermittelt ihnen unsere Professionalität, denn sie wissen sofort: Wir Verkäufer sind gekommen, um sie in der *Sache* zu beraten. Erst Business, dann Smalltalk!

Der neue Hardseller mauschelt und druckst nicht herum, er ist kein „Gebietsleiter", kein „Repräsentant", kein „Verkaufsförderer", kein „Vertriebsbeauftragter" – nein, er ist Verkäufer und ist stolz darauf, denn das ist nicht nur sein Beruf, sondern seine Berufung!

Die Ur-Sehnsucht unseres Kunden ist Aufrichtigkeit. Stattdessen schrillen seine Alarmglocken schon beim Blick auf die Visitenkarte, auf der er neben dem Namen des Verkäufers und seines Unternehmens in dicken Lettern einen dieser schaumigen Titel wie „Verkaufsberater" liest. Ist es nicht ehrlicher oder fairer zu sagen: „Guten Tag, ich bin Verkäufer und will Ihnen etwas verkaufen"? Ich bin der festen Überzeugung, dass unsere Kunden dieses Auftreten mit ihrem Vertrauen honorieren.

Aber auch das alte Hardselling ist schon lange nicht mehr zeitgemäß: Die Überraschungstaktik – anpirschen, überrumpeln, ohnmächtig quatschen und dann den verdutzten Kunden mit einem Knebelvertrag gefangen nehmen – mag sich im Einzelfall noch auszahlen. Sie bringt einen einzigen Geschäftsabschluss – aber dann geht der Kunde in Deckung, sobald er dem „Überfallkommando" wieder begegnet. Unseren Kunden fehlt vielleicht mitunter der Durchblick im Angebotsdschungel – aber für dumm verkaufen und ein zweites Mal über den Tisch ziehen lassen sie sich schon längst nicht mehr.

Der neue Hardseller ist ein Verkäufer: Er motiviert seine Kunden, eine Kaufentscheidung zu treffen – alles andere ist Beratung. Keine Frage: Beratung ist ein wichtiger Baustein im Verkaufsprozess. Aber zu viel Beratung bedeutet, den Kunden in Fachwissen zu ersäufen. Sie kennen doch den Spruch „Fachidiot schlägt Kunden tot"! Bleibt es darüber hinaus bei der Beratung, lässt der „Verkaufsberater" seine Kunden zwar voll informiert, aber allein in ihrer Kaufentscheidung. Diese Kunden mögen zwar *mündig* sein, aber sie sind schlichtweg auch überfordert! „Verkaufsberater" erkennen die Kaufsignale ihrer Kunden nicht – oder wollen sie nicht wahrnehmen, weil sie der Meinung sind, mit der Beratung sei ihre Aufgabe getan. Hier macht der neue Hardseller weiter, denn er motiviert seinen Kunden zur Kaufentscheidung, weil er weiß: *Mündige* Kunden sind noch lange keine *motivierten* Kunden!

Der neue Hardseller lässt einerseits die ewige Beratung hinter sich, andererseits informiert er seine Kunden auf der Basis einer sauberen Bedarfsermittlung und Motivanalyse gezielt über den individuellen Nutzen seines jeweiligen Angebots. Er ist kein Hobbyjäger wie der Verkaufsberater, der mit Schrot schießt, in der Hoffnung, dass ein oder zwei seiner Kugeln den Kunden treffen, soll heißen: dessen Kaufimpuls auslösen. Er wartet nicht nach dem Prinzip Hoffnung, sondern er ist ein aktiver Scharfschütze, der seine Munition – seine Verkaufsargumente – gezielt einsetzt. Er weiß die Kaufsignale seiner Kunden zu deuten und nutzt jede Gelegenheit, den Abschluss herbeizuführen. Zögern seine Kunden, weil sie sich nicht zu einer Kaufentscheidung durchringen können, „schubst" er sie mit Kontrollfragen an: „Herr Kunde, wenn wir auch diesen Punkt zu Ihrer Zufriedenheit lösen, haben wir Sie dann hier und heute als Kunde gewonnen?" Mithilfe einer solchen Frage behält der Verkäufer die Kontrolle über das Verkaufsgespräch – und das ist gerade in der Abschlussphase von entscheidender Bedeutung. Er testet seine Kunden in dieser Gesprächssituation an und bringt sie dazu, Farbe zu bekennen. Gleichzeitig dient ihm die Kontrollfrage dazu, herauszufinden, wie nah er und seine Kunden schon am Abschluss sind, ob seinen Kunden nur die Motivation zur Kaufentscheidung fehlt, oder ob noch andere, konkrete Hindernisse im Weg stehen. Kurz: Der neue Hardseller sucht den Abschluss, er wartet nicht auf ihn!

Auf gleicher Augenhöhe mit dem Kunden

In seinem Selbstverständnis als Verkäufer versteht sich der neue Hardseller als gleichberechtigter Partner, der aus seinem legitimen Berufsinteresse heraus auf gleicher Augenhöhe mit seinen Kunden verhandelt. Er kniet nicht als Bittsteller vor seinem Kunden, aber behandelt diesen auch nicht wie eine Kuh, die sich widerstandslos melken lässt. Folgende Tabelle verdeutlicht, welche Auswirkungen eine dominante oder „unterwürfige" Haltung des Verkäufers und/oder seines Kunden auf das Verkaufsgespräch haben:

Verkäufer und Kunde zwischen Dominanz- und Untergebenenrolle

Verkäufer	Kunde	Wie läuft das Verkaufsgespräch?
Dominanzrolle	Untergebenenrolle	Die Traumkonstellation des alten Hardsellers: den Kunden eingeseift, über den Tisch gezogen, die Provision eingesackt. Motto: anhauen, umhauen, abhauen. Entscheidender Nachteil: Ein solches Einmalgeschäft hat heute den Auftragsstorno und/oder eine Reklamation garantiert mit eingebaut. Das kostet ein Unternehmen langfristig mehr, als es mit diesem Einmalgeschäft gewonnen hat. Es liegt also im Interesse eines Unternehmens selbst, den alten Hardseller in Rente zu schicken.
Untergebenenrolle	Dominanzrolle	Das Manko des Durchschnittsverkäufers: Er lässt sich (frühzeitig) vom Kunden in verheerende Preisverhandlungen zwingen – Rabatt- und Konditionenschlachten sind die Folge. Einmal Nachlass, immer (mehr) Nachlass – ein Ausstieg aus dieser Preisspirale nach unten ist kaum möglich.
Dominanzrolle	Dominanzrolle	Es kommt kein Abschluss zustande: Verkäufer und Kunde beharken sich in Verbaljudo und reiben sich in rhetorischen Scharmützeln auf. Keiner von beiden gibt nach, keiner von beiden geht auf den anderen zu. Es kommt nur, wenn beide Freude daran haben, gelegentlich zum Abschluss.
Untergebenenrolle	Untergebenenrolle	Vor lauter gegenseitiger Rücksichtnahme, vor lauter Beratung läuft auch hier nichts. Der Kunde bedankt sich herzlich für die tollen und vielfältigen Angebote: „Ich werde mir alles noch einmal in Ruhe anschauen. Sie haben sich ja soviel Mühe gegeben." Worauf der Verkäufer antwortet: „Lassen Sie sich ruhig Zeit und melden Sie sich wieder, wenn Sie sich entschieden haben." Natürlich ruft der Kunde nicht mehr an, denn er entscheidet sich für ein Angebot eines entschlosseneren Verkäufers – eines neuen Hardsellers!
Partnerschaftsrolle	Partnerschaftsrolle	Verkäufer und Kunde sehen sich als gleichberechtigte Geschäftspartner. Beide sind Sieger im Verkaufsgespräch – eine echte Akzeptanz und Business-Partnerschaft! Der neue Hardseller strebt stets diese Konstellation an, in der sich der Kunde gern zum Kaufen einladen lässt. Vorteil des Verkäufers: optimales Cross-/Upselling sowie Empfehlungsmarketing.

Die DNA des neuen Hardsellers

> Auf Dauer hat jeder Verkäufer die Kunden,
> die er verdient.
> *Anonym*

Ein Topverkäufer hat die DNA des neuen Hardsellers

Im letzten Kapitel war bereits kurz vom 20/80-Prinzip die Rede. Die diesem Prinzip zugrunde liegende Verteilung wurde Ende des 19. Jahrhunderts vom italienischen Ökonomen Vilfredo Pareto entdeckt, als er sich mit der Verteilung von Reichtum und Einkommen im Italien des 19. Jahrhunderts beschäftigte. Die Entdeckung, dass 20 Prozent der Bevölkerung 80 Prozent des gesamten Vermögens besaßen, war an sich nichts Besonderes. Die entscheidende Entdeckung war vielmehr, dass sich das 20/80-Muster mit geradezu mathematischer Präzision in anderen Epochen und in anderen Ländern feststellen ließ – und dass sich dieses Prinzip auf alle beruflichen und privaten Lebensbereiche übertragen lässt!

80 Prozent dessen, was Sie in Ihrer Arbeit erreichen, geht auf 20 Prozent der dafür aufgewendeten Zeit zurück. 20 Prozent der Produkte sind in der Regel für 80 Prozent Ihres Umsatzes verantwortlich, ebenso 20 Prozent Ihrer Kunden für 80 Prozent Ihres Umsatzes. So zeigen auch die meisten einschlägigen Untersuchungen, dass die erfolgreichsten Verkäufer circa 80 Prozent der Gewinne ihrer Unternehmen generieren.

Ich gehe sogar noch einen Schritt weiter und ergänze das 20/80-Prinzip: $20/80^2$. Das heißt: Von diesen 20 Prozent erfolgreichen Verkäufern sind noch einmal 20 Prozent tatsächlich Spitzenverkäufer – insgesamt sind also vier Prozent aller Verkäufer absolute Topseller – und hierzu gehört der neue Hardseller!

Was macht den Unterschied? Die Einstellung!

Das englische Wort für Haltung oder Einstellung ist Attitude. „Attitude" ist ein „magisches" Wort – zählen Sie doch einmal die Nummern der jeweiligen Positionen der Buchstaben von „Attitude" im Alphabet zusammen und stellen Sie fest, welche Quersumme sich ergibt!

> **A – T – T – I – T – U – D – E**

Richtig: einhundert. Das sind hundert Prozent Einsatzwille und hundert Prozent Identifikation mit dem eigenen Produkt, der Dienstleistung, mit dem eigenem Unternehmen und mit dem eigenen Beruf! Die Identifikation der meisten Verkäufer heute mit ihren Kunden geht so weit, dass sie sich aus Angst, den Auftrag zu verlieren, oftmals selbst in die Position eines Bittstellers hineinmanövrieren. Der neue Hardseller hingegen betrachtet das Verhältnis zu seinen Kunden als echte, gleichwertige, von gegenseitigem Respekt geprägte Partnerschaft, die weit über den Abschluss hinausreicht und dauerhaften Bestand hat. Zu so einer Partnerschaft gehört durchaus, sich in den anderen hineinzuversetzen: Was braucht mein Partner? Wie möchte er behandelt werden? Die zweifellos heute mehr denn je gefragten Fähigkeiten sozialer und emotionaler Kompetenz bedeuten für den neuen Hardseller aber auch, dass ihm der Kunde die Wertschätzung entgegenbringt, die der neue Hardseller aufgrund seines Engagements, seines Know-hows, seiner Leistungen verdient. Er bewegt sich stets auf gleicher Augenhöhe mit seinem Gesprächspartner – ob dieser nun ein „einfacher" Sachbearbeiter ist oder Vorstandsmitglied eines großen Konzerns. Sein Kunde ist König – solange sich dieser wie ein König verhält!

> **Beispiel:**
>
> Sie haben mit einem Kunden einen persönlichen Gesprächstermin für 15.00 Uhr vereinbart und erscheinen pünktlich im Vorzimmer der Sekretärin. Nach zehn Minuten des Wartens bitten Sie die Sekretärin höflich darum, ihren Chef daran zu erinnern, dass Sie für den vereinbarten Termin da sind. Wurde Ihnen bis 15.25 Uhr spätestens noch nicht die Tür zum Büro Ihres Gesprächspartners geöffnet, gehen Sie ein weiteres Mal auf die Sekretärin zu, damit sie kurz Rücksprache mit ihrem Chef wegen eines neuen Termins mit Ihnen hält – es sei denn, sie hat

eine gute Begründung und Erklärung, die für Sie nachvollziehbar ist, aus welchem Grund sich der Termin um eine halbe Stunde verzögert.

Werden Sie jetzt immer noch nicht zu Ihrem Gesprächspartner vorgelassen, so haben Sie Ihm zumindest klar signalisiert, dass Ihre Zeit genauso kostbar ist wie seine. Lassen Sie sich nicht je nach Bedarf wie ein Waggon auf dem Güterbahnhof verschieben!

Der neue Hardseller ist ein Gewinner, ein Siegertyp

Fünf entscheidende Erfolgsfaktoren bestimmen das Denken und Handeln des neuen Hardsellers:

Der neue Hardseller hat Spaß: Haben Sie den siebenmaligen Formel 1-Weltmeister Michael Schumacher einmal bei der Siegerehrung erlebt? Auch nach unzähligen Grand Prix-Siegen konnte er sich über einen erneuten Erfolg freuen wie beim ersten Sieg, wie ein kleiner Junge! In einem Interview für den FOCUS erklärte der Champion seine unbändige Motivation unter anderem damit, dass er so viel Spaß im Leben haben wolle, wie es nur ginge. Richtig Spaß mache im Leben aber nur das, was er mit seinem speziellen Talent so gut wie eben möglich mache. Und so hat der neue Hardseller sein Talent im Verkaufen, und daher freut er sich über einen neuen Abschluss genauso wie über seinen allerersten!

Der neue Hardseller hat immer sein Ziel im Fokus: In besagtem Interview machte Michael Schumacher klar, dass ihn bei jedem Rennen letztlich nur der Sieg interessiere. Der olympische Gedanke „Dabei sein ist alles" sei nicht sein Motto – sein Anspruch an sich selbst sei, das Beste aus sich herauszuholen und alle Gegner zu bezwingen. Der neue Hardseller ist stets auf sein jeweiliges Ziel hin fokussiert: Ob die Terminvereinbarung in der Akquise, der Abschluss im Verkaufsgespräch oder langfristige berufliche und private Wünsche – er verfolgt seine Ziele konsequent!

Der neue Hardseller hat Erfolgs-Leitbilder: Modeling of Excellence ist ein wichtiges Erfolgsprinzip für den neuen Hardseller. Er sucht sich Menschen, die er persönlich kennt und an denen er bestimmte Eigenschaften schätzt oder deren (Er-)Kenntnisse er auch für sich selbst anstrebt. Auch Personen der Zeitgeschichte, deren Denken und Handeln er mithilfe von Büchern oder anderen Veröffentlichungen studiert, dienen ihm als Rollenmodelle. Auf diese Weise lernt er nicht nur schnell und leicht, sondern ist dabei auch besonders motiviert, denn persönliche Leitbilder begeistern und inspirieren ihn!

Der neue Hardseller hat klare Ziele: Er übersetzt seine Visionen, Wünsche und Bedürfnisse in klar definierte Ziele nach der SMART-Formel: spezifisch – motivierend – aktionsauslösend – realistisch – terminiert.

Der neue Hardseller ist ein Optimist: Er ist future oriented – zukunftsorientiert, das heißt: Er hat immer ein klares Bild vom positiven Ausgang kommender Aufgaben vor seinem geistigen Auge. So stellt er sich ganz plastisch schon vor dem Beginn seines nächsten Verkaufsgesprächs detailliert vor, wie sein Kunde den Auftrag unterzeichnet, denn: „Die Zeit des größten Pessimismus ist die beste Zeit des Kaufens, die Zeit des größten Optimismus ist die beste Zeit *zu verkaufen!*"

Der neue Hardseller ist ein Gewinner

- Der Verlierer sieht immer das Problem – der *Gewinner* identifiziert sich immer mit der Lösung!
- Der Verlierer hat immer eine Entschuldigung – der *Gewinner* hat immer ein Programm!
- Der Verlierer sagt: „Das ist nicht meine Aufgabe" – der *Gewinner* sagt: „Lassen Sie es mich für Sie machen!"
- Der Verlierer hat bei jeder Antwort ein Problem – der *Gewinner* findet auf jede Frage eine Antwort!
- Der Verlierer sieht nur die Sandhügel neben dem Grün – der *Gewinner* sieht das Grün neben jedem Sandhügel!
- Der Verlierer sagt: „Es könnte möglich sein, aber es ist schwierig" – der *Gewinner* sagt dagegen: „Es könnte schwierig sein, aber es ist möglich!"

Kurz: Der neue Hardseller ist motiviert, weil er es als Ehre betrachtet, zu den Besten zu gehören. Er trägt den Sieger in seinem Herzen, weil er an sich glaubt!

Die vier Ms

Als neuer Hardseller haben Sie eine der wichtigsten Voraussetzungen des Verkäuferberufs verinnerlicht: *M*an *m*uss *M*enschen *m*ögen – die vier Ms: Sie kommen täglich mit vielen Menschen unterschiedlichsten Charakters, mit unterschiedlichster Bildung in den unterschiedlichsten Positionen zusammen. Daher sehen Sie Ihre dringendste Aufgabe darin, diese Menschen zu gewinnen, erst für sich selbst, für Ihr Unternehmen und dann für Ihr Angebot, Ihr Produkt oder Ihre Dienstleistung.

Vor jedem Telefonat, jedem Verkaufsgespräch, jedem Brief stellen Sie sich positiv auf den jeweiligen Kunden ein – denn ohne diese positive Grundeinstellung ist kein Verkaufserfolg zu erzielen!

Vierfache Kompetenz

Zwar lautet der Sinnspruch „Drei Dinge machen einen Meister: Wissen, Können, Wollen!", aber als neuer Hardseller bewegen Sie sich in Ihrer täglichen Arbeit in vier Kompetenzdimensionen, die Sie stets für den Verkaufserfolg – für Ihren Kunden und für sich selbst – optimal miteinander verknüpfen!

Fachkompetenz ist das Wissen über das eigene Produkt-, Dienstleistungs- und Lösungsangebot, über den Markt, den Wettbewerb, über wirtschaftliche und politische Rahmenbedingungen. Erarbeiten Sie sich möglichst viele Vorteile Ihres Angebots, um ein kompetenter Verkäufer zu sein, der den individuellen Nutzen für seinen Kunden klar darstellt. Auf diese Weise machen Sie durch Ihre besondere Beratung und Ihren einzigartigen Service aus dem Produkt oder der Dienstleistung das persönliche und maßgeschneiderte Angebot für Ihren Kunden – ohne diesen wie der Softseller/Verkaufsberater (siehe Seite 19, 20 und 24) zum Fachexperten auszubilden.

Als neuer Hardseller sind Sie kein detailverliebter Produktfreak, sondern kennen Ihr Produkt, Ihre Dienstleistung so gut, um Ihren Kunden deren individuellen Nutzen ideal zu vermitteln. Dazu gehört selbstverständlich die Bereitschaft, sich fachlich fit zu halten: hinsichtlich des Wissens um das aktuelle Angebot des eigenen Unternehmens, um das Wettbewerbsverhalten und das Marktgeschehen generell. Der neue Hardseller versteht sich als Lotse, als Navigator, der den Blick seiner Kunden angesichts der medialen Reizüberflutung und des unüberschaubaren Produktangebots auf das Wesentliche lenkt: auf ihren Bedarf, ihre Wünsche, ihre Vorteile,

Die vier Stufen der Kompetenz

Dieses Modell beschreibt die Entwicklungsschritte, die ein Verkäufer vom unbedarften, aber in seiner Ahnungslosigkeit zufriedenen Amateur zum absoluten Vollprofi – dem neuen Hardseller – durchläuft:

- *Unbewusste Inkompetenz:* Der Zustand paradiesischer Unschuld, denn: „Ich weiß nicht, dass ich nichts weiß – und deshalb stört es mich auch nicht."

- *Bewusste Inkompetenz:* „Ich weiß, dass es neue Verkaufsmethoden gibt, mit denen ich meine Performance verbessern kann – ich weiß also, dass ich's besser kann." Seine Unzufriedenheit infolge dieser Kluft zwischen Ist und Ziel motiviert den Verkäufer, diese neuen Methoden zu erlernen.

- *Bewusste Kompetenz:* „Ich arbeite hart an mir, um die Techniken, die ich mir angeeignet habe, zu perfektionieren." Anfangs noch etwas ungelenk in seinen Verkaufsgesprächen, wird der Einsatz seiner neu erlernten Methoden von den Kunden des Verkäufers zum Teil noch als Manipulationsversuch aufgefasst. Er weiß: permanentes Lernen und Trainieren sind unabdingbare Voraussetzungen für den Weg zum Topverkäufer.

- *Unbewusste Kompetenz:* „Ich denke gar nicht mehr darüber nach, was ich sage und tue. Ich handle einfach – instinktiv richtig." Die neuen Techniken sind dem Verkäufer in Fleisch und Blut übergegangen. Sein Denken und sein Handeln sind im Einklang miteinander, sein Kopf, sein Herz und sein Bauch – Ratio, Emotion und Intuition – bilden eine Einheit, seine Worte und seine Körpersprache sind stimmig und authentisch. Kurz: Der neue Hardseller ist unbewusst kompetent, weil er stets an sich arbeitet!

In Anlehnung an: Rudolf A. Schnappauf: Verkaufspraxis – Wegweiser durch alle Verkaufssituationen. Landsberg/München 1995.

ihren individuellen Nutzen – auf das, was sie brauchen, auf das, was ihnen hilft.

Methodenkompetenz ist als angemessener Einsatz der richtigen Verkaufstechniken und ihrer Vorteile passend zur jeweiligen Verkaufs-(Gesprächs-)Situation für den maximalen Verkaufserfolg unabdingbar. Solche Verkaufstechniken sind Gesprächsmethoden für die Telefonakquisition, das Erstgespräch, für Folge- und Reklamationsgespräche, für Preisverhandlungen, Abschlussgespräche etc. und anderes, nicht gesprächsbezogenes Know-how wie Präsentationsmethoden, Organisations- und Zeitmanagement etc.

Soziale und emotionale Kompetenz: Das Erfassen individueller und zwischenmenschlicher Prozesse ist die Basis für die Gestaltung erfolgreicher Verkaufsgespräche. Sie besitzen die Fähigkeit, mit unterschiedlichsten Menschen umzugehen, ihre Gedanken, Gefühle und Wertvorstellungen sensibel wahrzunehmen und entsprechend zu kommunizieren – das heißt: Ihren Kunden „richtig" anzusprechen, sodass sich dieser verstanden, angenommen und aufgehoben fühlt – Ihr Ziel ist stets eine gleichberechtigte, partnerschaftliche Gesprächsbasis und Akzeptanzebene.

Unternehmenskompetenz: Als neuer Hardseller sind Sie deshalb so erfolgreich, weil Sie über ein hohes Maß an Selbstverantwortung und Eigenmotivation verfügen und immer auf der Suche nach neuen Wegen für Ihren Kunden sind, die ihn zum Erfolg führen – dadurch ist der neue Hardseller auch für sein Unternehmen Lebensnerv und Motor für die heutige Wirtschaft!

Eigenmotivation – entscheidender Faktor auf dem Weg zum persönlichen Erfolg

Aufgaben anzunehmen, sich Herausforderungen zu stellen, aus verschiedenen Situationen zu lernen, ist ein sich ständig wiederholender Prozess. Arbeiten Sie unablässig daran, sich in allen Kompetenzbereichen stetig zu verbessern: Ohne die Fähigkeit, ein Verkaufsgespräch erfolgreich zu führen, bringt eine rein fachliche Qualifikation wenig Erfolg; allein mit sozialer Kompetenz ist kaum ein Abschluss möglich, doch ohne sie gewinnen wir keinen Gesprächspartner für uns – zumindest nicht emotional. Die Eigenmotivation ist als Kernkompetenz des erfolgreichen Verkäufers die Basis aller weiteren Aktivitäten.

Fragen Sie sich immer wieder neu: „Was will ich (noch) erreichen?". Der neue Hardseller will und wird im Leben immer mehr erreichen als durchschnittliche Verkäufer, und das mit einer gehörigen Portion Spaß, denn er sieht seine täglichen Aufgaben nicht als Pflicht, sondern als Kür! Als neuer Hardseller *wollen* Sie verkaufen, denn Sie wissen, dass Verkaufen etwas Gutes ist!

Auf dem Weg zum Erfolg sind Motivation, Enthusiasmus, Ausdauer, Zielstrebigkeit und höfliche Hartnäckigkeit Ihre Wegbegleiter:

- Handle absolut begeistert!
- Handle konsequent!
- Sei zielstrebig!
- Bleib zielstrebig!
- Handle selbstbewusst!
- Sei entschlossen!
- Denk positiv!
- Freu dich!

Den neuen Hardseller zeichnen eine positive Lebenseinstellung und positives Denken aus – natürlich mit Blick auf die Realität! Am Ende eines Tages zieht er eine positive Bilanz: Was ist mir heute gut gelungen? Worüber kann ich mich heute besonders freuen? Welche Teilerfolge habe ich heute erreicht? Diese Art der Selbstbefragung liefert ein positives Ergebnis für den Tag, das sich seinerseits in einem Gefühl der Zufriedenheit und Lebensfreude ausdrückt. Aus dieser Lebensfreude schöpfen Sie jeden Tag neue Energie, die Sie benötigen, um im harten Verkäuferjob dauerhaft erfolgreich zu sein!

Diese Energie gibt Ihnen auch die Gewissheit, dass sich Risikobereitschaft und Neugier langfristig auszahlen. Leben Sie dieses Risiko und diese Freude auf Neues, wenn Sie keine Lust auf Mittelmaß haben – weder beruflich noch privat. Dem neuen Hardseller wird der Erfolg geneidet, dennoch geht er seinen Weg konsequent weiter, denn er lässt sich von Neidern nicht bremsen, sondern wächst an Missgunst und Eifersucht. Stillstand bedeutet für ihn Rückschritt, und um weiterzukommen, geht er auch Konfrontationen nicht aus dem Weg, wenn sie sich nicht vermeiden lassen.

Betrachten Sie jede schwierige Situation als echtes Geschenk und Herausforderung und freuen Sie sich darauf! Diese Haltung hilft Ihnen auch, sich nach Fehlschlägen immer wieder neu zu motivieren – Niederlagen betrachten Sie als kostbare Erfahrung auf dem Weg zum nächsten Erfolg. Seien Sie kein Hürdensucher, sondern ein Wegefinder! In schwierigeren Zeiten rufen Sie sich immer wieder die Vorteile Ihres Berufs in Erinnerung: selbstständiges Arbeiten, Kreativität, Entscheidungsfreiräume und andere, die Ihnen helfen, sich wieder mit Ihrem Job zu identifizieren, die Ihnen den Spaß bringen, den Sie brauchen, um gut zu sein – Beruf kommt eben von Berufung! Die entscheidende Selbstprogrammierung auf dauerhaften Erfolg geschieht eben in den 15 Zentimetern zwischen unseren

Ohren ... denn in guten Zeiten geht es allen gut, in schlechten nur den Besten!

Zur Eigenmotivation und Begeisterungsfähigkeit gehört es, täglich die wichtigsten Voraussetzungen für den eigenen Erfolg zu prüfen: die Anzahl der Telefonkontakte, der Besuche und der festen Termine etc. Belohnen Sie sich selbst mit kleinen Dingen, wenn Sie diszipliniert arbeiten, verzichten Sie aber auf diese Belohnung, wenn Sie ein angestrebtes Pensum nicht geschafft haben. So holt sich der neue Hardseller beispielsweise während der (täglichen) Telefonakquise erst dann einen Kaffee, wenn er zwei Termine vereinbart hat – er hat den Spruch „Ohne Fleiß kein Preis" verinnerlicht, denn Selbstdisziplin ist ein wichtiger Baustein für den persönlichen Erfolg! Er braucht keine Führungskraft, die ihn motiviert, denn er ist seine eigene Führungskraft. Er hält sich an die Devise: Nicht Zufriedenheit erzeugt Leistung, sondern Leistung erzeugt Zufriedenheit!

Als neuer Hardseller ist Ihnen klar: Verkaufen heißt verkaufen – die Motive Ihrer Kunden erkennen, ihre Emotionen ansprechen, diese gezielt in die eigene Verkaufsstrategie integrieren und so konsequent den Abschluss suchen, um heute für Ihre Kunden, Ihr Unternehmen, Ihr Produkt, Ihre Dienstleistung und für sich selbst erfolgreich zu sein. Das ist Ihr Hardseller-Chromosom!

Entwickeln Sie sich vom Akquisiteur über den Verkäufer und den Berater weiter zum Businesspartner, dem seine Kunden blind vertrauen.

Beispiel:

Vor einigen Jahren, als ich als Verkäufer für Kopierer unterwegs war, hatte ich mit einem guten Kunden einen großen Auftrag im Gesamtwert von damals noch circa 100 000 Mark vorbereitet. Es fehlten noch ein paar Details, und wir hatten einen Termin vereinbart, in dem wir die noch offenen Fragen klären wollten. Als ich wie besprochen in seinem Büro erschien, schlug er die Hände über dem Kopf zusammen: „Oh je, ich habe vergessen, mir den Termin mit Ihnen aufzuschreiben – und jetzt habe ich keine Zeit, weil ich dringend in eine wichtige Sitzung muss!" Er zögerte keinen Moment, fragte mich nach einem Blankovertrag, unterzeichnete und sagte: „Sie machen das schon!" Er wusste, dass er sich tausendprozentig auf meine Ehrlichkeit als professioneller Verkäufer verlassen konnte!

Das zeichnet Sie als neuen Hardseller aus: Selbstbewusstsein durch Erfolgs- und Zielorientierung, Begeisterungsfähigkeit durch (Selbst-)Motivation, Überzeugungskraft durch Persönlichkeit, Einfühlungsvermögen und (rhetorisches) Fingerspitzengefühl, Engagement und Einsatz für den Kunden, Seriösität in Auftreten und Ausstrahlung. Der neue Hardseller ist eben ein Spitzenverkäufer!

> **D** enkt langfristig für seinen Kunden und für sich selbst
> **E** infühlsam und somit ein guter Beziehungsmanager
> **R** isikobereit auf dem Weg zu seinem Ziel
>
> **N** utzen- und lösungsorientiert für seinen Kunden
> **E** insatzbereit für den Erfolg
> **U** nternehmer im Unternehmen
> **E** rfolgsorientiert für alle Beteiligten
>
> **H** eiß auf den Abschluss
> **A** uthentisch – er ist ganz er selbst und kein Schauspieler
> **R** hetorisch stark und kommunikationsgewandt
> **D** irekt und auf den Punkt kommend
> **S** elbstbewusst, an sich selbst und an den Erfolg glaubend
> **E** ntschlossen zum Abschluss
> **L** eidenschaftlich für den Erfolg
> **L** oyal und hundertprozentig für seinen Kunden da
> **E** rtragsorientiert für den unternehmerischen Erfolg
> **R** eaktionsschnell in allen Situationen

„Wer das Ziel nicht kennt, wird den Weg nicht finden" – die eigenen Ziele (er)kennen und konsequent verfolgen

Träumen Sie nicht nur von großen Zielen, machen Sie diese auch wahr, indem Sie stets den Blick nach vorne richten, zukunftsorientiert denken und handeln: Seien Sie wie der neue Hardseller ein Wie-Denker, der seine Wünsche, Träume, Ziele realisiert, im Gegensatz zum Wenn-Denker, der ein Träumer bleibt: „*Wenn* ich nur mehr Kundentermine hätte, wenn meine Kunden nur mehr Geld hätten ..." Wenn-Denken bringt Sie nicht weiter – werden Sie zum Wie-Denker: „*Wie* schaffe ich es, mehr Kundentermine zu vereinbaren? Wie finde ich die Kunden, die bereit sind, für mein Angebot die entsprechenden Investitionen zu tätigen?"

Grundlage für das Wie-Denken ist folgendes Prinzip: „Die Klarheit meiner Zielvorstellung bestimmt die Größe meines Erfolges!"

Aber Vorsicht: Allzu oft verwechseln wir Visionen und Ziele mit Vorstellungen, Erwartungen, Hoffnungen, Wünschen und Träumen – und das ist der Grund, warum wir oft nicht dort ankommen, wohin wir wollen, und dann Demotivation, Enttäuschung und Frustration verspüren. Denken Sie immer an die SMART-Formel: spezifisch – motivierend – aktionsauslösend – realistisch – terminiert. Oder wie es Friedrich Nietzsche formulierte: „Was ist Genie? Ein hohes Ziel und die Mittel dazu haben."

Wie Sie Ihre persönlichen Ziele im Auge behalten und erreichen

– denn wir alle wissen: Wer im Leben kein Ziel hat, verläuft sich!

▶ Halten Sie Ihre Ziele schriftlich fest, damit Ihnen diese stets vor Augen bleiben – Ihre Vorstellungen, Wünsche und Ziele werden Ihnen erst dann konkret und klar, wenn Sie konzentriert darüber nachdenken und sie klar und realistisch definiert, konkret, messbar und zeitlich begrenzt formulieren.

▶ Fassen Sie Ihre Ziele in vollständigen Sätzen und nicht in der Zukunft, sondern in der Gegenwart, so als hätten Sie diese Ziele schon erreicht. Das ist das besonders Kraftvolle an dieser Übung! Fragen Sie sich, warum Sie dieses Ziel erreichen wollen: Was bringt es Ihnen? Schreiben Sie Ihre persönlichen Vorteile und Nutzen auf, wenn Sie Ihr Ziel erreichen – je länger Ihre Nutzenliste, umso größer Ihr Wunsch, das Ziel zu erreichen!

▶ Überlegen Sie auch, welche Hindernisse Ihren Weg zu diesem Ziel erschweren – Packen Sie das größte zuerst an! Welche Informationen fehlen Ihnen, um Ihr Ziel zu erreichen? Der neue Hardseller ist ein „Dauerlerner" und ständig bemüht, seine Wissenslücken aufzufüllen – dabei reicht es ihm aus, zu wissen, woher er eine bestimmte Information bekommt.

▶ Nutzen Sie die Kraft der Visualisierung: Wenn Sie sich zum Beispiel das Ziel gesetzt haben, einen schon lang gehegten Reisewunsch in den nächsten drei Jahren zu realisieren, dann besorgen Sie sich einen Prospekt mit Bildern Ihres Reisezieles und kleben Sie diese Bilder überall an die Stellen, die Sie im Vorbeigehen regelmäßig sehen, zum Beispiel im Bad an den Spiegel, in Ihren Zeitplaner und an viele andere Stellen. Dies erinnert Sie immer wieder an Ihr Ziel und unterstützt so Ihre Motivation, bestimmte Dinge zu tun.

- Suchen Sie sich Hilfen für die Realisierung Ihrer Ziele: Schreiben Sie alle Personen auf, die Ihnen dazu in den Sinn kommen, und was diese Personen genau für Sie tun können, und gehen Sie dann in Vorleistung, um so Verbindung und Verpflichtung zu schaffen. So gelingt es Ihnen leichter, Ihren Wunsch zu erfüllen, denn geschäftliche und gesellschaftliche Beziehungen funktionieren auf Gegenseitigkeit.

- Geben Sie Ihr Ziel nicht auf: Wenn es sich um sehr komplexe und/oder langfristige Ziele handelt, die viel Aufwand erfordern, zweifeln Sie nicht an sich – schreiben Sie auf, welchen ersten Schritt Sie noch heute tun, um Ihr Ziel zu realisieren. Halten Sie daran fest, denn schließlich haben Sie gewaltige Gründe, weshalb Sie es erreichen wollen – Unwegsamkeiten gibt es überall. Verändern Sie nicht Ihr Ziel, sondern Ihren Weg dahin! Der Weg zu Ihrem Ziel ist oft nicht geradlinig, ein ursprünglich eingeschlagener Weg kann in eine Sackgasse münden. Dann müssen Sie Ihren Standort überprüfen und die bereits zurückgelegte Wegstrecke überdenken: Welche Alternativen stehen zur Verfügung? Welche weiteren, ergänzenden oder neuen Mittel können eingesetzt werden? Stimmen die Partner noch, mit denen Sie das Ziel erreichen wollen? Welche neuen oder zusätzlichen Herausforderungen bringt eine Kursänderung mit sich und wie begegnen Sie ihnen?

- Schaffen Sie sich Verpflichtungen: Besprechen Sie mit Ihrem Lebenspartner und/oder Ihrer Führungskraft Ihre Ziele und lassen Sie sich daran erinnern, wenn Sie mal in ein Motivationsloch fallen. Stellen Sie regelmäßig einen Ziel-Ist-Vergleich an: Dieser Vergleich muss zu Ihrer Gewohnheit werden und entsprechend in Ihrem (Tages-)Plan berücksichtigt werden. Wichtig: Belohnen Sie sich dafür, wenn Sie die definierten Teilziele erreicht haben!

Eines Tages dann haben Sie als neuer Hardseller Ihr Ziel erreicht. Und dann? Auf zu neuen Taten – es gibt sicher noch eine ganze Reihe neue Dinge, die Sie als erstrebenswert und wertvoll betrachten. Packen Sie's an – manche Menschen träumen vom Erfolg, andere sind wach und arbeiten hart daran!

Führen Sie mit Zielen – permanent

Auch für die Führung brauchen Sie Ziele – eigene für sich und jene für Ihre Mannschaft. Denken Sie daran: Der neue Hardseller liebt Ziele. Sie sind für ihn der Gradmesser seines Erfolgs. Sie sind sein Antreiber, sein Gewissen, sein Powerbarometer. Deshalb enthalten Sie ihm Ziele nicht vor, sondern fordern Sie ihn unablässig mit Zielen. Damit meine ich nicht nur die Jahreszielplanung, mit der sich viele Manager herausreden. Führen Sie mit Zielen – und zwar permanent.

Nehmen Sie sich ein Vorbild am Vorzeigeunternehmer Klaus Kobjoll. „Die Ziele müssen so hoch gesteckt sein, dass sie bei großen Anstrengungen gerade noch erreichbar sind!", meint Kobjoll, und der vielfach ausgezeichnete Hotelier weiß, wovon er spricht.

Expertentipp für Führungskräfte

Das Zielgespräch besteht aus sechs Elementen:

1. **Darstellung der Ziel-Vorstellung aus Ihrer Sicht**
   Arbeiten Sie mit der SMART-Formel: spezifisch, konkret, messbar, zeitlich begrenzt und realistisch. Beachten Sie: Mitarbeiter wählen entweder zu kleine Ziele und erschrecken sich dann, wenn wir mehr von ihnen wollen. Oder sie wollen dem Chef imponieren und legen die Latte viel zu hoch. Wenn der Chef das Ziel dann nach unten korrigiert, sind sie frustriert, weil sie glauben, dass der Boss nicht genug Zutrauen in ihre Leistung hat. Deshalb gibt es nur den Weg, dass die Führungskraft die Ziele entsprechend der jeweiligen Situation des Mitarbeiters vorgibt.

2. **Begründung der Erreichbarkeit dieses Ziels**
   Was hat der Mitarbeiter davon, wenn er die Ziele erreicht? Warum ist dieses Ziel wichtig für ihn und das Unternehmen? Warum glauben Sie, dass dieses Ziel für ihn erreichbar ist? Auf welche Erfolge in der Vergangenheit kann der Mitarbeiter zurückgreifen? Was wurde intensiv trainiert? Beantworten Sie ihm diese Fragen, damit er in der Zielformulierung und Umsetzung sicher und souverän wird.

3. Die Meinung des Mitarbeiters
Befragen Sie den Mitarbeiter nach seiner Meinung zur Zielvorgabe, aber lassen Sie ihn nicht aus der Pflicht. Machen Sie das Ziel zu einem gemeinsamen Ziel, mit dem sich auch der Verkäufer identifiziert.

4. Vereinbarung und Planung
Treffen Sie eine eindeutige Vereinbarung über das konkrete Ziel und planen Sie die Teilschritte, die zur Erreichung nötig sind. Lassen Sie den Mitarbeiter das Ziel schriftlich formulieren, so fasst er ein größeres Zutrauen in die Erreichbarkeit. Also immer schriftlich, konkret, kurz und bündig.

5. Motivation des Mitarbeiters
Malen Sie Ihrem Mitarbeiter ein Bild des Ziels – natürlich im übertragenen Sinne. Machen Sie ihm klar, welche Vorteile er hat, welchen Lerneffekt er erzielen kann oder welche finanziellen Auswirkungen die Erreichung des Ziels nach sich zieht.

6. Selbstpräsentation des Mitarbeiters
Dieser Punkt ist wichtig. Der Mitarbeiter muss das Ziel noch einmal aus seiner Sicht schildern und erklären, wie er es umsetzen wird. Wenn Sie auf diesen wichtigen Schritt verzichten, bekommen Sie schnell den „Nikolaus-Effekt". Beobachten Sie einmal Kinder, die vor dem Nikolaus stehen. Sie haben die Wahl zwischen der Rute oder einem Geschenk aus dem Sack. Weil sie natürlich das Geschenk wollen, geloben sie in allen Punkten Besserung. Aber kaum ist die Tür ins Schloss gefallen, sind alle Zusagen hinfällig. Hauptsache, die Rute kam nicht zum Einsatz …

Negative Denkmuster aufbrechen und positives Handeln pushen

Negatives Denken ist nicht realistisch, weil es die Wirklichkeit verzerrt, das heißt, in einseitiger Weise das Negative einer Situation betont. Damit verbunden sind unzulässige Verallgemeinerungen, denn die vermeintlichen Ursachen dafür, dass etwas schiefgelaufen ist, werden in die eigene oder eine andere Person verlagert, die „Schuld" bei sich selbst oder anderen gesucht. Negatives Denken geht von der Unveränderbarkeit einer bestimmten Situation aus, sodass Möglichkeiten zur Veränderung oder Verbesserung außer Acht gelassen werden. Das alles führt dazu, dass es negative Gefühle wie Ärger, Schuld, Angst, Stress und Depressionen verursacht – so bleibt auch der Verkauf auf der Strecke!

Demgegenüber ist positives Denken realistisch – das heißt allerdings nicht, dass alles positiv gesehen werden soll: Das ist Blauäugigkeit, die nichts mit der Wirklichkeit zu tun hat. Eine Sache realitätsgerecht zu betrachten, heißt: Beide Seiten der Medaille zu sehen, die positive und auch die negative – die Dinge werden so betrachtet, wie sie sind, weder einseitig positiv noch einseitig negativ, weder beschönigend noch abwertend. Ein Witzbold hat es einmal so ausgedrückt: Der Pessimist und der der Optimist denken beide starr – nur der Optimist lebt gesünder ...

Positive Einstellungs- und Denkmuster gehören zur DNA des neuen Hardsellers. Sie

- ▶ sind risikobereit und nehmen sich mit all Ihren Stärken und Schwächen an,
- ▶ zeigen ein gesundes Selbstvertrauen und angemessenes Durchsetzungsvermögen,
- ▶ freuen sich auch über kleine Erfolge und genießen diese,
- ▶ sehen einen Sinn in Ihrem Leben und Handeln,
- ▶ werden von angemessen vorgetragener Kritik nicht umgeworfen,
- ▶ versuchen, aus einer verfahrenen (Kunden-)Situation das Beste zu machen,
- ▶ freuen sich über Lob und Anerkennung – und nehmen diese auch an,
- ▶ haben keine Angst vor der Zukunft, weil Sie ein grundlegendes Vertrauen in die eigenen Fähigkeiten haben, und
- ▶ vertrauen anderen und akzeptieren deren Meinungen, auch wenn sie sich von Ihrer unterscheiden.

Treffen diese Eigenschaften auf Sie zu, fließt in Ihnen das Blut des neuen Hardsellers: R-A-U-S-S!

Der R-A-U-S-S®-Test: Wie sehen Sie sich selbst?

R-A-U-S-S steht für Risikobereitschaft – Antriebsstärke – Ueberzeugungskraft – Selbstdisziplin – Selbstbewusstsein: Eigenschaften, die das Denken und Handeln des neuen Hardsellers kennzeichnen. Das Aufschieben von anstehenden, aber unangenehmen Aufgaben aufgrund von Angst vor der Zurückweisung durch Kunden und vor allgemeinem Versagen ist ein Phänomen, mit dem sich insbesondere Verkäufer auseinandersetzen müssen, ebenso wie die Stagnation der persönlichen und beruflichen Weiterentwicklung infolge des Erstarrens in alltäglicher Routine und innerer Konflikte. Mithilfe der nachfolgenden Tests stellen Sie fest, wie sehr Sie schon die für den neuen Hardseller typischen Eigenschaften entwickelt haben oder ob Sie hier noch „Nachholbedarf" haben – in den folgenden Abschnitten dieses Kapitels finden Sie wertvolle Hinweise, wie Sie Ihre Stärken als Verkäufer optimal zur Geltung bringen.

Aufschieberitis – die Grippe des Durchschnittsverkäufers

Wer wichtige Vorhaben aufschiebt, zum Beispiel die Neukundenakquise, die nach wie vor von vielen Verkäufern verdrängt wird, hat dadurch letztlich berufliche oder private Nachteile – und leidet nicht zuletzt auch unter dem Aufschieben selbst. Nicht die ungeliebten Tätigkeiten selbst mutieren so zu Energiefressern – nicht ihre Erledigung, sondern ihr Aufschieben kostet wertvolle (Nerven-)Energie. Der Versuch, durch Aufschieben unangenehmer Aufgaben negative Gefühle zu vermeiden, verdirbt letztlich auch die (gute) Laune, die wir benötigen, um auch andere, weniger unangenehme Dinge locker anzugehen – oder wir halten es wie Mark Twain, der spöttelnd bemerkte: „Verschiebe nicht auf morgen, was genauso gut auf übermorgen verschoben werden kann!"

R-A-U-S-S®-Test 1: Leiden Sie unter Aufschieberitis?

Selbstauskunft/Frage	a – sehr stark	b – stark	c – mal so, mal so	d – schwach/ überhaupt nicht
Schwierige Aufgaben im Verkaufsalltag empfinde ich als Belastung	❏	❏	❏	❏
Ich mache nur Sachen, die mich motivieren, begeistern und in Stimmung bringen	❏	❏	❏	❏
Spontaneität zeichnet mich aus – ich lege mich ungern fest	❏	❏	❏	❏
Oft genug halte ich mich nicht an das, was ich mir (im Verkauf) vorgenommen habe	❏	❏	❏	❏
Ich lasse mich leicht ablenken	❏	❏	❏	❏
Folgenreiche Entscheidungen schiebe ich auf/vor mir her	❏	❏	❏	❏
Die meisten Dinge erledige ich „auf den letzten Drücker"	❏	❏	❏	❏
Unerledigte Sachen im Verkaufsalltag verfolgen mich auch in mein Privatleben	❏	❏	❏	❏
Unangenehme Dinge gehe ich als letztes an	❏	❏	❏	❏
Ich beschäftige mich gern mit weniger unangenehmen und dringenden Dingen/Aufgaben und Kunden	❏	❏	❏	❏
In meinem Verkaufsalltag werde ich mit allen Schwierigkeiten mühelos fertig	❏	❏	❏	❏
Unangenehme Aufgaben/Kundengespräche schiebe ich vor mir her	❏	❏	❏	❏

In Anlehnung an Hans Werner Rückert, Entdecke das Glück des Handelns. Überwinden, was das Leben blockiert. Frankfurt am Main, 2. durchgesehene Auflage 2004, und Vera F. Birkenbihl, Der persönliche Erfolg, Landsberg/Lech 1995.

> **Auswertung R-A-U-S-S-Test 1: Leiden Sie unter Aufschieberitis?**
>
> *Sie haben überwiegend mit „a – sehr stark" geantwortet:*
> Die „Aufschieberitis" ist fester Bestandteil Ihres Verkaufsalltags geworden. Sie fühlen sich oft überlastet und setzen sich selbst sehr stark unter Druck. Mit einer Art Perfektionismus im Handeln werden Sie daran gehindert, die wahren Gründe Ihrer „Aufschieberitis" festzustellen. Es ist bei Ihnen zu einem Alltagsmuster geworden, dass Sie Dinge, die dringlich und wichtig sind, nachrangig behandeln. Stattdessen beschäftigen Sie sich mit weniger wichtigen oder dringenden Herausforderungen und Verkaufssituationen. Wichtig ist für Sie herauszufinden, wo die Quelle der „Aufschieberitis" liegt und sie durch zielgenaues Handeln für Ihren weiteren Verkaufserfolg abzustellen.
>
> *Sie haben überwiegend mit „ b – stark" geantwortet:*
> Langsam scheint die „Aufschieberitis" zur Gewohnheit in Ihrem (Verkaufs-)Leben zu werden. Statt sich den wichtigen Dingen und Herausforderungen des (Verkaufs-)Alltags zu stellen, verbringen Sie viel Zeit mit Nebensächlichkeiten, die Sie dann auch überlasten. Es ist wichtig, herauszufinden, worin die Ursachen dieses Verhaltens liegen und wie es zu dieser „Aufschieberitis" kommt.
>
> *Sie haben überwiegend mit „c – mal so, mal so" geantwortet:*
> Es kommt schon einmal vor, dass Sie Dinge vor sich her schieben. Allerdings wird die „Aufschieberitis" von Ihnen nicht so recht als Herausforderung wahrgenommen. Die meisten Dinge, die Sie sich vornehmen, setzen Sie schnell um. Bei Schwierigkeiten, die im täglichen (Verkaufs-)Leben auftauchen, finden Sie schnell die Ursache heraus und wissen diese auch zu lösen.
>
> *Sie haben überwiegend mit „d – schwach/überhaupt nicht" geantwortet:*
> Sie sind immun gegen die Grippe der „Aufschieberitis". Sie legen die richtige Einstellung an den Tag, wichtige Angelegenheiten schnell und begeistert zu erledigen. Sie überfordern sich auch nicht und bleiben bei Herausforderungen stets locker und überschauen die Situation. Sie haben die Vitamine des neuen Hardsellers!

Rituale, Gewohnheiten, Routine

Selbstverständlich sind Sie in Gewohnheiten und tägliche Routinen eingebunden, im Außendienst arbeiten Sie ziemlich solistisch, im Innendienst jeden Tag mit denselben Kollegen zusammen. Ihre täglichen Aufgaben ähneln sich stark und unterscheiden sich lediglich im ihrem Ausprägungsgrad – Sie erkennen wahrscheinlich selbst die Gefahr: Veränderungen werden zugunsten der Gewohnheiten nach dem Motto „Das haben wir schon immer so gemacht!" verdrängt. Der neue Hardseller weiß: Die KAKFIF-Theorie („*K*ommt *a*uf *k*einen *F*all *i*n *F*rage!") und das AGABU-

Prinzip („Alles ganz anders bei uns!") sind für den Verkäufer tödliches Gift, denn: Wer nie ein Risiko eingeht, geht oft das größte Risiko ein!

Rituale und Routinen sind durchaus notwendig: Die richtige Mischung aus Gewohnheiten und Gegebenheiten einerseits und neuem Input andererseits verleihen unseren unterschiedlichen Lebensbereichen ausreichend Dynamik – wenn aber die Routine überhand nimmt, wir uns von den Gegebenheiten, die andere eingerichtet haben, fremd bestimmen lassen, stagnieren wir, treten wir auf der Stelle. Blockieren wir notwendige Veränderungen, gefährden diese erstarrten Gewohnheiten unsere Weiterentwicklung – persönlich und beruflich: Wer sich nicht bewegt, bewegt nichts!

Wie Hans-Werner Rückert aufschlussreich darstellt, sind Aufschieberitis und Erstarren in Routine in der Regel das Ergebnis fehlender Motivation bzw. falscher Vorstellungen davon, wie wir uns motivieren (zum Beispiel, indem wir uns durch unrealistische Zielsetzungen zu sehr unter Druck setzen), die Folge mangelhafter Strategien und nicht vorhandener Methoden, Aufgaben zu strukturieren und entsprechend umzusetzen. Sie sind ebenso ein Symptom dafür, dass uns innere Konflikte genau dabei blockieren. Damit sind nicht allein die banalen Konflikte gemeint, die unseren Verkaufsalltag begleiten und mitprägen. Beispiel: Sie sind keine „Lerche", sondern eine „Nachtigall" und kämpfen jeden Morgen mit sich, weil Sie gern noch zehn Minuten länger im Bett liegen bleiben möchten. Dann fehlt Ihnen auch die Motivation des neuen Hardsellers, den neuen Tag begeistert mit dem ersten Kundentermin zu starten!

Auch als neuer Hardseller sind Sie nicht unbesiegbar, auch Sie müssen „Niederlagen" einstecken, wenn ein Wettbewerber das Rennen um einen Auftrag macht – aber Sie flüchten sich nicht in eine dunkle Ecke, um sich wie ein verletztes Tier Ihre Wunden zu lecken, sondern suchen aktiv die Auseinandersetzung mit den Gründen Ihrer Niederlage. Die Analyse der Situation, zusammen mit Kollegen, Vorgesetzten und Kunden, bringt Ihnen neue Erkenntnisse und somit die Chance, die Fehler bei der nächsten Gelegenheit zu vermeiden.

Betrachten Sie Niederlagen als Lernschritte auf dem Weg zum Erfolg. Misserfolge sind Wegweiser für künftige Erfolge. Entscheidend für die Bewältigung von Niederlagen ist also die persönliche Einstellung dazu: Der Wille, daraus zu lernen, ist der entscheidende Faktor – nur, wer einmal mehr aufsteht, als er hingefallen ist, wird sein Ziel erreichen. Nur der „schwer" erarbeitete Erfolg macht Sie zum Gewinner! Oder, wie es Winston Churchill einst formulierte: „Erfolg ist die Fähigkeit, von einem Misserfolg zum anderen zu gehen, ohne seine Begeisterung zu verlieren!"

R-A-U-S-S®-Test 2: Gehen Sie gern den Weg des geringsten Widerstandes?

Selbstauskunft/Frage	a – sehr stark	b – stark	c – mal so, mal so	d – schwach/ überhaupt nicht
Im Tagesgeschehen lasse ich mich gern von den wesentlichen Dingen abhalten	❏	❏	❏	❏
Oft habe ich das Gefühl, dass ich mich meinen Herausforderungen im Verkauf nicht stelle	❏	❏	❏	❏
Ich lebe weitgehend ohne Planung in den Tag hinein	❏	❏	❏	❏
Schwierigkeiten im Verkauf sind für mich Herausforderungen	❏	❏	❏	❏
Selbstdisziplin ist für mich ein schwammiger Begriff	❏	❏	❏	❏
Entscheidungen, die weit reichende Bedeutung haben, sind mir unangenehm	❏	❏	❏	❏
Erlittene Niederlagen kann ich nur schwer verkraften	❏	❏	❏	❏
Mein Hauptziel im Leben ist es, vieles auszuprobieren, viele Erfahrungen zu machen, überall einmal hineingeschnuppert zu haben	❏	❏	❏	❏
In Stresssituationen des (Verkaufs-)Alltags fühle ich meine Resignation förmlich in mir aufsteigen	❏	❏	❏	❏
Wichtige Dinge, die anliegen, werden von mir sofort erledigt	❏	❏	❏	❏
Ich habe kein (detailliertes) Bild von mir und meinem Leben in ein, drei oder fünf Jahren	❏	❏	❏	❏
Oft wünsche ich mir, dass mir einfach jemand sagt, was ich zu tun habe – das wäre oft viel einfacher für mich	❏	❏	❏	❏
Ereignisse, die in meinem Leben geschehen, nehme ich, wie sie kommen	❏	❏	❏	❏
Oft schaue ich zu Menschen auf, die genau wissen, was sie erreichen wollen	❏	❏	❏	❏
Ich bin ein „Macher"-Typ – bei mir muss immer Action sein	❏	❏	❏	❏

Selbstauskunft/Frage	a – sehr stark	b – stark	c – mal so, mal so	d – schwach/ überhaupt nicht
Es wäre oft besser für mich, dass mir jemand einen Tritt verpasst, damit ich mal in die Gänge komme	❏	❏	❏	❏
Arbeitsroutine und Alltagstrott langweilen mich	❏	❏	❏	❏
Einschneidende Veränderungen in meinem Leben sind mir zu risikoreich – ich lasse lieber alles beim Alten	❏	❏	❏	❏
Das Leben ist für mich schön, wie es ist – warum soll ich mich Pflichten unterwerfen und mir Ziele setzen?	❏	❏	❏	❏
Aufmerksames Arbeiten mit Zielorientierung liegt mir nicht	❏	❏	❏	❏

In Anlehnung an Hans Werner Rückert, Entdecke das Glück des Handelns. Überwinden, was das Leben blockiert. Frankfurt am Main/New York, 2. durchgesehene Auflage 2004, und Vera F. Birkenbihl, Der persönliche Erfolg, Landsberg/Lech 1995.

Auswertung R-A-U-S-S-Test 2: Gehen Sie gern den Weg des geringsten Widerstandes?

Sie haben überwiegend mit „a – sehr stark" geantwortet: Es fällt Ihnen schwer, kurzfristige und mittelfristige Ziele in Ihrem Leben zu projizieren. Verkaufsalltag und -trott sind für Sie Zwänge, die Sie davon ablenken, das Leben mit all seinen Attraktionen wahrzunehmen. Sie empfinden Pflichten und Sorgfalt im täglichen Leben als Zwang. Sie haben Konflikte in Ihrem Leben, weil Sie nicht mehr genau unterscheiden können, ob es Alltagssituationen oder tiefer sitzende Konflikte sind, die es zu bereinigen gilt. Wichtig ist, die Themen anzugehen, die Sie täglich blockieren, und Selbstregulierungsmechanismen zu finden, die Ihnen helfen, jeden Tag mit all seinen Anforderungen zu bewältigen. Im Fokus sollte stehen, Ihr Selbstvertrauen und Ihre Selbstverantwortung zu stärken, um diese Herausforderungen zu meistern.

Sie haben überwiegend mit „ b – stark" geantwortet: Sie sind eine Mischung aus Lebenskünstler und Planer. Sie lassen gerne Dinge auf sich zukommen und entscheiden selbst, wann Sie in Aktion treten, um Pflichten und Sorgfalt in Ihr Berufs- und Privatleben einkehren zu lassen. Sie kommen ins Schleudern beim Lösen Ihrer Konflikte und Herausforderungen. Es fällt Ihnen zunehmend schwer zu unterscheiden, welche Dinge zuerst angegangen werden müssen und welche weniger wichtig sind. Sie wünschen sich einen „Navigator " an Ihrer Seite. Sie haben wenig Vertrauen in Ihre eigene Entscheidungsfähigkeit und in Ihr Selbstvertrauen, um Konflikte anzupacken und zu lösen.

Sie haben überwiegend mit „c – mal so, mal so" geantwortet: Sie begegnen dem Leben mit Konzentration, Zielen und Planung einerseits. Andererseits wünschen Sie sich jedoch manchmal ein wenig mehr Lebhaftigkeit und Abwechslung. Wenn Sie gelegentlich einen Konflikt in Ihrem Leben haben, lösen Sie ihn sofort und mit den richtigen Mitteln. Sie werden nicht abgelenkt von Dingen, die Sie in Ihrem Verkaufs- und privaten Alltag blockieren, sondern Sie konzentrieren Ihre Energien auf die wichtigen Herausforderungen Ihres Lebens.

Sie haben überwiegend mit „d – schwach/überhaupt nicht" geantwortet: Sie haben Ihre Ziele im Griff. Sie wissen, was Sie jederzeit erreichen wollen. Zielorientierung und Sorgfalt sind für Sie wichtige Parameter Ihres beruflichen und persönlichen Navigationssystems. Ihnen ist wichtig, was Sie in naher und mittlerer Zukunft erreichen werden. Sie wissen genau, was Sie wollen. Sie lösen Herausforderungen, die anstehen und wichtig sind, und haben einen deutlichen Weg in Ihrem Leben gefunden. Sie besitzen die DNA des neuen Hardsellers!

Motivation: Nur der Begeisterte kann andere überzeugen

Aus welchem Grund scheitern so viele Verkäufer? Zumindest 50 Prozent scheitern an zu geringer Motivation, Begeisterungsfähigkeit, Überzeugungskraft und fehlendem Selbstvertrauen in die eigene Person. Die entscheidende Ursache zugleich für den zunehmenden Misserfolg sowie auch für den überragenden Erfolg, der die Spreu der Durchschnittsverkäufer vom Weizen des neuen Hardsellers trennt, ist der persönliche Ehrgeiz, die Eigenmotivation, also die Begeisterungsfähigkeit, die unbedingt auf den Kunden überspringen muss: Mit Begeisterung verkaufen Sie durchschnittliche Produkte und Dienstleistungen erfolgreich, ohne diese werden Sie selbst hervorragende Produkte nicht erfolgreich verkaufen. Oder anders formuliert: Begeisterung ist alles, aber ohne Begeisterung ist alles nichts!

Motivieren und begeistern Sie sich selbst und damit auch Ihre Kunden durch folgende Botschaften an sich und ihre Umsetzung in aktiven Verkaufsgesprächen:

Die Ich-Botschaften des neuen Hardsellers

- Ich habe eine positive Beziehung zu meinem Partner, Chef, Kollegen und Kunden.
- Ich zeichne mich durch die vier Kompetenzen aus: Fach-, Methoden-, Sozial- und Kundenkompetenz aus.
- Ich biete meinen Kunden einen echten persönlichen und individuellen Nutzen und Mehr-Wert.
- Ich spreche mit meinen Kunden zielstrebig über ihre Vorteile und führe sie zum Abschluss.
- Ich halte Privatgespräche (Smalltalk) im Rahmen und führe den Kunden schnell wieder zum Kern des Verkaufsgespräches zurück.
- Ich bin für meine Kunden ein gleichwertiger Gesprächs- und Geschäftspartner.
- Ich werde von jedem meiner Kunden geschätzt und ernst genommen.
- Ich warte nur kurz auf den Kunden und mache dann einen neuen Termin aus, denn meine Zeit ist genauso kostbar wie die des Kunden.
- Ich vereinbare bei längeren Störungen/Unterbrechungen während eines wichtigen Gesprächs einen neuen Termin, um wieder eine bessere Verhandlungsposition zu erlangen.
- Ich nehme die Ablehnung desinteressierter Kunden nicht persönlich und besuche sofort neue Interessenten.
- Ich akzeptiere weniger gute Erfolge innerhalb meiner Erfolgsquoten.
- Ich bereite mich auf jedes Gespräch optimal vor: Ich nutze vor einem Termin alle relevanten Informationsquellen über meinen Kunden. Ich werde von meinen Kunden als Topexperte auf meinem Gebiet gesehen – ich habe die Sieger-DNA in mir!
- Ich bleibe höflich hartnäckig, ohne den Kunden zu (be-)drängen.
- Ich halte ständig meine Augen offen für die Verbesserung meiner Verkaufsstrategien und -methoden für den Erfolg.

> ▶ Ich habe mein Ziel stets vor Augen, denn ich weiß: Rezession ist die Konjunktur der Tüchtigen!
>
> ▶ Ich vertraue auf meine Stärken, denn ich bin R-A-U-S-S!

Quelle: in Anlehnung und Erweiterung von Hans-Christian Altmann, Erfolgreicher verkaufen durch positives Denken. Landsberg/Lech, 7. Auflage 2000.

Positives Denken und positive Motivation allein reichen oft nicht aus – unsere beiden Antriebskräfte sind Lust und Schmerz, oder besser: Lust und die Vermeidung von Schmerz. Wenn Sie also spüren, dass für (unangenehme) Tätigkeiten allein die Vorstellung, wie gut Sie sich fühlen, wenn Sie diese Aufgaben erledigt haben, nicht ausreicht, dann machen Sie doch Folgendes: Notieren Sie sich neben allen Vorteilen des Aktivwerdens auch die Nachteile weiterer Untätigkeit. Nutzen Sie dabei die Kraft der Visualisierung: Je stärker Sie sich bildlich diese Nachteile vor Augen führen, umso mehr verstärken Sie Ihren positiven Antrieb.

Zeit für Kreativität: Nur wer gut organisiert ist, hat neue Ideen

Integrieren Sie das 20/80-Prinzip auch in Ihren Verkaufsalltag:

▶ Finden Sie heraus, welche Ihrer Verkaufsstrategien und -techniken die höchste Erfolgsquote haben und wenden Sie diese konsequent an.

▶ Konzentrieren Sie sich auf die Produkte, die für 80 Prozent (Ihrer) Gewinne sorgen.

▶ Konzentrieren Sie sich auf die 20 Prozent Ihrer Kunden, die für 80 Prozent Ihrer Gewinne verantwortlich sind.

▶ Nehmen Sie dabei nicht nur Kontakt zu potenziellen Neukunden auf, sondern reaktivieren Sie auch „alte" Kunden, mit denen Sie in der Vergangenheit gute Geschäfte gemacht haben – klopfen Sie an bekannte Türen und wählen Sie vertraute Telefonnummern!

Wenn Sie also Ihre beruflichen und privaten Aktivitäten nach dem 20/80-Prinzip ausrichten, befreien Sie sich nicht nur von zeitlichem, geistigem und seelischem Ballast, sondern schaffen sich auch Freiräume für die notwendige Entspannung, die Sie am Wochenende und im Urlaub als Ausgleich brauchen, wenn Sie im Job immer Vollgas geben – und Sie finden die Ruhe und die Muße, Ihrer Arbeit immer wieder neue und spannende Seiten abzugewinnen: Lassen Sie Ihrer Kreativität freien Lauf, denn: Gedanken springen von einem zum anderen, aber sie beißen nicht jeden!

Laterales Denken

Dabei hilft Ihnen laterales Denken. Diesen Begriff prägte die Koryphäe der Kreativitätsforschung, Edward de Bono, schon 1967. Laterales Denken heißt nach de Bono, „bewusst um die Ecke zu denken", unlogisch und unkonventionell. Es geht nicht von bestimmten, festgesetzten Prinzipien aus und kommt somit nicht nur zu einem einzigen richtigen Schluss wie das logische, vertikale Denken. De Bono will mit seiner Methode eingefahrene Denkgewohnheiten überwinden und uns animieren, nach anderen Wegen zu suchen, bestimmte Dinge zu betrachten, und dabei die strenge Kontrolle des rational-logischen Denkens zu lockern. Wir suchen nicht nach der richtigen Antwort, sondern nach einer anderen Anordnung vorhandener Informationen – und kommen zu überraschenden Lösungen!

Nehmen Sie also auch manchen Umweg in Kauf, um zu neuen und besseren Lösungen zu kommen. Führen Sie zum Beispiel nahe liegende, weil rationale Fragenstellungen ad absurdum:

- ▶ Statt „Wie kann ich den Kunden gewinnen?": „Was muss ich tun, um den Kunden nicht zu gewinnen?" oder „Wie gewinnt der Kunde mit mir?" oder „Wie kann der Kunde mich gewinnen?"
- ▶ „Muss ich tatsächlich mein finanzielles Angebot zusammen mit dem inhaltlichen Angebot überreichen?"
- ▶ „Wie kann ich eine Kundenforderung, die nicht machbar erscheint, umsetzen? Wie würde, beispielsweise, ein Magier diese Herausforderung lösen?" oder „Nehmen wir einmal an, das ist machbar – wie würde dann meine Lösung aussehen?" oder „Wie würde ich als Techniker/Einkäufer/Auftragsbearbeiter etc. diese Herausforderung angehen?"

> **Beispiel:**
>
> Sie kommen bestens mit Ihren Teamkollegen im Innendienst aus, Ihr Job als Verkäufer macht Ihnen richtig viel Spaß und erfüllt Sie – wenn da nicht Ihr Vertriebsleiter wäre, der Sie schikaniert und Ihnen das Leben schwer macht. Sie brüten über der Situation, überlegen, wägen ab (Den tollen Job, die gute Zusammenarbeit mit angenehmen Kollegen eintauschen gegen eine ungewisse Zukunft in einem neuen Job, um dem fiesen Chef zu entgehen? Bleiben wegen der Vorteile und den Chef in Kauf nehmen?). Sie kommen zum Schluss, dass Ihr Vorgesetzter unerträglicher ist als die Aussicht, in einem anderen Job neu zu beginnen, und wenden sich an eine externe Personalberatung. Dort trifft Sie eine laterale Idee wie ein Blitz: Sie schildern dem Personalberater in blumenreichen Worten den Werdegang und die Fähigkeiten Ihres Chefs. Der Berater findet für Ihren Chef ein attraktives Unternehmen, Ihr Chef schnappt zu, und Sie behalten Ihren geliebten Verkäuferjob mit den tollen Kollegen!
>
> *(In Anlehnung an: www.grauezellen.de/gz_later.html)*

Überzeugen statt Überreden: Mit der Kraft der Persönlichkeit kommunizieren

Manipulation ist ein hässliches Wort, finden Sie? Wenn ein Verkäufer diesen negativ besetzten Begriff verwendet, wie will er dann erfolgreich verkaufen? Schauen Sie doch einmal genauer hin: Genau genommen ist das Wort „Manipulation" neutral – nur, was wir daraus machen, wie wir es einsetzen, entscheidet doch letztlich über seine negative oder positive Wirkung.

> **Beispiel:**
>
> Benzin ist auf viele Arten einsetzbar. Wir schätzen Benzin als Treibstoff zur Fortbewegung, als Waschbenzin, um hartnäckige Flecken zu entfernen und nutzen es auf andere, sinnvolle Weise – aber in Molotowcocktails kann es als gefährliche Waffe missbraucht werden.

Manipulation ist eine Frage der Betrachtungsweise, aber unsere althergebrachte Meinung verhindert häufig eine positive Wendung. Ob Fernsehwerbung, zwischenmenschliche Beziehungen, „meinungsbildende"

Medien etc. – dabei wird jeder von uns beeinflusst, andererseits beeinflussen wir auch andere, jeden Tag, zu jeder Zeit, in jeder privaten oder beruflichen Situation!

Sehen Sie Manipulation nicht länger negativ, sondern als Möglichkeit, Ihrem Gesprächspartner die Vorteile und den Nutzen aufzuzeigen, die er durch unsere Lösung bekommen wird – es ist für ihn positiv, wenn wir ihn dazu bewegen, mit uns zu verhandeln. Für den neuen Hardseller bedeutet Verkaufen, andere zu Taten veranlassen – wo und wann auch immer!

Manipulieren = Überzeugen

Robert B. Cialdini befasst sich mit professionellen Überzeugungsstrategien. Anhand der sechs grundlegenden psychologischen Prinzipien, die das menschliche Verhalten steuern, beschreibt Cialdini in seinem Buch „Die Psychologie des Überzeugens" wirksame Strategien, die meist bestimmte Automatismen auslösen:

Reziprozität (Gegenseitigkeit): Wenn uns jemand einen Gefallen tut, uns etwas schenkt, fühlen wir uns verpflichtet, uns zu revanchieren (Dankesschuld) – eine soziale Grundregel des Gebens und Nehmens. Folge sind oft Zugeständnisse, um dieses Gefühl der Verpflichtung zu „beruhigen". Werden wir auf eine Party eingeladen, sollten wir uns bei passender Gelegenheit mit einer Gegeneinladung bedanken – und das tun wir in der Regel auch, selbst wenn wir insgeheim hoffen, dass die eingeladene Person nicht kommen kann ... Anderes Beispiel: Sie tun einem Kunden einen Gefallen und „schieben" dann Ihr Angebot nach – Kunden, die einen Gefallen bekommen haben, kaufen signifikant öfter ... Die Reziprozitätsregel haben wir auch deswegen so stark verinnerlicht, weil keiner von uns gern als jemand abgelehnt werden möchte, der nimmt, ohne selbst zu geben: Wer will schon als geizig, undankbar oder selbstsüchtig gelten, als Schnorrer oder Abzocker?

Konsistenz (Konsequenz): Wenn wir einmal etwas tun oder einen Standpunkt eingenommen haben, bemühen wir uns sehr darum, uns auf eine Art und Weise zu verhalten, die dieser Tat bzw. dem Standpunkt entspricht, um nicht Irritationen auszulösen oder gar unglaubwürdig zu wirken. Beispiel: Bei einer Spendensammlung spenden diejenigen Personen oft wesentlich mehr, die vorher eine grundsätzliche Zusage gemacht haben.

Soziale Bewährtheit: Wenn wir herausfinden wollen, was richtig ist, orientieren wir uns oft an dem, was andere für richtig halten. Der Einfluss anderer ist dann am größten, wenn wir glauben, unseren „Vormachern" ähnlich zu sein. Die Werbung greift häufig auf diese Strategie zurück, zum Beispiel, wenn ein scheinbarer Konsument (= Schauspieler des Werbespots) positiv über ein Produkt berichtet und potenzielle Kunden eine gewisse Ähnlichkeit mit ihm empfinden – das verführt zum Kauf des Artikels.

Sympathie: Gerne werden positive Antworten (wie „Ja") gegeben, wenn die Bitte von demjenigen formuliert wird, den wir kennen und mögen, zum Beispiel im Rahmen einer Tupper-Party: Bei einer Verkaufsrunde mit einer sympathischen und vor allem bekannten Verkäuferin in vertrautem Rahmen wird mehr gekauft.

Autorität: Der Mensch hat prinzipiell ein tief sitzendes Gefühl des Respekts vor Autorität. Das äußert sich auch oft darin, dass von Autoritätspersonen sehr schnell Anweisungen an- und übernommen werden, selbst wenn uns die Anweisungen widersinnig oder gar grausam erscheinen, wie in den 1970er Jahren die weltbekannten Milgram-Experimente demonstrierten: Versuchspersonen verabreichten, auf Anweisung von Autoritätspersonen (Professoren), anderen Leuten scheinbar (starke) Stromstöße.

Knappheit: Dinge erscheinen für uns wertvoller und verlockender, wenn sie nur begrenzt verfügbar ist. Das lässt sich heutzutage sehr gut im Verkauf und in der Werbung verwenden, wenn zum Beispiel auf HSE 24, QVC oder anderen Verkaufssendern ein Zähler mitläuft, der anzeigt, wie viel Stück von einem bestimmten Artikel noch vorhanden sind. Der Gedanke, eine gute Gelegenheit zu verpassen, spielt in unserem Unterbewusstsein oft eine größere Rolle, als etwas zu gewinnen.

Jeder von uns erlebt alltäglich diese Mechanismen der Einflussnahme, sowohl aktiv als auch passiv. Warum also sollen Sie als Verkäufer nicht auch davon Gebrauch machen? Der neue Hardseller tut dies, denn er weiß: Unser Verstand findet nachträglich immer eine passende Begründung für eine Entscheidung, die unser (Bauch-)Gefühl schon längst gefällt hat.

Insbesondere die Reziprozitätsregel ist ein idealer Ansatzpunkt für die Verkaufsstrategien des neuen Hardsellers. Kaufentscheidungen werden häufig von diesem Prinzip beeinflusst, vor allem, wenn ein Verkäufer seinem Kunden erst etwas gibt, damit sich dieser revanchiert (zum Beispiel, indem er eine Empfehlung ausspricht). Diese (Verkaufs-)Taktik hat drei enorme Vorteile:

- Sie überlagert in der Regel andere Entscheidungsfaktoren, die zum Beispiel einen Kunden dazu bringen würden, die Bitte des Verkäufers nach einem Gefallen abzulehnen. Das Gefühl, mit der Annahme eines Geschenks des Verkäufers eine Verpflichtung eingegangen zu sein, wiegt aber schwerer als der Wille, die darauf folgende Bitte des Verkäufers abzulehnen. Wir werden von frühester Kindheit an dazu erzogen, uns für Gefälligkeiten zu revanchieren – und diese Grundregel des sozialen Miteinanders prägt unser Handeln oft stärker, als wir uns dessen selbst bewusst sind.

- Dieser Effekt schließt aber nicht nur „Vorab-Geschenke" ein, in die ein Kunde einwilligt. Das Gefühl der Verpflichtung gegenüber dem Verkäufer entsteht auch bei Gefälligkeiten, mit denen der Verkäufer seinen Kunden überrascht. Wir sind so erzogen, auch solch „ungebetene" Gefälligkeiten anzunehmen, selbst wenn diese nicht unbedingt unseren Vorstellungen entsprechen und/oder wir genau wissen, dass wir uns damit zu einer Gegenleistung verpflichten, denn wie heißt es so schön: „Einem geschenkten Gaul schaut man nicht ins Maul." Die Verpflichtung zur Annahme selbst unerwünschter Geschenke schränkt die Möglichkeit des Kunden ein, selbst zu entscheiden, ob er dem Verkäufer überhaupt etwas schuldig sein möchte – die Reziprozitätsregel nimmt ihm diese Entscheidung ab.

- Zudem führt die Dankesschuld auf Seiten des Kunden oft genug nicht nur dazu, dem Verkäufer den gewünschten Gefallen zu tun – nicht selten willigen Kunden ein, sich beim Verkäufer mit einer größeren Leistung zu bedanken, als dem Geschenk oder der Gefälligkeit entsprechen würde, die sie vorher selbst erhalten haben. Schon als Kinder werden wir darauf geeicht, offen stehende Verpflichtungen als Belastung zu empfinden, sodass wir nicht selten bereit sind, jemandem einen größeren Gefallen zu tun als denjenigen, den er uns erwiesen hat – nur, um nicht mehr in seiner Schuld zu stehen.

Als neuer Hardseller nutzen Sie für Ihre Verhandlungsführung den psychologischen Effekt, dass auch Ihre Zugeständnisse an Ihren Kunden von diesem als Gefallen interpretiert werden (können). Arbeiten Sie mit einem Kniff, den Cialdini als „Neuverhandeln nach Zurückweisung"-Technik bezeichnet. Diese Taktik beruht auf der Erkenntnis, dass ein Verkäufer durch Zugeständnisse einen Kunden zu Zugeständnissen bewegen kann, ebenso, wie er dies mit einem (überraschenden) Geschenk oder Gefallen tut. Unterbreiten Sie daher Ihrem Kunden zunächst ein Angebot, von dem Sie wissen, dass Ihr Kunde es mit Sicherheit ablehnen wird. So schaffen Sie aber eine günstige Startposition für das Angebot, das Sie anschließend als für Ihren Kunden günstigere Alternative präsentieren. Ihr Kunde wird dieses zweite – von Ihnen selbst von vornherein favorisierte – Angebot mit großer Wahrscheinlichkeit akzeptieren, weil er es als Zugeständnis Ihrerseits interpretiert. Dieses zweite Angebot muss dabei nicht per se klein sein, sondern nur kleiner als das erste, damit die Taktik Erfolg verspricht. So werden zum Beispiel auch bei Tarifverhandlungen häufig überhöhte Forderungen gestellt, von denen nicht wirklich erwartet wird, sie durchzusetzen. Diese dienen vielmehr als Ausgangsbasis, um Abstriche als Zugeständnisse an den Verhandlungspartner verkaufen zu können und so auf diesen Druck auszuüben, damit er seinerseits Zugeständnisse macht. Aber auch im Einzelhandel ist dieses Vorgehen gängige Praxis: Denken Sie doch einfach mal an das Beratungsgespräch beim Herrenausstatter, als Sie sich Ihren neuesten Anzug gekauft haben. Hat der Verkäufer etwa mit preisgünstigen No-Name-Produkten begonnen? Oder waren es nicht vielmehr die teuren Markenanzüge à la Boss? Natürlich beginnt ein geschulter Verkäufer mit den Luxusmodellen – greifen Sie gleich zu, hat der Herrenausstatter ein gutes Geschäft mit Ihnen gemacht, lehnen Sie ab, präsentiert der Verkäufer Ihnen mit guten Erfolgsaussichten Anzüge in einer niedrigeren Preisklasse.

Sie können diese Technik sogar anwenden, wenn Ihr Kunde trotz Zugeständnissen Ihrerseits Ihr Angebot ablehnt, zum Beispiel, indem Sie ihn animieren, anderen eine Freude mit Ihrem Angebot zu machen: „Nun, Herr Kunde, wenn Sie der Meinung sind, dass das Angebot im Moment noch nicht das Richtige für Sie ist, wen von Ihren Geschäftspartnern oder Freunden möchten Sie denn jetzt davon profitieren lassen oder wem von diesen eine Freude machen ...?"

Ergebnisse der Verhandlungsforschung zeigen zudem zwei verblüffende Zusatzeffekte der „Neuverhandeln nach Zurückweisung"-Technik: Zum einen fühlen sich Versuchspersonen in stärkerem Maße verantwortlich für das Zustandekommen der Vereinbarung, zum anderen zeigen sie sich zufriedener als andere Versuchsteilnehmer, die in eine Vereinbarung einwilligten, die eben *nicht* auf dieser Taktik beruht. Anscheinend, so Cialdini, ist eine Vereinbarung, die durch Zugeständnisse des Gegenübers zustande gekommen ist, für Verhandlungspartner zufrieden stellender als andere Verhandlungslösungen – damit sind sie eher bereit, sich auch auf weitere, ähnliche Abmachungen einzulassen. Eine amerikanische Studie über Verkaufsstrategien im Einzelhandel bestätigt dieses Ergebnis: Das Gefühl bei Kunden, selbst für ein gutes Geschäft verantwortlich zu sein, führt zu größerer Zufriedenheit und damit zu einer erhöhten Bereitschaft, das Produkt wieder zu kaufen.

Setzen Sie als neuer Hardseller – bei aller nützlichen Verkaufspsychologie und bei allen cleveren Verhandlungstechniken, -methoden und -taktiken – stets Ihre ganze Persönlichkeit ein, um Ihren Kunden von den Vorteilen Ihres Angebots zu überzeugen, ihm seinen ganz individuellen, persönlichen Nutzen, seinen Mehrwert nahe zu bringen. Bleiben Sie dabei immer Sie selbst und verhandeln Sie mit der Kraft Ihrer Authentizität, um Ihren Kunden zu überzeugen – nicht zu überreden, denn Sie wissen ja: Ein überredeter Kunde ist kein begeisterter Kunde, der Ihnen vertraut und wieder zu Ihnen kommt. Haben Sie einen Kunden zum Auftrag „gequatscht", dann haben Sie vielleicht die Schlacht gewonnen, aber den Krieg haben Sie verloren!

Sind Sie ein neuer Hardseller?

Jetzt wissen Sie, wie der neue Hardseller (genetisch) „gestrickt" ist, wie seine DNA aussieht. Wahrscheinlich haben Sie sich auch schon an der einen oder anderen Stelle unbewusst mit ihm verglichen, Ihre Charakterzüge an seinen Persönlichkeitsmerkmalen „gemessen" – höchste Zeit für Ihr eigenes Persönlichkeitsprofil!

> **Expertentipp**
>
> Lassen Sie das Persönlichkeitsprofil auch von Ihrem Lebenspartner, von einem Freund, einem Kollegen etc. erstellen, denn oft genug machen wir die Erfahrung, dass sich unser Bild von uns selbst erheblich von dem unterscheidet, das andere von uns haben. Diese „Fremdbeurteilung" hat auch den Vorteil, dass nicht Eigenschaften Ihrer Persönlichkeit „unterschlagen" werden, die Sie selbst nicht in die Liste aufgenommen haben.

Listen Sie in der folgenden Tabelle alle Eigenschaften auf, die Ihnen beim neuen Hardseller begegnet sind, aber auch andere, die Ihre eigene Persönlichkeit ausmachen und die Sie heute als Topverkäufer mitbringen müssen. Ordnen Sie diesen Charakterzügen eine prozentuale Bewertung zu, je nachdem, wie ausgeprägt Sie dieses Persönlichkeitsmerkmal bei sich selbst sehen. Seien Sie nicht nur bei dieser Bewertung ehrlich, sondern auch schon bei der Auswahl der Eigenschaften – lassen Sie nicht etwa solche weg, die Sie bei sich selbst als schwach entwickelt empfinden!

Übung

Ergänzen Sie das Blatt mit dem jeweiligen Datum und verbinden Sie die Punkte zu einer Linie. Dieses Profil gibt Ihnen Aufschluss darüber, wo Ihre Stärke und Chancen für die Zukunft liegen. Erstellen Sie dieses Profil in regelmäßigen Abständen, um Ihre Entwicklung zum neuen Hardseller zu beobachten!

Eigenschaften/ Anforderungen zum Beispiel	Bewertung/Erfüllungsgrad									
	10%	20%	30%	40%	50%	60%	70%	80%	90%	100%
Selbstbewusstsein										
Offenheit										
Einfühlungsvermögen										
Entschlossenheit										
...										
...										
...										
...										
...										
...										
...										
...										

Berichte der Welt nicht von deinen Bemühungen, sondern zeige deine Erfolge, denn die Welt will Ergebnisse!

Neue Hardseller führen

Spitzenvertriebler vom Typ des neuen Hardsellers beherrschen ihre Selbstführung schon exzellent. Dennoch brauchen größere Vertriebsstrukturen eine eindeutige und klare Führungsarbeit der Vorgesetzten.

Die Führungs-Kraft der Führungskraft

„Wer nicht auffällt, fällt weg" – das gilt nicht nur für die Verkäufer, sondern und vor allem auch für die Führungskräfte im Vertrieb. Der Manager einer Vertriebsmannschaft braucht eine besondere Persönlichkeit, um die Attitude – die Einstellung seiner Mitarbeiter – zu entwickeln. Es ist wie im Fußball: Ohne den Trainer, der seine Mannschaft formt, motiviert und entwickelt, wird es keine bahnbrechenden Erfolge geben.

Dazu gehört es auch, nicht von allen geliebt werden zu müssen und eine natürliche Autorität auszustrahlen. Viele Führungskräfte versinken im Mainstream und passen sich dem Mittelmaß an. Sie sind nicht in der Lage, die Verantwortung für ihre Aufgaben und ihre Mitarbeiter zu übernehmen und nicht willens, umzudenken und neue Wege zu gehen.

Eine Führungskraft muss den Mut haben aufzufallen. Schauen Sie sich doch einmal erfolgreiche Menschen an: Sie polarisieren, sie sind umstritten, und sie haben die Kraft, damit zu leben, dass sie nicht von allen gemocht werden. Prominente Vorbilder für diese Einstellung sind Dieter Bohlen, Felix Magath, Dietrich Mateschitz oder Lewis Hamilton. Sie verstehen es, sich selbst zu inszenieren und zur Marke zu machen. Sie haben keine Angst, klare Aussagen zu treffen, und die Zuschauer scheinen die schonungslose Kritik eines Dieter Bohlen nicht nur zu akzeptieren, sondern sogar zu mögen. In einer Befragung zur „Deutschland-sucht-den-Superstar"-Show meinten 83 Prozent der 18- und 19-jährigen Befragten, dass Bohlens Kritik an den Kandidaten fair sei, selbst wenn er damit die Jungstars persönlich verletze. Auf Führung bezogen bedeutet das: Sie sollen Ihre Mitarbeiter nicht verletzen, ihnen aber stets ein glasklares Feedback geben.

Menschen wie Bohlen oder Magath haben eine natürliche Autorität. Diese natürliche Autorität fängt bei den Äußerlichkeiten an. Tina Farblos und Olaf Grauemaus fallen durch ihr Nicht-Auffallen auf. Die exzellente Führungskraft aber weiß, dass ein tadelloses Äußeres die erste Schublade beim Gegenüber öffnet. Ein perfekt sitzender Anzug, gepflegte Schuhe, vernünftiges Schreibwerkzeug und edle Accessoires vermitteln Respekt und Vorbildcharakter.

Jetzt noch eine bittere Pille: In einer Umfrage der Vertriebsberatung Faktenkontor wurden die zehn unbeliebtesten Berufe der Deutschen ermittelt. Raten Sie mal, wer den ersten Platz gemacht hat. Der Versicherungsvertreter, also der Prototyp des Verkäufers schlechthin. Auf Platz 8 wird dann noch der Bankkaufmann geführt – Sie können sich vorstellen, was das für das Selbstbewusstsein von Verkäufern in der Finanzdienstleistung bedeutet. Deshalb ist der Faktor Selbstbewusstsein immens wichtig für die Persönlichkeit des neuen Hardsellers – und auch für die Führung im Vertrieb. Nur wer als Führungskraft Selbstbewusstsein demonstriert, kann auch seine Verkäufer zu entschlossenen, geschätzten und gradlinigen Persönlichkeiten entwickeln.

Vielen Führungskräften mangelt es an Führungs-Kraft. Statt dem Team zu einer besseren Einstellung zu verhelfen, erschlagen sie ihre Leute mit Reports, Berichten und Exceltabellen. Aber Verkäufer sind keine Buchhalter, und wer sie dazu macht, wird keine schlagkräftige, erfolgreiche Einheit aufbauen.

Die Einstellung macht auch in der Führung den Unterschied

Für mich grenzen die meisten Verkaufsprozesse an den Tatbestand der Körperverletzung. Mindestens die Hälfte aller Verkäufer scheitert an zu geringer Begeisterungsfähigkeit, mangelnder Überzeugungskraft und einem zu geringen Selbstvertrauen. Viele auch an zu wenig Fleiß, einer miesen Selbstorganisation und fehlender Kreativität. Hinzu kommt noch ein kleiner Anteil jener, die nicht mal das notwendige Fach-, Markt und Produktwissen draufhaben. All diese Prospektversender, Angebotsersteller, Warenbewacher, Fremdenführer und PowerPoint-Junkies haben im erfolgreichen Verkauf nichts zu suchen. Trimmen Sie Ihr Team mit der richtigen Einstellung auf Erfolg.

Der Leader, der das neue Hardselling als Chefsache betrachtet, hat keine Angst, seine Prioritäten durchzusetzen. So wie seine Verkäufer den Abschluss im Auge haben, hat er auch seine Ziele im Auge. Hartnäckig verfolgt er die Entwicklung des Teams und der Zahlen. Und hartnäckig arbeitet er an der Einstellung und Persönlichkeit seiner Leute.

Der Engagement-Index der „Gallup-Studie" zeigt regelmäßig erschreckende Zahlen auf: Nach der Studie machen 67 Prozent der Deutschen nur „Dienst nach Vorschrift", 20 Prozent haben bereits innerlich gekündigt, und nur 13 Prozent der Arbeitnehmer in Deutschland sind hoch motiviert und engagiert bei der Arbeit. Wenn Sie nicht zu diesen Low-Performern gehören möchten, haben Sie gar keine andere Wahl, als Ihre Mannschaft permanent auf Erfolg zu trimmen und über Motivation, Feedback, Persönlichkeitsentwicklung und Einstellung nachzudenken.

Die DNA der Vertriebsführung

- Der Leader der neuen Hardseller übernimmt die volle Verantwortung für sich und seine Mitarbeiter. Niemals gibt er anderen die Schuld an Dingen, die schief laufen. Er übernimmt nach außen immer die Verantwortung für Fehler und schlechte Zahlen. Nach innen aber fordert er die bedingungslose Übernahme von Verantwortung durch jeden Einzelnen.

- Entscheidungsfreude zeichnet ihn aus. Er trifft Entscheidungen durchdacht und beherzt. Probleme betrachtet er als Herausforderungen, das Wort Krise existiert in seinem Wortschatz nicht.

- Der Leader ist selbstbeherrscht. Er bleibt immer ruhig und sachlich, auch wenn Dinge nicht so laufen, wie sie sollten. Er kritisiert seine Leute niemals öffentlich, sondern gibt negatives Feedback im Gespräch unter vier Augen.

- Eine Kritik ohne das Angebot einer Lösung ist reine Beschimpfung. Der Leader sucht nach einer Lösung oder einer Entwicklungsmöglichkeit für seine Mitarbeiter.

- Die R-A-U-S-S-Faktoren – Risikobereitschaft, Antriebsstärke, Überzeugungskraft, Selbstdisziplin und Selbstbewusstsein – sind bei ihm in besonderem Maße ausgeprägt. Wichtige Angelegenheiten dulden keinen Aufschub und werden sofort geregelt.

- Der Team- oder Vertriebsleiter ist nicht Everybody's Darling. Er nennt die Dinge beim Namen und redet Klartext mit seinen Leuten, aber auch mit der Unternehmensführung. Duckmäusertum und Unterwürfigkeit sind ihm fremd. Er ist eine Marke und hat keine Angst zu polarisieren.

- Alles, was der Leader fordert, lebt und tut er auch selbst.

> ▶ Jammern über den schlechten Markt, sein mieses Team oder die schwierige Wirtschaftslage ist ihm fremd. Er verbreitet jederzeit Optimismus und Willenskraft für den Abschluss. Er hält es mit Felix Magath „Nicht ich bin hart, der Job ist hart". Und wer diese Härte nicht aushält, wird es nie zu Spitzenergebnissen bringen.

Diamanten werden unter Druck geformt

Zum neuen Hardselling gehören nicht nur Verkäufer, die auf Spitzenleistungen programmiert sind. Schlechte Verkaufsleistungen haben auch immer mit schlechter Vertriebsführung zu tun. Der Fisch fängt bekanntlich am Kopf an zu stinken. Sie müssen nicht der beste Verkäufer sein, um Ihr Team zum Erfolg zu führen. Aber Sie müssen Flagge zeigen, Vorbild sein und die Attitude des neuen Hardsellers vorleben, um Ihre Mannschaft in diese Spur zu bringen und zu halten. Doch leider gibt es oben immer noch viele Leader, die den Kuschelkurs bevorzugen und ihre eigene Komfortzone nicht verlassen. Da ist es ja auch gemütlicher.

Der Leader muss vorleben, was er von seinen Leuten erwartet. Doch was ich immer wieder erlebe, sieht anders aus: Da setzt sich die Mannschaft im Stuhlkreis, nennt sich beim Vornamen und trinkt gewaltfreien Tee. Das funktioniert vielleicht bei klangvollen und kreativen Konzepten wie Soft Selling, Emotional Selling, Partner Selling, aber nicht mit der Spitzenverkaufsphilosophie des neuen Hardsellings.

Führen heißt, andere erfolgreich machen

Sie als Führungskraft steuern die Emotionen Ihrer Verkäufer. Als Leader müssen Sie Ihren Mitarbeitern einerseits vermitteln, was Verkaufen bedeutet – nämlich Abschließen mit dem Ziel einer langfristigen Kundenbindung. Andererseits müssen Sie sie in ihrer Entwicklung fördern, zum motivierten, optimistischen, begeisterten Verkäufer zu werden. Denn nur das Feuer, das im Verkäufer brennt, kann auf den Kunden überspringen.

Mitarbeiter lieben Offenheit, Ehrlichkeit und konstruktive Kritik, negativ wie positiv. Das bringt sie weiter. Sie wollen und sollen sich schließlich entwickeln. Besser werden, Erfolge erzielen, zu Top-Verkäufern werden. Nur dann entsteht die Begeisterung, die notwendig ist, um erfolgreich zu verkaufen. Diese Begeisterung überträgt sich auf den Kunden. Also reißen Sie Ihre Mitarbeiter mit. Seien Sie Vorbild und vermitteln Sie Ihrem

Team die fünf wichtigen Erfolgsfaktoren, um erfolgreich zu verkaufen: Spaß, Optimismus, klare Ziele, Wille zur Selbstentwicklung, Persönlichkeit. Und dann heißt es: Training, Training, Training.

„Qualität kommt von quälen." – Nehmen Sie sich das Motto von Trainer Felix Magath zu Herzen. Wer seinem Team diese entscheidenden Aspekte nicht vorleben kann, hat in der Vertriebsführung nichts verloren. Nur das, was ich selber bereit bin zu leisten, kann ich auch von meinem Team verlangen.

Das bedeutet aber auch, dass es in der Mannschaft einen Wettbewerb geben muss. Die Performance entscheidet darüber, wer aufs Feld darf und wer auf der Bank sitzt. Nur so strengen sich die Mitarbeiter genug an, um auf Champions-League-Niveau zu kommen. Üben Sie spielerischen Druck aus, um die Diamanten Ihrer Verkaufseinheiten zu formen, um sie zu glänzenden Vertriebsprofis zu machen.

Mut zur Neukundenakquisition

> Wer zur Quelle will,
> muss gegen den Strom schwimmen.
> *Japanisches Sprichwort*

Vom Erstkontakt zum Abschluss – Grundsätzliches zur Neukundengewinnung

Kaltakquisebesuche sind unter Durchschnittsverkäufern wie Tina Farblos und Olaf Grauemaus unbeliebt, weil die Wahrscheinlichkeit, abgewiesen zu werden, größer ist als im stillen (Büro-)Kämmerlein. Betrachten Sie dieses Akquiseinstrument stattdessen als Quelle überraschender zusätzlicher Gewinne, die Sie generieren, wenn Zeit zwischen zwei Besuchsterminen bleibt, ein Termin vorzeitig beendet ist oder ärgerlicherweise ein vereinbarter Termin platzt. Der Überraschungseffekt des Kaltbesuchs ermöglicht es oft, den jeweiligen Entscheider persönlich kennen zu lernen – im Gegensatz zu anderen Formen der Neukundenakquise, bei denen im Vorfeld der Entscheider erst recherchiert werden muss. Vorteil: ein erster persönlicher Eindruck, der bei Nachfassaktionen hilfreich ist. Nutzen Sie den Vorteil der Kaltakquise konsequent, dass bei einem persönlichen Kennenlernen von den drei Wirkungsfaktoren Körpersprache, Stimme und Inhalt des Gesagten die Körpersprache mit 55 Prozent das größte Gewicht hat – danach erst folgen die Stimme mit 38 und der Inhalt des Gesagten mit nur 7 Prozent.

Neukundengewinnung ist Detektivarbeit

Bei der Adressenrecherche für die Neukundengewinnung stehen Ihnen eine Reihe von Informationsquellen zur Verfügung:

- Über Industrie- und Handelskammern, Handwerkskammern, Innungen und andere berufsständische Organisationen, Arbeitgeberverbände, lokale Interessengruppen der Industrie und des Handels, Gewerkschaften und andere Arbeitnehmervereinigungen, Genossenschaften etc. bekommen Sie erste wertvolle Informationen zu potenziellen Kunden.

- Über das Internet mit seinen umfangreichen und schnellen Suchmaschinen sowie die Homepages von Unternehmen finden Sie wichtige (Hintergrund-)Informationen über potenzielle Kunden und zum Teil auch schon über die für Sie wichtigen Entscheider.

- Businessclubs, wie zum Beispiel im Internet www.xing.de bzw. www.wiwo.de, bilden eine ideale Plattform für Networking-Kontakte, die Sie mit anderen Spitzenverkäufern und mit Top-Entscheidern knüpfen können. Hier ergeben sich ebenso hervorragende Möglichkeiten des so genannten Huckepack-Marketings. Dafür tauschen Sie mit Ihren erfolgreichen Kollegen aus verschiedenen Branchen – aber mit den gleichen Zielgruppen wie Sie! – Kundenlisten und Hintergrundinformationen über die Unternehmen, ihre Entscheider, deren Bedarf und Wünsche aus. Eine effizientere Art der Neukundenakquise kann es – mal abgesehen vom Empfehlungsmarketing (siehe Seite 291) – nicht geben, denn Sie kommen über Spitzenverkäufer, die nicht mit Ihnen in einem Wettbewerbsverhältnis stehen, schnell zu qualifizierten Kontakten!

- Adress- und Telefonverzeichnisse sowie branchenspezifische Nachschlagwerke – jeder Adressverlag bietet heute gegen Entgelt detaillierte und auf den eigenen Bedarf zugeschnittene Informationen! Aber bedenken Sie dabei: Erfahrungsgemäß sind selbst recherchierte Kontakte die besten – setzen Sie daher auf Ihre eigene „Detektivarbeit" und Intensivakquise!

- Der Tages- und Fachpresse entnehmen Sie Informationen und Nachrichten über personelle und strukturelle Veränderungen in für Sie interessanten Unternehmen: Wer sucht neue Mitarbeiter? Sucht ein Unternehmen einen neuen Geschäftsführer, bietet sich nach einiger Zeit (zwei bis drei Monate) die Chance, herauszufinden, wie „der Neue" ist, um mit ihm in Kontakt zu treten – Ihre Chance, bei der Vergabe von Aufträgen „auf der Matte" zu stehen!

- Strukturelle Veränderungen im Mitarbeiterstab: Die Neuverteilung der Zuständigkeiten und Kompetenzen eröffnet Ihnen Möglichkeiten, neue Gesprächspartner zu gewinnen, und sich auch auf diese Weise neue Absatzkanäle zu schaffen!
- Fachmessen, Kongresse, Seminare und andere Veranstaltungen bieten hervorragende Möglichkeiten, Entscheider und andere wichtige Gesprächspartner in vergleichsweise entspannter Atmosphäre direkt anzusprechen und persönlich kennen zu lernen – eine ideale Ausgangsbasis für spätere Nachfassaktionen! Wo hält sich beispielsweise ein pfiffiger und erfolgreicher Trainer für EDV-Schulungen, ein Unternehmensberater und ein Headhunter einmal im Jahr für eine Woche auf? Richtig: auf der CeBit, auf der sich die gesamte Branche trifft – denn zu keinem anderen Zeitpunkt während des gesamten Jahres sind die Wege zu Top-Kontakten kürzer und schneller!

Das Telefon, dein Freund und Helfer: Die Vorteile der Telefonakquise konsequent nutzen

Nicht nur in Telefonzentralen und Serviceabteilungen, sondern auch und gerade im Außendienst ist die Kommunikation über das Telefon ein wichtiger Schritt, um dem Kunden deutlich zu machen, weshalb er gerade mit uns den richtigen Partner hat. Das Telefon ist eines der wichtigsten Kommunikationsmittel und damit die Visitenkarte des Unternehmens – gleichgültig, ob Kunden, Lieferanten, Bewerbern oder anderen Geschäftspartnern gegenüber. Denken Sie deshalb immer daran:

- Am anderen Ende der Leitung sitzt ein Mensch aus Fleisch und Blut.
- Streit mit dem Kunden lohnt sich nicht.
- Nehmen Sie Äußerungen Ihres Gesprächspartners nie persönlich.
- Sorgen Sie für eine ruhige Umgebung beim Telefonieren – vermeiden Sie Straßenlärm, laute Kollegen, Radio, Essensgeräusche etc.
- Besorgen Sie sich ein Headset – gerade wenn Sie beim Telefonieren gern herumgehen, mit „Händen und Füßen sprechen", sich anderweitig bewegen und/oder Notizen machen, werden Sie es zu schätzen

wissen, den Telefonhörer nicht zwischen Schulter und Ohr einklemmen zu müssen.

Die Vorteile der Telefonakquise liegen auf der Hand:

▶ Der finanzielle und zeitliche Aufwand für Kaltakquisebesuche ist im Vergleich zur telefonischen Kontaktanbahnung um ein Vielfaches höher – angesichts schmelzender Margen und Nachahmerprodukte gehen Unternehmen immer mehr dazu über, verstärkt den Kundenkontakt per Telefon zu suchen. Die Telefonakquise, insbesondere Terminvereinbarungsgespräche, wird zukünftig an überragender Bedeutung gewinnen – sie ist preisgünstig und ermöglicht viele Kontakte pro Tag!

▶ Auch teure Direktmailingaktionen sind angesichts des hohen Sättigungsgrades und der entsprechenden Abwehrmechanismen vieler potenzieller Kunden infolge ihrer (Werbe-)Reizüberflutung mittlerweile kein ernst zu nehmender Wettbewerb mehr für die Telefonakquise in Zeiten, in denen in einigen Branchen eine Rücklaufquote von einem Prozent schon als Erfolg gewertet wird. Dieses gilt mittlerweile auch für Mailingaktionen im World Wide Web, weil viele Unternehmen und Privatuser Sicherheitssysteme wie Anti-Spam-Software und Pop-up-Blocker nutzen und auf diese Weise auch E-Mails nicht mehr ihre Adressaten erreichen oder von diesen gelesen werden. Ohne aktives Nachtelefonieren können Sie sich den zeitlichen und finanziellen Aufwand für Mailingaktionen welcher Art auch immer sparen!

▶ Der Anruf gibt dem Verkäufer die Gelegenheit, unmittelbar die Reaktion seines Gesprächspartners hinsichtlich potenzieller Umsatzchancen einzuordnen und auf diese einzuwirken – kein anderes Medium lässt größere und spontanere Einflussmöglichkeiten zu, bevor es zu einem persönlichen Kontakt kommt!

Fazit: Das Telefon ist unbestritten das schnellste, effizienteste und flexibelste Instrument der Neukundengewinnung. Dennoch scheuen noch heute viele Verkäufer die (Telefon-)Akquise wie der Teufel das Weihwasser, oder, wie ein Trainerkollege es formulierte, „stellen sich lieber für eine halbe Stunde unter die kalte Dusche, als 30 Minuten kalt zu akquirieren".

Ob direkter Telefonverkauf oder Terminvereinbarung – war die Neukundengewinnung per Telefon bis vor einigen Jahren in einigen Branchen noch eine recht neue Akquisestrategie, so sind unsere Kunden mittlerweile sehr wählerisch, selbst wenn es „nur" darum geht, ein persönliches Gespräch zu vereinbaren. Ein Grund mehr, Akquisetelefonate gründlich vorzubereiten und sich in diesem Zusammenhang aktiv mit eventuellen mentalen Kaltakquiseblockaden zu beschäftigen.

Kontakthemmungen abbauen

▶ Die Assistentin als Hürde: Auch das Vorzimmer ist eine berechenbare Größe in Ihrer Gesprächsstrategie – mit der entsprechenden Gesprächsvorbereitung und höflicher Hartnäckigkeit entkräften Sie souverän die Einwände der Assistentin!

▶ Unsicherheit bzw. Angst vor Ablehnung: Ein Telefonat ist schneller abzuwimmeln als ein persönlicher Besuch, da Ausreden leichter möglich sind – oder der Angerufene legt einfach auf ... Nehmen Sie Ablehnung oder Desinteresse nie persönlich – Ihr Gesprächspartner kennt Sie schließlich gar nicht! Stellen Sie sich einen glücklichen Kunden vor – machen Sie sich vor dem Anruf klar, welchen Nutzen Sie Ihrem Gesprächspartner bieten werden und wie Sie ihm damit eine Freude machen! Erinnern Sie sich immer wieder an Ihre vielen gewonnenen und bestehenden Kontakte, die Sie mithilfe des Telefons und Ihrer konsequenten Akquise erreicht haben!

▶ Angst vor einem ungünstigen Anrufzeitpunkt und einer entsprechend ruppigen Reaktion des Angerufenen haben nur Durchschnittsverkäufer, denn nur sie fragen, ob sie stören oder ob ihr Kunde Zeit hat. Gehen Sie stattdessen davon aus, dass ein Kunde, der Ihren Anruf entgegennimmt, neugierig ist – und diese Neugier nutzen Sie mit einem pfiffigen Aufhänger zum Gesprächseinstieg (siehe Seite 95)! Durch Ihre freundliche Begrüßung und Ihren Neugier weckenden Gesprächseinstieg vermitteln Sie ohnehin das Selbstbewusstsein, ein Anliegen zu haben, das es auf jeden Fall Wert ist, mit Ihnen zu besprechen!

▶ Eigene negative Stimmung: Machen Sie sich frei von Formen selbsterfüllender Prophezeiungen – bekanntlich geht frei nach Murphys Gesetz das schief, was Sie sich gerade als Reinfall vorstellen. Allein schon die gründliche Vorbereitung auf das Akquisegespräch hilft Ihnen, die Misserfolgs-Selbstprogrammierung à la „Der hat doch sowieso kein Interesse" zu überwinden. Sagen Sie sich stattdessen, dass Sie wertvolle Informationen für den Angerufenen bereithalten, dass Sie Experte auf Ihrem Gebiet sind, Ideengeber und kompetenter Partner – aktivieren Sie Ihr positives Selbstbild als neuer Hardseller! Und wenn Sie wider Erwarten doch keinen Erfolg haben sollten, dann machen Sie sich klar, dass jede Ablehnung ein Wegweiser zum nächsten Interessenten ist! Verzichten Sie darauf, es allein Ihren (potenziellen) Kunden recht machen zu wollen, denn wer es allen recht machen will, macht es niemandem recht!

▶ Fehlender Blickkontakt, kein „Austausch" von Mimik, Gestik und Körpersprache: Stimme, Tonfall und Wortwahl bekommen am Telefon ein erheblich größeres Gewicht als in Verbindung mit anderen Sinneskanälen. Konzentrieren Sie sich nicht auf das, was Ihnen beim Telefonieren an nonverbalen Ausdrucksmöglichkeiten fehlt, sondern auf die Chancen, die der gezielte Einsatz Ihrer Stimme und Ihrer Wortwahl bietet! Lächeln Sie am Telefon, sorgen Sie bei sich für eine entspannte Gesprächsatmosphäre, und Sie werden staunen, wie sehr Ihre gute Stimmung das Telefonat beeinflusst!

▶ Fehlende schriftliche Unterlagen, die die Nutzenargumentation unterstützen, fehlendes „Beweismaterial": Auch hier gilt, dass Sie scheinbare Nachteile des Telefonierens durch eine gründliche Vorbereitung, insbesondere durch eine Gesprächsstrategie mit entsprechendem Leitfaden, ausgleichen – lassen Sie Ihre positive Einstellung zum Gesprächspartner und zu Ihrem Angebot wirken und Ihre Kreativität hinsichtlich origineller „Aufhänger" spielen!

Locker bleiben: Eine gründliche Vorbereitung ist die halbe Miete

Je nach Telefonakquiseziel bleibt nur wenig Zeit, Ihren Gesprächspartner von Ihrem Anliegen zu überzeugen, beim Terminvereinbarungsgespräch sind es in der Regel nur drei bis fünf Minuten – die zur Verfügung stehende Zeit ist also bei der Telefonakquise wesentlich kürzer als bei einem persönlichen Gesprächstermin. Ebenso sind die entsprechenden Mittel auf die Stimme, auf Formulierungen und Inhalte beschränkt – sprechen Sie daher locker, lächelnd, aufgeschlossen. Denn: Gerade in der Telefonakquise gibt es keine zweite Chance für den ersten Eindruck – deshalb bleiben Sie stets freundlich *und* bestimmend!

Freundlich und bestimmend sprechen heißt: Überzeugend und überzeugt telefonieren

Ob Terminvereinbarung, Bestandskundenpflege, direkter Telefonverkauf, Zusatzverkäufe etc. – stellen Sie den Nutzen/die Lösung für Ihren Gesprächspartner präzise, konkret, eindeutig, anschaulich und verständlich dar.

Bauen Sie zuerst eine „Kontaktbrücke" zu Ihrem Gesprächspartner: „Herr Kunde, prima, dass ich Sie erreiche ...", sprechen Sie dabei den eigenen Namen deutlich und langsam aus und senden Sie so Signale an die Gefühlsebene Ihres Gesprächspartners.

Nutzen Sie eine sachliche und entspannte Gesprächsführung, die folgende Kennzeichen hat:

▶ Kundenorientierte und persönliche Sie-Ansprache statt Ich- und Wir-Formulierungen, die Ihren Gesprächspartner gedanklich schnell aus dem Gespräch aussteigen lassen.

▶ Vermeidung unnötiger, überschwänglicher Floskeln sowie von Monologen und „Infoduschen" – bauen Sie stattdessen Pausen und Fragen in den Gesprächsfluss ein, um den Dialog zu fördern und um festzustellen, was Ihr Gesprächspartner genau will.

▶ Fragen statt Behauptungen, zum Beispiel nicht: „Mit dem neuen Customer Relationship Management (CRM)-System optimieren Sie Ihre Kundenansprache!", sondern: „Welche positiven Effekte erhoffen Sie, wenn Sie Ihre Kundenansprache optimieren?"

▶ Klare und genaue Artikulation: Sprechen Sie in kurzen Sätzen, dabei nicht zu schnell bzw. zu hastig und umgehen Sie Konjunktive wie „wäre, könnte, möchte" – nutzen Sie stattdessen einprägsame Bilder, eine „visuelle Sprache" mit Formulierungen wie „Machen Sie sich selbst ein Bild ...", „Schauen Sie selbst einmal ...", „Nehmen Sie selbst in die Hand ..." oder „Testen Sie einfach mal ...".

Beispiel:
- „Herr Kunde, wenn Sie selbst erst einmal die Software ausprobiert haben und feststellen, wie leicht sie auf Ihrem Rechner läuft ..."
- „Wenn Sie selbst sehen, wie Ihre Zinsen steigen ..."

Bauen Sie den Namen des Gesprächspartners immer wieder ein (aber nicht zu oft – das wirkt aufgesetzt!), achten Sie sehr genau darauf, diesen richtig auszusprechen, und berücksichtigen Sie eventuelle Titel – haben Sie den Kundennamen nicht exakt verstanden, lassen Sie ihn sich auf jeden Fall buchstabieren und anschließend die Schreibweise bestätigen.

Beispiel:

- „Damit ich jetzt Ihren Namen richtig schreibe, buchstabieren Sie ihn mir bitte?"

Humor ist durchaus hilfreich, Sarkasmus oder gar Zynismus sind hingegen fehl am Platz, insbesondere auch bei aggressiven oder reklamierenden Kunden. Private Themen haben von Ihrer Seite zumindest im Terminvereinbarungsgespräch nichts verloren – dafür ist, wenn überhaupt, beim persönlichen Besuch Zeit!

Selbst bei einem unfreundlichen, wütenden, aggressiven oder gar beleidigenden Kunden sollten Sie ruhig bleiben und nicht verkrampfen, denn das hört Ihr Gesprächspartner sofort – üben Sie für solche „Härtefälle" einfache Entspannungstechniken ein oder reagieren Sie sich kurz ab, indem Sie sich zum Beispiel an der Tisch- oder Stuhlkante festhalten, Ihre Füße fest auf den Boden drücken, aufstehen etc., um Ihrem Gesprächspartner weiterhin freundlich und kooperativ zu antworten.

Auch bei Bestandskunden sollte es für Sie eine Pflicht *und* eine Kür sein, stets mit „Ihrem" Entscheider zu sprechen oder ihn über Verabredungen mit anderen Kontaktpersonen in seinem Unternehmen zu informieren, damit nie der Eindruck entsteht, den wertvollsten Spieler – den „König" – übergehen zu wollen! Wenn Sie also mit diesem Entscheider telefonieren, dann lesen Sie auf jeden Fall die dem Gespräch vorangegangene Korrespondenz aufmerksam durch und bringen Sie sich mit der Kundendatei auf den neuesten Stand, um top vorbereitet ins Gespräch zu gehen – nichts wirkt unprofessioneller als ein Verkäufer, der nicht gut vorbereitet ins Gespräch mit einem guten Kunden geht, egal, ob am Telefon oder bei einem Termin!

So bekommt Ihre Stimme den richtigen Klang

▶ Achten Sie auf Ihren Tonfall, Ihre Stimmfarbe und Satzmelodie, auf Höhen und Tiefen, vermeiden Sie eine monotone Sprechweise!

▶ Lächeln Sie beim Sprechen, stellen Sie sich Ihren Gesprächspartner so vor, als würde er „live" vor Ihnen sitzen, führen Sie das Telefonat wie ein persönliches Gespräch.

▶ Stehen Sie oder gehen Sie herum – Sie klingen entschlossener und das Telefonat verkürzt sich dadurch erfahrungsgemäß!

▶ Halten Sie den Telefonhörer richtig, optimal sind circa eineinhalb Zentimeter von der Sprechmuschel, um die technische Qualität des Telefons optimal zu nutzen. Benutzen Sie auf jeden Fall ein Headset – das gibt Ihnen die Bewegungsfreiheit, um auch am Telefon Ihre ganze Verkäuferpersönlichkeit einzubringen, gerade wenn Sie gern mit den Händen reden! Tipp: Viele Verkäufer bestätigen mir in Seminaren immer wieder, dass sie gerade im Stehen besonders gut und kreativ telefonieren.

Übung:

Lesen Sie bitte einmal folgende Sätze und versuchen Sie, diese zu ergänzen:

_ie ___ö_e_ _o_e_a_e i_ _u_i_e_e_ _e___ _ie_e__ _o__ei

D__ sch_n_n S_mm_rt_g_ _m J_l_ g_h_n j_tzt w__d_r v_rb__

Und welche Version fiel Ihnen leichter zu ergänzen? Die zweite, nicht wahr? Wir orientieren uns im Deutschen beim Schreiben und Sprechen eher an Konsonanten (Mitlauten wie n, m, g etc.) als an Selbstlauten (Vokalen wie a, o, i, etc.). Beim lauten Sprechen erhöht sich nur das Volumen der Vokale, die Substanz des Gesprochenen wird dadurch jedoch nicht klarer und deutlicher. Sprechen Sie also nicht zu laut, aber auch nicht zu leise, sondern klar und deutlich!

Aktives Hinhören

*Hin*hören heißt: sich zu konzentrieren, indem Sie andere Aufgaben – auch gedanklich – zur Seite legen und alle potenziellen Ablenkungen abstellen, um ganz bewusst „offen" für Ihren Gesprächspartner zu sein. Beim aktiven *Hin*hören machen Sie Ihre „geistige Tür" für ihn auf, beim *Zu*hören dagegen zu, denn Sie nehmen wahr, was Ihr Gesprächspartner sagt, Sie nehmen es aber nicht (in sich) *auf!*

Nehmen Sie daher dieselbe Körperhaltung ein, als wenn Sie Ihrem Gesprächspartner gegenübersitzen würden. Lassen Sie Ihren Gesprächspartner aussprechen, machen Sie zwischendurch aktive Bestätigungslaute wie „ja", „mmhhh ..." und „aha ..." als Zeichen dafür, dass Sie aktiv hinhören – das schafft enorm Akzeptanz auf Seiten Ihres Gesprächspartners! Unterbrechen Sie ihn also nicht abrupt, führen Sie ihn jedoch bei Zwischenbemerkungen zum Thema zurück. Bestätigen Sie seine Ausführungen kurz in eigenen Worten, zum Beispiel mit „Habe ich Sie richtig verstanden, dass ...?".

Anrufzeitpunkt

Die günstigste Zeit für einen Anruf ist je nach Branche sehr unterschiedlich: Handwerker sind spätestens ab 8 Uhr vormittags unterwegs und müssen in der Regel vorher kontaktiert werden – Entscheider in größeren Unternehmen erreichen Sie dagegen oft noch am späten Freitag Nachmittag in einer entspannten Wochenend-Vorfreude. Die günstigsten Zeiten für Akquiseanrufe bleiben zu oft ungenutzt – der neue Hardseller akquiriert ohnehin immer, weil er ein „Hunter" ist und großen Wert auf die Neukundenakquise legt!

Eine sehr gute Möglichkeit, die eigenen Telefonakquisestrategien und -taktiken „hart an der Praxis" zu optimieren, ist, bei Telefonaten des Chefs, von Kollegen und Mitarbeiten aktiv hinzuhören – oder sich von diesen bei eigenen Telefonaten kritisch prüfen zu lassen. Der nachfolgende Fragebogen gibt Ihren Zuhörern einen einfachen Test an die Hand, von dessen ehrlicher Auswertung Sie ungeheuer profitieren!

Checkliste Telefonakquisition für ...

Baustein/Name des „Coaches"	Telefonat 1	Telefonat 2	Telefonat 3
• Wie ist er auf den Anruf vorbereitet? Wie zielgerichtet ist seine Strategie?	☺ 😐 ☹	☺ 😐 ☹	☺ 😐 ☹
• Schafft er eine angenehme Gesprächsatmosphäre (Lächeln!)?	☺ 😐 ☹	☺ 😐 ☹	☺ 😐 ☹
• Hält er den Hörer richtig? (Headset!)	☺ 😐 ☹	☺ 😐 ☹	☺ 😐 ☹
• Formuliert er klar, freundlich und bestimmend? Vermeidet er soweit wie möglich Konjunktive? Nutzt er Sie- statt Ich-/Wir-Formulierungen?	☺ 😐 ☹	☺ 😐 ☹	☺ 😐 ☹
Telefonzentrale/Assistentin/Vorzimmer			
• Ist seine Begrüßung freundlich und bestimmt?	☺ 😐 ☹	☺ 😐 ☹	☺ 😐 ☹
• Spricht er den Gesprächspartner persönlich mit Namen an?	☺ 😐 ☹	☺ 😐 ☹	☺ 😐 ☹
• Wie ist seine Einstiegsformulierung?	☺ 😐 ☹	☺ 😐 ☹	☺ 😐 ☹
• Ist der Umfang an Informationen, die er preisgibt, der Gesprächssituation angemessen?	☺ 😐 ☹	☺ 😐 ☹	☺ 😐 ☹
• Wie eindeutig ist die Ermittlung des Entscheiders?	☺ 😐 ☹	☺ 😐 ☹	☺ 😐 ☹
• Ist seine Einwandbehandlung überzeugend?	☺ 😐 ☹	☺ 😐 ☹	☺ 😐 ☹
• Wie überzeugend ist seine Aufforderung zum Verbinden mit dem Entscheider?	☺ 😐 ☹	☺ 😐 ☹	☺ 😐 ☹
Entscheider			
• Ist die Begrüßung freundlich? Wartet er die Grußerwiderung ab?	☺ 😐 ☹	☺ 😐 ☹	☺ 😐 ☹
• Spricht er den Gesprächspartner persönlich mit Namen an?	☺ 😐 ☹	☺ 😐 ☹	☺ 😐 ☹
• Wie ist seine Einstiegsformulierung?	☺ 😐 ☹	☺ 😐 ☹	☺ 😐 ☹
• Aufhänger: Gelingt es ihm, die Neugier des Entscheiders zu wecken?	☺ 😐 ☹	☺ 😐 ☹	☺ 😐 ☹
• Ist seine Bildersprache einprägsam? Nutzt er Visualisierungen? Überfordert er seinen Gesprächspartner mit zu vielen Informationen?	☺ 😐 ☹	☺ 😐 ☹	☺ 😐 ☹
• Bringen seine Fragen/Fragetechniken ausreichend/die richtigen Informationen?	☺ 😐 ☹	☺ 😐 ☹	☺ 😐 ☹

Baustein/Name des „Coaches"	Telefonat 1	Telefonat 2	Telefonat 3
• Ist seine Einwandbehandlung überzeugend? • Ist sein Terminvorschlag überzeugend? • Wie gut ist seine Potenzialanalyse? • Wie bestärkend ist seine Bestätigung des vereinbarten Termins? • Wie sympathisch/freundlich/bestimmt ist seine Verabschiedung?	☺ ☺ ☺ ☺ ☺ ☺ ☺ ☺ ☺ ☺ ☺ ☺ ☺ ☺ ☺	☺ ☺ ☺ ☺ ☺ ☺ ☺ ☺ ☺ ☺ ☺ ☺ ☺ ☺ ☺	☺ ☺ ☺ ☺ ☺ ☺ ☺ ☺ ☺ ☺ ☺ ☺ ☺ ☺ ☺
zusätzliche Bemerkungen			

Bitte kreuzen Sie jeweils das entsprechende Symbol an:

☺ – sehr gut
☺ – okay/fair
☺ – verbesserungsfähig

Checkliste fürs Powertelefonieren

Arbeitshilfsmittel:

- ❏ Schreibzeug/-unterlagen stets in Griffnähe
- ❏ Namens-/Telefonnummernliste
- ❏ Notizblock/Durchschreibblock
- ❏ Unterlagen für eventuelle Reklamationen
- ❏ Kalender
- ❏ farbige Stifte

Machen Sie beim Telefonieren grundsätzlich Notizen und sagen Sie Ihrem Gesprächspartner, dass Sie die wichtigen Punkte festhalten:

- ❏ Namen, Zahlen, Daten besonders sorgfältig aufschreiben
- ❏ Adresse nicht vergessen!
- ❏ Durchwahl des Entscheiders erfragen und notieren, falls dieser nicht anwesend ist
- ❏ Telefonnummern, insbesondere Durchwahlen, für Rückrufe notieren
- ❏ Hinweise, Ideen (auch eigene!) sowie sonstige wichtige Vereinbarungen und Aspekte, Zahlen, Daten und Fakten protokollieren
- ❏ Notizen wiederholen – vor allem klare Zielvereinbarungen, die Sie getroffen haben

zusätzlich für Anrufe bei Bestandskunden/für direkten Telefonverkauf:

- ❏ aktuelle Kundendatei/Kundenstammdaten
- ❏ Kunden-Umsatzstatistik
- ❏ Preislisten
- ❏ vorangegangene Korrespondenz
- ❏ Unterlagen über eventuelle Reklamationen des Kunden
- ❏ Aktionsangebote
- ❏ Bestell- und Sortimentsübersicht
- ❏ Verkaufsargumentationsleitfaden
- ❏ Argumente zur Bearbeitung möglicher Einwände
- ❏ Auftragsformular
- ❏ Notizblock für hausinterne Mitteilungen

Ziel: Terminvereinbarung. Mit dem persönlichen Leitfaden das Telefongespräch steuern und den Kunden führen

Ohne klar festgelegtes Ziel ist jede noch so ausgeklügelte Gesprächsstrategie sinnlos – ob Sie nun direkt etwas am Telefon verkaufen oder einen Termin vereinbaren wollen. Es ist vielmehr sogar so, dass sich jede Gesprächsstrategie überhaupt erst über ein klares Ziel definiert.

Das Ziel eines Terminvereinbarungsgespräches ist der Termin – es geht um nicht mehr und nicht weniger als darum, möglichst schnell im Akquisetelefonat einen Terminvorschlag zu machen und diesen konsequent zu verfolgen. Denken Sie an die Gewichtung der drei Wirkungsfaktoren im persönlichen Gespräch: Körpersprache 55 Prozent, Stimme 38 Prozent, Inhalt des Gesagten 7 Prozent! Streben Sie deshalb so schnell wie möglich einen Termin für einen Besuch an. In der Vorbereitung des Telefonats sollten Sie daher die folgenden zielorientierten Fragen beantworten:

- Welches Ziel verfolge ich mit meinem Anruf? Was ist das Hauptziel? Und welches Teilziel soll mindestens erreicht werden? Terminvereinbarung? Oder gleich zum Abschluss kommen?
- Wie gewinne ich ausreichend Informationen, um dieses Ziel zu erreichen?
- Wer ist der entscheidende Gesprächspartner?
- Welche Strategie wende ich an, um die erste Hürde Vorzimmer/Assistentin zu überwinden, um den Entscheider ans Telefon zu bekommen?
- Was interessiert meinen Gesprächspartner? Wie kann er überzeugt werden?
- Wie gewinne ich innerhalb der ersten zehn bis zwanzig Sekunden die Aufmerksamkeit meines Gesprächspartners?
- Mit welchen Vor- und Einwänden muss ich rechnen? Wie kann ich diese entkräften?
- Welche Argumente muss ich zur Hand haben?
- Wie schließe ich das Gespräch ab?

Aus diesen Fragen ergibt sich eine Gesprächsstrategie für das Ziel Terminvereinbarung, deren Bausteine in der folgenden Abbildung dargestellt sind:

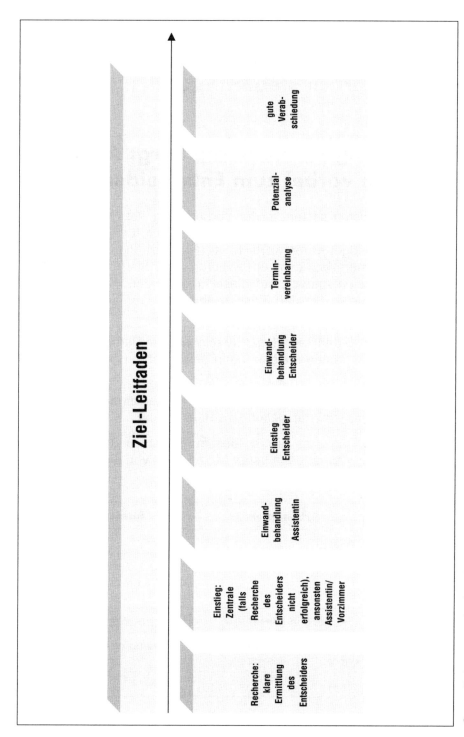

Gesprächsstrategie für das Ziel Terminvereinbarung

Bauen Sie passend zu den besonderen Gegebenheiten Ihrer Branche, zu den spezifischen Anforderungen und Wünschen Ihrer Kunden und unter Berücksichtigung Ihrer authentischen Verkäuferpersönlichkeit Stück für Stück Ihren ganz individuellen Gesprächsleitfaden zusammen!

Über die Zugbrücke in die Burg: An der Assistentin vorbei zum Entscheider

Sie sollten alles daran setzen, in der Vorbereitung des Terminvereinbarungsgesprächs den Namen des Entscheiders, der für Ihr Produkt/Ihre Dienstleistung (budget-)verantwortlich ist, herauszufinden. Gerade bei großen Unternehmen kann es aber passieren, dass Sie trotz hartnäckigster Recherchen keine Antwort auf diese Frage finden. Mit der Navigationsmethode schaffen Sie den Einstieg über den Empfang/die Telefonzentrale.

Neuer Hardseller: „Guten Tag, Herr ... (wenn sich die Dame oder der Herr in der Zentrale mit Namen melden, dann persönlich ansprechen!). Mein Name ist ..."

- „Sagen Sie, Sie können mir bestimmt helfen: Wer ist denn heute Mittag noch von der Geschäftsleitung im Haus?" oder
- „Ich habe eine Frage, die Sie mir bestimmt leicht und schnell beantworten können: Wer ist denn heute Mittag noch von der Geschäftsleitung im Haus?"

	Alternative 1	**Alternative 2**
Zentrale	„Alle!"	„Keiner!"
Neuer Hardseller	„Wer sind denn alle?"	„Prima, dass Sie mir das direkt sagen! Wann erreiche ich denn wieder jemanden?"
Zentrale	„Frau ... und Herr ..."	„Nächste Woche Freitag."
Neuer Hardseller	„Und wer von den beiden beschäftigt sich mit ...?"	„Und wen erreiche ich da?"
Zentrale	„Frau ..."	„Herrn ..."

	Alternative 1	**Alternative 2**
Neuer Hardseller	„Und wie heißt Frau ... mit Vornamen?"	„Und wie heißt Herr ... mit Vornamen?"
Zentrale	„..."	„..."
Neuer Hardseller	„Dann verbinden Sie mich jetzt bitte mit Frau ...!"	„Geben Sie mir noch einen Tipp? Wann erreiche ich Herrn ... denn am Freitag Vormittag?"
Zentrale		„Gegen 10.30 Uhr."
Neuer Hardseller		„Wie ist denn die Durchwahl von Herrn ...?"
Zentrale		„130."
Neuer Hardseller		„Haben Sie vielen Dank für Ihre Hilfe. Ich melde mich dann nächste Woche Freitag wieder. Einen schönen Tag noch!"

Nennt die Zentrale in Alternative 1 nach der Frage zur sachlichen Zuständigkeit („Und wer beschäftigt sich mit ...?") mehrere Namen, dann nehmen Sie intuitiv den Ansprechpartner, dessen Namen von der Telefonistin/dem Telefonisten freundlicher ausgesprochen wird, denn das lässt einige Rückschlüsse auf das Verhalten dieses Ansprechpartners am Telefon zu. Mit freundlichen Telefonstimmen kommen wir leichter ins Gespräch.

Beispiel:

Vor einigen Jahren wurde mir von meinem Physiotherapeuten eine orthopädische Gemeinschaftspraxis zweier Sportärzte empfohlen. Auf die Frage, welchen der beiden Ärzte sie an meiner Stelle nehmen würde, bekam ich nicht nur den sympathischeren, sondern auch kompetenteren von den beiden Ärzten durch die Sprechstundenhilfe empfohlen. Denn als „mein" Arzt einmal im Urlaub war, musste ich zu seinem Kollegen. Danach war mir klar, die Arzthelferin und damit auch ich hatten die richtige Entscheidung getroffen!

Bei schwierigen Namen oder wenn Sie diesen Namen nicht richtig verstanden haben, sollten Sie noch einmal nachfragen: „Damit ich den Namen von Herrn ... in Zukunft richtig schreibe, buchstabieren Sie ihn mir bitte schnell?"

Expertentipp

Die direkte Frage nach der Durchwahl des Entscheiders hat eine Erfolgswahrscheinlichkeit von mindestens 50 Prozent.

Der absolute Profi toppt diese Strategie mit folgender Frage: „Mal angenommen, Sie müssten genau jetzt Herrn ... erreichen – unter welcher Handynummer würden Sie ihn bekommen?" Wenn Sie zehnmal fragen, meine Wette, schaffen Sie es mindestens viermal, diese Nummer zu bekommen!

Ist die Zentrale wider Erwarten nicht bereit, die Durchwahlnummer Ihres Ansprechpartners zu nennen, sondern nur die des Vorzimmers/Sekretariats, dann lassen sich zumindest in großen Unternehmen Vermutungen über die Durchwahl des Entscheiders treffen. Ist die Durchwahl des Vorzimmers/Sekretariats beispielsweise -311, dann ist mit einiger Sicherheit davon auszugehen, dass die Durchwahl „Ihres" Entscheiders -310 ist. Landen Sie dann doch nicht bei diesem, nutzen Sie die „erweiterte Wahrheit": Sagen Sie zum Angerufenen, dass Sie mit Herrn ... (Name des Entscheiders) verbunden werden wollen, aber wohl schon zum dritten Mal falsch durchgestellt worden seien. „Verbinden *Sie* mich jetzt mit Herrn ...?" Wer sagt da schon nein? Schließlich kennen wir alle den Ärger, wenn wir innerhalb eines Hauses mehrmals falsch verbunden wurden und jedes Mal unser Anliegen neu formulieren müssen! Also wird der Angerufene auf -310 Sie mit dem gewünschten Ansprechpartner verbinden ...

Die „erweiterte Wahrheit" tut niemandem weh. Wir können als Verkäufer die absolute Wahrheit sagen, lügen (wie es der alte Hardseller tut, wenn es ihm ohne Rücksicht auf Verluste für einen schnellen Abschluss passend erscheint) oder eben die Wahrheit erweitern, solange wir niemanden dabei übervorteilen oder ihm einen persönlichen Schaden zufügen.

Beispiel für eine Marktneueinführung:

Wenn der neue Hardseller aus der Kopier- und Drucksystembranche kommt und vom Kunden gefragt wird, wie viele von einem bestimmten Kopierer bisher verkauft wurden, antwortet er: „93 Stück stehen im Markt." Wäre er gefragt worden, wie

> viele er *persönlich* verkauft hat, wäre die Antwort „93 Stück" selbstverständlich eine Lüge, die der alte Hardseller ohne mit der Wimper zu zucken aussprechen würde. Der neue Hardseller dagegen antwortet in dieser Situation wahrheitsgemäß, denn er weiß: Die Sonne bringt alles an den Tag!

Generell gilt: Fragen Sie mit der geschilderten Navigationsmethode nach dem Namen eines Entscheiders, sollten Sie stets ganz oben anfangen – beim Geschäftsführer, beim Vorstand, beim Betriebsleiter, bei kleineren Unternehmen beim Inhaber etc. Haben Sie also im Vorfeld des Terminvereinbarungsgespräches den Namen zum Beispiel eines Vorstandsmitgliedes recherchiert, fragen Sie in der Zentrale zunächst, ob dieser Vorstand im Haus ist. Dabei lassen Sie das formelle „Herr ..." bzw. „Frau ..." weg, sondern nennen den Vor- und Nachnamen des Vorstandsmitgliedes. Das klingt persönlicher und erweckt den Eindruck eines bereits länger bestehenden Kontakts.

Beginnen Sie bei Ihrer „Telefontour" stets an der Unternehmensspitze – fragen Sie in der Zentrale niemals: „Wer beschäftigt sich mit der Anschaffung von ...?" Beschäftigen werden sich viele, entscheiden jedoch nur wenige! Wenn, dann fragen Sie: *„Wer von der Geschäftsleitung* beschäftigt sich mit dem Thema ...?" Außerdem haben Sie einen ganz anderen Einstieg im Unternehmen, wenn Sie vom Chef persönlich gesagt bekommen, welcher seiner Mitarbeiter für dieses Thema zuständig ist!

> **Expertentipp**
>
> Haben Sie Namen und Durchwahl „Ihres" Entscheiders herausgefunden, erreichen ihn aber bei mehreren Versuchen zu verschiedenen Tageszeiten nicht, oder blockt seine Vorzimmerdame Ihre Versuche, zu ihm durchzudringen, trotz der nachfolgenden Strategien resolut ab, dann rufen Sie doch einmal an einem Freitag Nachmittag ab 17 Uhr unter der Durchwahl an. Wenn es sich wirklich um einen echten Entscheider handelt, werden Sie ihn um diese Uhrzeit antreffen. Weiterer Vorteil: Er wird entspannter sein, weil die Hektik des Tagesgeschäftes vorbei ist, und daher Ihrem Anliegen offener begegnen!

Mit der richtigen Strategie ins Büro des Entscheiders

Noch entscheidender als alle ausgeklügelten und wohlklingenden Formulierungen ist die innere Einstellung – haben Sie sich für die Hürde Assistentin/Vorzimmer nicht eine passende Strategie überlegt, werden Sie am Vorzimmer scheitern. Es gibt diverse Strategien, unter denen Sie je nach Branche, Situation, potenziellen Kunden, dem Standing Ihres Unternehmens, Ihrem eigenen Expertenstatus innerhalb der Branche, Ihren eigenen Vorlieben etc. auswählen – wichtig ist, dass Sie authentisch wirken, das heißt, dass die von Ihnen gewählte(n) Strategien zu Ihrer Verkäuferpersönlichkeit passen muss/müssen. Übernehmen Sie die folgenden Formulierungen daher nicht wörtlich, sondern passen Sie diese den speziellen Anforderungen Ihrer Branche und der jeweiligen Gesprächssituation an!

Die Assistentin als Komplizin

Dieses Vorgehen hat sich bewährt, wenn es eine besondere Herausforderung darstellt, überhaupt einen Termin mit einem potenziellen Kunden zu vereinbaren – weil er selten im Unternehmen ist und/oder unter enormem Zeitdruck steht und/oder meist in Besprechungen sitzt. Gewinnen Sie die Assistentin für eine Zusammenarbeit, solidarisieren Sie sich mit ihr und loben Sie sie (unterschwellig) als Expertin für das Zeitmanagement ihres Chefs.

> **Beispiel:**
>
> „Frau ..., Sie kennen doch den Terminkalender von Herrn ... besser als er selbst, stimmt's? Bevor ich noch ein paar Mal umsonst versuche, ihn ans Telefon zu bekommen, sollten wir beide gemeinsam einen günstigen Termin finden. Wie schaut es am ... um ... aus?"

Anmeldung des Telefonats

Bei diesem Vorgehen rufen Sie die Assistentin an und fragen sie nach der besten Gelegenheit, um Ihren Gesprächspartner zu erreichen – oder Sie schlagen selbst einen Termin vor. Der eigene Terminvorschlag ist als geschlossene Frage formuliert und birgt daher die Gefahr, dass eine sehr resolute Assistentin diesen Vorschlag abschmettert. Verstärken Sie daher den Eindruck, dass es sich bei dem geplanten Anruf um eine Angelegenheit dreht, die keinen weiteren Aufschub duldet: „Bitte legen Sie doch eine Notiz auf den Tisch. Mein Name ist ... Es geht um die ..." Auch hier gilt: Fragen Sie die Assistentin immer nach der Direktdurchwahl des Entscheiders!

> **Beispiel:**
>
> „Hallo Frau ..., hier ist ... Bitte sagen Sie (Vor- und Nachname des Entscheiders) ..., dass ich morgen Vormittag gegen 10 Uhr anrufen werde. Bitte legen Sie ihm eine entsprechende Notiz auf den Tisch. Mein Name ist ... Wir haben für ihn eine Idee, wie er die Effizienz des Dokumentenmanagements in seinem Unternehmen steigert. Ist 10 Uhr in Ordnung?"

Ohne Umweg ins Büro des Entscheiders

Mit dieser Strategie kommen Sie ohne Umschweife zur Sache – das erfordert eine Menge Selbstbewusstsein, die sich dann auch im Tonfall einer festen und motivierenden Stimme manifestiert. Dieser Auftritt macht Eindruck!

> **Beispiel:**
>
> „Guten Tag, Frau ... Verbinden Sie mich bitte mit (Vor- und Nachname des Entscheiders) und seien Sie so freundlich und sagen Sie ihm, dass (Ihr Vor- und Nachname) am Telefon ist."

Money makes the world go round

Sind Sie in der Finanzbranche tätig (Anlage- oder Vermögensberatung, Immobilien, Versicherungen, Investitionen, Steuereinsparungen etc.), dann treffen Sie mit dem gezielten Einsatz des Schlüsselwortes „Geld" hundertprozentig den Nerv Ihres Kunden – und nicht nur den: Wie für jeden von uns spielt Geld auch im Leben der Assistentin eine entscheidende Rolle, und daher wird sie Ihrem Anliegen auch das entsprechende Gewicht geben. Sollte sie dennoch nachfragen, worum es genau geht, wiederholen Sie Ihre Bitte in freundlichem und gleichzeitig bestimmend-dringlichem Tonfall, wobei Sie es auf jeden Fall vermeiden sollten, Ihren Unternehmensnamen zu nennen: „Wie ich schon sagte, es geht um sein Geld. Ich muss ihn sprechen. Bitte verbinden Sie mich jetzt!"

Hartnäckig bleibenden Assistentinnen sollten Sie ebenso hartnäckig entgegen treten: „Es hat mit seinem Geld zu tun. Das muss ich ihm jetzt persönlich sagen." Zweifellos ist dieses Vorgehen riskanter, weil wesentlich offensiver als die anderen genannten Strategien – Sie sollten sie demnach auch nur dann nutzen, wenn Sie tatsächlich eine gute Geldidee haben, die Ihre Hartnäckigkeit in dieser Situation auch rechtfertigt – bauschen Sie die Sache auf, um an den Entscheider „ranzukommen", und stellt sich Ihr Anliegen als Peanuts heraus, so machen Sie sich ja unglaubwürdig – und die Wahrscheinlichkeit, dass Ihr Gesprächspartner einen Termin mit Ihnen vereinbart, tendiert gegen Null. Daher sollten Sie diese „härtere" Gangart auch nur sehr selektiv nutzen und eine Blockade seitens der Assistentin durch den Hinweis vermeiden, dass es bei der Angelegenheit um etwas Persönliches gehe: „Es geht um sein Geld – eine persönliche Angelegenheit. Bitte verbinden Sie mich jetzt!" Eine Assistentin wird Ihnen dieses Anliegen kaum abschlagen, denn über die rein geschäftliche Ebene hinaus bekommt Ihre Beziehung zum Entscheider auch eine persönliche Dimension.

> **Beispiel:**
>
> „Guten Tag, hier ist ... von ... (Unternehmensnamen nur abgekürzt nennen, nicht vollständig aussprechen!). Es ist sehr wichtig, denn es geht um das Geld von (Vor- und Nachname des Entscheiders). Bitte verbinden Sie mich (jetzt)!"

Die Assistentin als kompetenter Entscheider

Mit dieser Methode sprechen Sie die Assistentin an, als ob sie die Entscheidungsperson sei. Sie stellen dabei eine Kompetenzfrage, die spezifisches Fach-Know-how voraussetzt und die letztlich doch nur der Entscheider, mit dem Sie ins Gespräch kommen möchten, beantworten kann. Da die Assistentin Ihre Frage also gar nicht beantworten kann, bleibt ihr nichts anderes, als Sie mit Ihrem potenziellen Gesprächspartner zu verbinden.

> **Beispiel:**
>
> „Wir stellen (Vor- und Nachname des Entscheiders) gerade Informationen über unsere neue Software zur Motivation und Steuerung besonders qualifizierter Mitarbeiter zusammen. Dafür muss ich genau wissen, welche Formen der Vertriebssteuerungsprogramme bereits bestehen und wie hoch die durchschnittliche Auswertung Ihrer qualifizierten Mitarbeiter ist. Ist das Ihr Thema? Oder ist es besser, wenn ich mit (Vor- und Nachname des Entscheiders) direkt spreche? Dann verbinden Sie mich bitte (jetzt)!"

Empfehlungen

Dieses Vorgehen hat eine entscheidende Voraussetzung: eine echte Empfehlung, die Sie von einem (Geschäfts-)Freund, Kollegen, Bekannten etc. erhalten haben. Schieben Sie keinesfalls eine Empfehlung vor, um schnell zum Entscheider vorzudringen, denn allerspätestens, wenn dieser den Namen des Empfehlers wissen möchte, müssen Sie Farbe bekennen. Selbst der Hinweis, der Empfehler möchte nicht genannt werden, wird zum Eigentor, wenn der Entscheider in seinem (Geschäfts-)Freundeskreis, unter seinen Bekannten und Kollegen nachfragt und sich keiner als Empfehler „outet". Effekt: starkes Misstrauen seitens des Entscheiders, was dem Ziel einer dauerhaften und für beide Seiten ertragreichen Partnerschaft nicht gerade förderlich ist und möglicherweise auch den Abbruch der gerade zart keimenden Geschäftsbeziehung nach sich zieht, denn um dieses Unternehmen können Sie in den kommenden Jahren einen großen Bogen machen. Also: Nur bei tatsächlich vorhandener Empfehlung diese Strategie anwenden – die Empfehlung selbst ist allein schon ein Vertrauensvorschuss, und dem Hinweis darauf kann sich die Assistentin nicht ohne Weiteres einfach verschließen – fragt sie nach dem Namen des Empfehlers, nennen Sie ihr den Namen. Das unterstreicht Ihre Seriösität als vertrauensvoller Anrufer.

> **Beispiel:**
>
> „Mein Anruf erfolgt auf Empfehlung von (Vor- und Nachname des Empfehlers). Er meinte, auch (Vor- und Nachname des Entscheiders) kann von unserem Produkt profitieren, das wir entwickelt haben. Bitte sagen Sie (Vor- und Nachname des Entscheiders), (Name des Empfehlers) bat mich, ihn persönlich anzurufen.

Den Entscheider indirekt loben

Diese Strategie hat es in sich: Sie arbeitet einmal mit dem Hinweis, dass schon andere Partnerunternehmen von Ihrer neuen Idee profitiert haben – es handelt sich also um eine quasi „weiche" Referenz, weil Sie ja nicht die Namen dieser Partnerunternehmen nennen ... Zum anderen argumentieren Sie damit, dass Sie schon zum jetzigen Zeitpunkt implizit davon ausgehen, auch diesem Unternehmen, dass Sie als Kunden gewinnen wollen, einen überzeugenden Nutzen zu bieten. Schließlich loben Sie den Chef der Assistentin, die Sie gerade an der Strippe haben – Sie schaffen eine positive Gesprächsatmosphäre – und verweisen auf Ihre bereits bestehende Erfahrung mit ihm: ein verdeckter Hinweis darauf, dass bereits einmal Geschäftsverbindungen bestanden haben – das ist ein zusätzlicher Türöffner, den die Assistentin unschwer blockieren kann!

> **Beispiel:**
>
> „Wir möchten mit (Vor- und Nachname des Entscheiders) über eine für ihn wichtige Software sprechen, von der unsere Partner sagen, dass sie ihnen bei der Erhöhung der Maschinenleistung hilft. Von (Vor- und Nachname des Entscheiders) weiß ich, dass er schnell die Vorteile unserer Software auch für Ihren Maschinenpark einschätzen kann. Bitte verbinden Sie mich jetzt! ... ist mein Name."

Terminalternativen anbieten

Damit grenzen Sie die Zeiträume ein, in denen Sie Ihren potenziellen Gesprächspartner noch am besten erreichen. Der Spätnachmittags-/Frühabendstermin hat den Vorteil, dass die Tageshektik nach den offiziellen Bürostunden deutlich nachlässt und auch Ihr Gesprächspartner entspannter, ohne Zeitdruck telefonieren kann und damit offener für ein Terminvereinbarungsgespräch ist. Für bestimmte Branchen, zum Beispiel bei selbstständigen Handwerksmeistern, Spediteuren, Großhändlern etc. ist ein Termin ganz in der Früh unabdingbar, denn ab spätestens neun Uhr sind die meisten unterwegs und verspüren nach ihrer Rückkehr in der Regel wenig Lust, noch zu telefonieren. Fragen Sie die Assistentin auf jeden Fall nach der Durchwahl ihres Chefs, falls Sie diese bisher nicht in Erfahrung bringen konnten.

> **Beispiel:**
>
> - „Herr ... bleibt sicherlich länger als 18.30 Uhr im Büro. Was meinen Sie: Wann ist dann die beste Zeit, einmal durchzuklingeln?"
> - „Wann bekomme ich sie/ihn morgens am besten an die Strippe?"

Gesprächsleitfaden – Formulierungsbeispiele für die erfolgreiche Begrüßung und Einwandbehandlung

Neuer Hardseller: „Schönen guten Tag, Frau ..., hier spricht ..." (wartet auf Grußerwiderung)

Neuer Hardseller: „Ist (Vor- und Nachname des Entscheiders) ... im Haus?"

Assistentin antwortet mit „Ja"	*Assistentin* antwortete mit „Nein" (nicht da – Meeting, Besprechung etc.)
„Dann verbinden Sie mich bitte. ... ist mein Name."	„Aha, verstehe, Frau ... Was meinen Sie, wann erreiche ich ihn am besten?"

Assistentin: „Worum geht es?"

Neuer Hardseller:

- „Um eine persönliche Terminvereinbarung mit (Vor- und Nachname des Entscheiders) ... Bitte verbinden Sie mich (jetzt)!"
- „Es geht um ein neues ...-Projekt!"
- „Es geht um etwas Persönliches. Bitte verbinden Sie mich (jetzt)!"
- „Es geht um vertrauliche Geschäftsangelegenheiten von (Vor- und Nachname des Entscheiders) ... Bitte verbinden Sie mich (jetzt)!"
- „Gern, Frau ... Es geht um mögliche Vorteile für Ihr Unternehmen durch ... Bitte verbinden Sie mich (jetzt)!"
- „Ich rufe auf Empfehlung von Herrn/Frau ... an. Er ist Ihnen sicher auch bekannt. Es geht um ... Bitte verbinden Sie mich (jetzt)!"
- „Bevor Sie mich verbinden: Es geht um ... Bitte verbinden Sie mich (jetzt)!"
- „Es handelt sich um Fragen der/des ... Bitte verbinden Sie mich (jetzt)!"

Assistentin: „Um was handelt es sich denn genau?"

Neuer Hardseller:

- „Es geht um einen Termin auf Geschäftsleitungsebene!"
- „Es geht um eine spezifische Lösung für (Vor- und Nachname des Entscheiders) ... Bitte verbinden Sie mich (jetzt)!"

- „Es geht um eine persönliche Frage, die nur (Vor- und Nachname des Entscheiders) ... beantworten kann. Bitte verbinden Sie mich (jetzt)!"
- „Da es sich um eine persönliche Angelegenheit handelt, sollten wir es nicht lieber (Vor- und Nachname des Entscheiders) ... überlassen, telefonisch darüber zu sprechen oder einen Termin zu vereinbaren? Bitte verbinden Sie mich (jetzt)!"
- „Es geht um Fragen der ... von (Vor- und Nachname des Entscheiders) ... Bitte verbinden Sie mich (jetzt)!"
- „Es handelt sich um mögliche Vorteile für Ihr Unternehmen durch ... Bitte verbinden Sie mich (jetzt)!"

Assistentin: „Bevor ich verbinde, brauche ich es noch genauer."

Alternative 1:

Neuer Hardseller: „Dann sage ich es Ihnen: Es geht um die ... von (Vor- und Nachname des Entscheiders) ... Bitte verbinden Sie mich (jetzt)!"

Assistentin: „Die Geschäftsleitung will vor einem Termin erst schriftliche Unterlagen."

Neuer Hardseller: „Ok. Nach einem kurzen persönlichen Gespräch bestätigen wir Ihnen gern die Inhalte/den Termin mit den entsprechenden schriftlichen Unterlagen. Bitte verbinden Sie mich (jetzt)!"

Alternative 2:

Neuer Hardseller: „Schön, dass Sie so konkret fragen. Gehört es auch zu Ihrem Aufgabenbereich, persönliche Entscheidungen für (Vor- und Nachname des Entscheiders) zu treffen?"

Alternative 2, Variante A	Alternative 2, Variante B
Assistentin: „Nein."	*Assistentin:* „Ja"
Neuer Hardseller: „Dann verbinden Sie mich bitte jetzt. ... ist mein Name."	*Neuer Hardseller:* „Prima, dann lassen Sie uns jetzt einen Termin vereinbaren! Mein Terminvorschlag ist: ...
	Assistentin: „Die Geschäftsleitung will vor einem Termin erst schriftliche Unterlagen."

Alternative 2, Variante A	Alternative 2, Variante B
	Neuer Hardseller: „Ok. Nach einem kurzen persönlichen Gespräch bestätigen wir Ihnen gern die Inhalte/den Termin mit den entsprechenden schriftlichen Unterlagen und Informationen. Bitte verbinden Sie mich (jetzt)!"

Sie sehen: Ihre höfliche Hartnäckigkeit ist gefordert! Bleiben Sie auch bei renitenten Vorzimmerdamen stets klar, freundlich und bestimmend! Die Assistentin ist gewissermaßen die Zugbrücke, die uns erst die Überquerung des Wassergrabens in die Burg des Entscheiders ermöglicht. Daher müssen Sie das Gespräch mit der Assistentin mit der gleichen Sorgfalt vorbereiten und durchführen wie das mit ihrem Chef. Geben Sie dabei nur so viel Informationen wie nötig weiter, aber so wenig wie möglich. Schaffen Sie eine angenehme Gesprächsatmosphäre, unter anderem dadurch, dass Sie beim Sprechen lächeln. Und denken Sie immer an die Aufforderung: „Bitte verbinden Sie mich (jetzt)!". Sonst fallen Sie in den Wassergraben zu den Krokodilen!

Expertentipp

Wichtig: Führen Sie niemals ein Verkaufsgespräch mit einer Assistentin – Sie werden es immer verlieren! Dieses gilt hauptsächlich für die telefonische Ersttermivereinbarung. Die Erfahrung aus der Kalt- und Telefonakquise zeigt: Sobald die Assistentin konkret weiß, um was es geht, wimmelt sie Sie gnadenlos ab oder verweist Sie an die entsprechenden Mitarbeiter im Unternehmen. Dann bringen Ihnen die dargestellten Strategien nichts, denn Sie verhandeln nicht mehr mit dem Froschkönig, sondern mit dem Frosch! Später hingegen kann ein guter Draht zur Assistentin Gold wert sein!

Sie müssen der Assistentin mit Ihrer freundlichen und bestimmenden Art vermitteln, dass der Anrufer genauso wichtig ist wie ihr Chef! Selbst gut geschulte Vorzimmerdamen fragen nicht mehr als dreimal nach, wenn Sie die Assistentin höflich und hartnäckig im Dunkeln lassen:

Assistentin:	„Worum geht's?"
Neuer Hardseller:	„Um eine persönliche Terminvereinbarung mit (Vor- und Nachname des Entscheiders)."
Assistentin:	„Das bräuchte ich etwas genauer."
Neuer Hardseller:	„Klar, verstehe ich ... Es geht um seinen neuen 997. Bitte verbinden Sie mich jetzt!"
Assistentin:	„Können Sie mir es noch etwas genauer sagen?"
Neuer Hardseller:	„Ja, mach' ich gerne! Es geht um den 4S. Bitte verbinden Sie mich jetzt!"

Übung

Notieren Sie in der folgenden Tabelle mögliche Einwände der Assistentin auf Ihren Anruf und tragen Sie auch Ihre entsprechenden Antwortformulierungen ein.

Einwände Assistentin/ Vorzimmer	**Ihre Formulierungen, die für Sie die Zugbrücke herunterlassen**

Interessieren statt informieren: Die Neugier des Kunden gewinnen und die Vorteile des eigenen Angebots vermitteln

Gratulation! Sie haben soeben souverän die erste große Hürde – die Assistentin/das Vorzimmer – überwunden. Nun gilt es, sich auf die spezifische Situation des Gesprächs mit dem Entscheider zu konzentrieren. Natürlich gelten auch hier die Grundregeln für jedes Akquisetelefonat, insbesondere:

- deutlich, freundlich und bestimmend sprechen
- den Gesprächspartner freundlich begrüßen, um eine angenehme Gesprächsatmosphäre zu schaffen
- sich eindeutig vorstellen
- sich allein auf das Gespräch konzentrieren
- den Namen des Gesprächspartners immer wieder nennen
- den Gesprächspartner nicht nach Stimme, Dialekt und Aussprache beurteilen

Nach der Begrüßung ist der Gesprächseinstieg von großer Bedeutung, um beim Entscheider die notwendige Neugier zu schaffen: Schließlich wollen Sie die Gier nach Neuem wecken – Neu-Gier eben! So heben Sie sich von der Masse der Durchschnittsverkäufer ab! Denken Sie also nicht darüber nach, warum welche Formulierung für Ihr Unternehmen, Ihr Produkt/Ihre Dienstleistung nicht passt, sondern suchen Sie sich einen guten „Aufhänger!" Entscheidend ist bei jedem Einstieg in ein Terminvereinbarungsgespräch, dass Sie sofort einen konkreten Terminvorschlag anschließen.

Beispielformulierungen für eine freundliche Begrüßung und motivierende Einstiegsformulierungen

Neuer Hardseller:

- „Guten Tag, Herr Kunde. Hier ist/Sie sprechen mit ..., von/aus dem Haus ..." (auf Grußerwiderung warten)
- „Herr Kunde, wie besteht die Möglichkeit, Sie persönlich kennen zu lernen?"

- „Herr Kunde, wir kennen uns noch nicht persönlich. Und das möchte ich gerne ändern. ..."
- „Herr Kunde, mein Anruf hat einen besonderen Grund. ..."

Entscheider: „Worum geht es denn genau?"

Neuer Hardseller:

- „Das sage ich Ihnen gern: Um ein persönliches Kennenlernen, um festzustellen, ob wir für die Zukunft oder schon heute für Sie geeignete Partner im Bereich ... sind. Mein Terminangebot für ein persönliches Gespräch ist: ..."
- „Ja, gut, dass Sie fragen: Wir machen gerade eine Aktion, um festzustellen, welche Wünsche und Forderungen erfolgreiche Unternehmen auf dem Gebiet der/des ... haben. Mein Terminvorschlag für ein persönliches Gespräch ist: ..."
- „Im Bereich ... wollen wir Sie als neuen Kunden gewinnen. Mein Terminvorschlag für ein persönliches Gespräch ist: ..."
- „Angenommen, Sie wären an meiner Stelle, wie würden Sie es versuchen/angehen, sich als neuen Kunden im Bereich ... zu gewinnen? Mein Terminvorschlag für ein persönliches Gespräch ist: ..."
- „Herr Kunde, es gibt immer verschiedene Wege und Möglichkeiten, neue Unternehmen anzusprechen, und wir haben den direkten Weg – das Telefon – gewählt. Uns interessiert Ihre Meinung zu dem wichtigen Thema ... Mein Terminvorschlag für ein persönliches Gespräch ist: ..."
- „Wir haben für Sie ein (neues) Produkt entwickelt. Was muss dieses Produkt/diese Dienstleistung haben, damit es für Sie interessant ist? Mein Terminangebot für ein persönliches Gespräch ist: ..."
- „Zu dem wichtigen Thema ... machen wir gerade eine Strategieumfrage. Dazu ist uns Ihre Meinung besonders wichtig. Mein Terminangebot für ein persönliches Gespräch ist: ..."

Übung
Es gibt es noch unendlich viele interessante und die Neugier Ihres Gesprächspartners weckende Formulierungen – Ihr Ziel ist, Sie wissen ja, die Terminvereinbarung. Lassen Sie dabei Ihre Kreativität spielen!
Meine Ideen für Neu-Gier weckende „Aufhänger"
...
...
...

Wie ein Barmixer hat der neue Hardseller viele Cocktails in petto, aber für die Gesprächssituation mixt er nur den, der gerade passt!

„Ja, aber ...": Einwände am Telefon souverän entkräften

Der bei weitem größte Teil der zu erwartenden Einwände, Verzögerungs- und Abwimmelungsversuche ist berechen- und austauschbar. Eine entsprechend gezielte Vorbereitung ist schon deshalb sinnvoll, um unter den besonderen Rahmenbedingungen – knappes Zeitbudget, eingeschränkte Überzeugungsmittel – im Dialog mit dem Gesprächspartner zu bleiben und zum angestrebten Ziel zu kommen.

Entscheidend ist auch in dieser Gesprächsphase, dass Sie die angenehme Gesprächsatmosphäre, die Sie durch Ihre Begrüßung und Ihren „Aufhänger" geschaffen haben, beibehalten – lächeln Sie weiterhin am Telefon! Sie verstärken Ihre positive Ausstrahlung am Telefon, indem Sie Pluspunkte sammeln, das heißt: Sie konzentrieren sich auf die positiven Aspekte Ihres Gesprächspartners, die Sie schon im Vorfeld des Gesprächs recherchiert haben, oder positive Eindrücke, die Sie bereits während des bisherigen Telefonats gewonnen haben, zum Beispiel seine sympathische Stimme, seine freundliche Begrüßung etc.

Im Terminvereinbarungsgespräch ist Ihre Zeit knapp bemessen – Ihr Ziel ist es, so schnell wie möglich ein persönliches Gespräch zu verabreden. Halten Sie sich daher nicht damit auf, zum Beispiel mithilfe einer Hypothese, zwischen Vor- und Einwand bzw. einer Bedingung zu unterscheiden, wie es im Verkaufsgespräch – oder auch bei der Telefonkaltakquise/ im Telefondirektverkauf – selbst jedoch unverzichtbar ist (zur Vor- bzw. Einwandidentifizierung siehe Seite 191).

Nutzen Sie die Nein-/Ja-Methode als Schlüssel, um Vor- und Einwände im Terminvereinbarungsgespräch zu umgehen. Bauen Sie Ihr Argument, mit dem Sie den Vor- bzw. Einwand Ihres Gesprächspartners entkräften, in drei Schritten auf:

Hypothese: „Mal angenommen ...", „Gesetzt den Fall ..." etc.

Verneinung: „... Sagen Sie dann ‚Nein, das ist nichts für mich' ...?"

positive Zustimmung: „... oder sagen Sie ‚Ja, ok, mehr Information kann mir nur helfen' ...?"

Mit dieser Taktik machen Sie aus dem ursprünglichen „Nein" Ihres Gesprächspartners, das in dessen Vor- bzw. Einwand angelegt ist, ein „Ja", denn durch Ihre Formulierung bauen Sie einen Gegensatz auf, durch den das „Nein" rational nicht mehr begründbar erscheint, die positive Zustimmung dagegen vernünftigerweise auf der Hand liegt.

Beispiel:

Entscheider: „Ich habe keine Zeit."

Neuer Hardseller: „... gut ... Nur einmal angenommen, wir finden in einem gemeinsamen kurzen Gespräch heraus, dass Sie durch den Einsatz moderner Logistiksysteme effizienter und bequemer arbeiten. Sagen Sie dann generell ‚Nein, das ist nichts für mich' oder sagen Sie ‚Ja, mehr Information kann mir nur helfen'?"

Übung
Nehmen Sie sich jetzt ein paar Minuten Zeit, eigene Formulierungen für die „Nein-/Ja-Methode" zu entwickeln!
...

Die wichtigsten Einwandtypen und Beispielformulierungen für ihre Behandlung

Zugegeben: Die „Nein-/Ja-Methode" erfordert schon eine gehörige Portion Selbstbewusstsein und sogar ein wenig Mut – auf jeden Fall müssen Sie sehr behutsam und selektiv damit umgehen, denn sie kann auch als zu offensiv oder suggestiv aufgefasst werden. Nachfolgend finden Sie einige Formulierungsvorschläge für die verbreitetsten Vor- und Einwände, die Sie selbstredend den Gepflogenheiten Ihrer Branche und Ihres Unternehmens anpassen und die der Authentizität Ihrer Verkäuferpersönlichkeit entsprechen sollten!

> **Expertentipp**
>
> Mit diesen zwei Top-Argumentationsschlüsseln für die Einwandbehandlung – die sich aber auch in anderen Phasen des Verkaufsgespräches universell einsetzen lassen – haben viele meiner Seminarteilnehmer gute Erfahrungen gemacht:
>
> ▶ „Herr Kunde, Henry Ford hat schon gesagt: ‚Ich prüfe jedes, jedes Angebot, denn es könnte das Angebot meines Lebens sein!' Prüfen Sie uns jetzt!"
>
> ▶ „Herr Kunde, unser Gespräch lohnt sich auf jeden Fall zweifach für Sie: Entweder erkennen Sie, dass Sie eine momentan akzeptable Lösung haben, oder Sie finden eine wirtschaftlichere Lösung für die Zukunft!"

Gestalten Sie die Einwandbehandlung auf jeden Fall spritzig und charmant – selbst wenn es nicht zu einer Terminvereinbarung kommt, behält Ihr Gesprächspartner das Telefonat und damit Ihren Namen im Kopf. Damit verschaffen Sie sich eine gute Ausgangsposition, wenn Sie wie der neue Hardseller nach einiger Zeit mit höflicher Hartnäckigkeit den nächsten Versuch starten, diesen Kunden „zu angeln"!

Einwand: „Ich habe kein Interesse!"

▶ „Kann ich gut verstehen! Auch unsere Kunden hatten vor dem ersten Gespräch mit uns kein Interesse. Deswegen wollen wir mit Ihnen in einem persönlichen Gespräch feststellen, dass Sie durch eine optimale Lösung Geld und Zeit sparen. Mein Terminvorschlag für ein persönliches Gespräch ist: ..."

So macht's der *alte* Hardseller

„Herr ..., es gibt immer zwei Möglichkeiten, Ja zu sagen. Entweder vor oder nach einer Information. Erfolgreich sind immer die, die sich nach einer Information entscheiden. Ist es da nicht besser, Sie treffen nach einem Gespräch Ihre Entscheidung? Mein Terminvorschlag für ein persönliches Gespräch ist: Am ... um ... oder am ... um ..."

▶ „Das habe ich auch gar nicht erwartet, Herr Kunde. Sie können ja für eine Sache nur Interesse haben, die Sie auch kennen. Und deswegen machen Sie sich doch selbst einmal ein Bild davon, wie Sie durch den Einsatz von ... noch mehr Vorteile für Ihr Unternehmen durch ... haben! Mein Terminangebot für ein erstes Kennenlernen ist: ..."

▶ „Wie ich höre, haben Sie sich schon mit dem Thema beschäftigt. Deswegen wollen wir Sie in den nächsten Tagen einmal besuchen. Mein Terminvorschlag für ein persönliches Gespräch ist: ..."

Einwand: „Ich habe keine Zeit!"

▶ „Das kann ich verstehen, Herr Kunde. Wann ist denn für Sie der geeignete Zeitpunkt für dieses wichtige Gespräch? (Egal, was der Kunde jetzt sagt:) Mein Terminvorschlag für ein persönliches Gespräch ist: ..."

▶ „Das kann ich gut verstehen. Aus Gesprächen mit Kunden aus Ihrer Branche kennen wir das. Deswegen wird dieses Gespräch auch nur sieben bis zwei Minuten dauern. Danach entscheiden Sie, wie es weitergeht. Mein Terminvorschlag für ein erstes Kennenlernen ist: ..."

So macht's der *alte* Hardseller

„Da auch meine Zeit sehr knapp bemessen ist, dauert unser Termin nicht länger als 15 Minuten. Da es für Sie wichtig ist, sollten Sie sich auch die Zeit nehmen! Also dann am ... um ... oder am ... um ...?"

- „Sie nehmen sich also nur für die wichtigsten Dinge Zeit. Da es um die wichtige Frage geht, wie Sie in diesem Jahr noch Ihre Verkäufe steigern, werden Sie sicherlich in unserem Termin als guter Kaufmann feststellen, wie Ihnen unsere Produkte dabei helfen. Mein Terminangebot für ein persönliches Gespräch ist: ..."

Tina Farblos und Olaf Grauemaus machen beim ersten Einwand ihres Gesprächspartners gern den Fehler, diese negative Aussage zu wiederholen.

Beispiel:

Kunde: „Ich habe keine Zeit!"

Durchschnittsverkäufer: „Ach, Sie haben keine Zeit? Aber ich habe hier ein interessantes Angebot für Sie ..."

Wohl eher unbewusst machen Tina Farblos und Olaf Grauemaus vom D=3W-Prinzip Gebrauch, nach dem die Wiederholung eines Wortes oder eines Satzes beim Zuhörer die dreifache Wirkung erzielt – richtig eingesetzt, handelt es sich um eine effektvolle rhetorische Methode. Nur in diesem Beispiel geht der Schuss nach hinten los: Unsere beiden Durchschnittsverkäufer verdreifachen die negative Wirkung des Kundeneinwandes durch dessen Wiederholung. Dem Ganzen setzen sie noch die Krone auf, indem sie den Einwand durch das folgende „Aber" relativieren und ihrem Gesprächspartner dadurch das Gefühl geben, ihm gar nicht zuzuhören. So kegeln sich Tina Farblos und Olaf Grauemaus selbst aus dem Telefonat! Natürlich gilt dieser verhängnisvolle Fehler nicht nur für den Einwand „Keine Zeit", sondern für alle anderen negativ formulierten Einwände! Fazit: Wiederholen Sie nie einen Einwand Ihres Gesprächspartners, sondern antworten Sie immer mit Formulierungen, die Verständnis signalisieren, oder machen Sie zumindest Hinhör-Laute wie „hhmmmm", „ok" etc. Besser noch (dies gilt übrigens auch für das Verkaufsgespräch): Verstärken Sie durch die rhetorische Verdoppelung positive Aspekte Ihrer Kundenaussagen!

Beispiel:

„Gerade diese Kapitalanlage bringt Ihnen hohe, hohe Zinsen!"

„Sie werden gerade die Sicherheit, die Sicherheit dieses Kindersitzes schätzen!"

Einwand: „Ich habe kein Geld!"

▶ „Schon haben wir ein gemeinsames Thema gefunden, Herr Kunde. Mit Geld müssen wir auch sehr sorgfältig umgehen. Lassen Sie uns in einem gemeinsamen Gespräch Möglichkeiten finden, wie auch Sie Ihr Geld noch besser anlegen. Mein Terminvorschlag für ein persönliches Gespräch ist: ..."

▶ „Wie ich höre, haben Sie sich mit dem Thema schon beschäftigt. In unserem persönlichen Gespräch lernen Sie unsere Finanzierungsmöglichkeiten, die Ihnen weitere Vorteile bringen, kennen. Mein Terminangebot für ein persönliches Gespräch ist: ..."

So macht's der *alte* Hardseller

„Wir wollen kein Geld von Ihnen. Genau deshalb sprechen wir auch nur über das Geld, das Sie sonst an den falschen Partner zahlen. Mein Terminvorschlag für ein persönliches Gespräch ist: ..."

▶ „Herr Kunde, dann ist also das Ziel unseres Gespräches, wie Sie in Zukunft noch mehr Geld verdienen. Mein Terminvorschlag für ein erstes Kennenlernen ist: ..."

▶ „Gut, dass Sie uns diese Informationen geben. Dann sollten wir uns über Möglichkeiten unterhalten, wie Sie Ihre Wirtschaftlichkeit noch deutlicher erhöhen. Mein Terminvorschlag für ein persönliches Gespräch ist: ..."

Einwand: „Ich überlege mir das Ganze noch einmal!"

▶ „Selbstverständlich, Herr Kunde. Das ist ganz in unserem Sinne. Wenn Sie unsere Möglichkeiten kennen gelernt und sich selbst ein Bild gemacht haben, dann sollten Sie ganz genau überlegen. Mein Terminvorschlag für ein persönliches Gespräch ist: ..."

So macht's der *alte* Hardseller

„Herr ..., müssen Sie sich in der heutigen Zeit noch überlegen, ob Sie Geld sparen wollen? Mein Terminvorschlag für ein persönliches Gespräch ist: ..."

▶ „Selbstverständlich, Herr Kunde, das kann ich gut verstehen. Und deswegen sollen Sie sich selbst einmal ein Bild machen und zusammen mit einem Experten auf diesem Gebiet überlegen. Gerne gebe ich Ihnen in einem persönlichen Gespräch Fakten, die Ihnen helfen, noch besser zu entscheiden. Mein Terminvorschlag für ein persönliches Gespräch ist: …"

Einwand: „Ich habe keinen Bedarf!"

„Gut, dass Sie mir das so offen sagen. Wie muss denn ein Vorschlag aussehen, der für Sie interessant ist?" (Antwort abwarten) „Gerade deswegen sollten wir uns in einem persönlichen Gespräch über die für Sie entscheidenden Punkte unterhalten. Mein Terminangebot für ein persönliches Gespräch ist: …"

> **So macht's der *alte* Hardseller**
>
> „Ich bin mir sicher, nach einem gemeinsamen Gespräch mit mir werden Sie Bedarf haben, denn unsere Produkte braucht jeder! Mein Terminvorschlag für ein persönliches Gespräch ist: …"

▶ „Das sagten früher einige unserer heutigen sehr zufriedenen Kunden auch. Und jetzt freuen wir uns über eine gute gemeinsame Partnerschaft. Mein Terminvorschlag für ein persönliches Gespräch ist: …"

▶ „Herr Kunde, das wäre ja jetzt auch wie ein Sechser im Lotto, wenn Sie gesagt hätten: ‚Auf Sie habe ich den ganzen Tag gewartet!' Lernen Sie uns kennen und prüfen Sie einmal selbst, welche Vorteile wir Ihnen bieten!"

Einwand: „Rufen Sie später noch einmal an!"

▶ „Je früher Sie diese Informationen erhalten, umso eher haben Sie die Möglichkeit, noch schneller und effizienter zu arbeiten. Mein Terminangebot für ein persönliches Gespräch ist: …"

> **So macht's der *alte* Hardseller**
>
> „Herr Kunde, nur jetzt haben Sie die einmalige Gelegenheit, mit mir zu sprechen. Lassen Sie uns jetzt alle offenen Punkte klären."

- „Je eher Sie diese Möglichkeit kennen, umso schneller haben Sie eine weitere Möglichkeit, durch individuelle Konzepte eine noch bessere Lösung für Ihr Unternehmen zu finden. Mein Terminangebot für ein persönliches Gespräch ist: ..."

> **Expertentipp**
>
> Meint Ihr Kunde mit „Rufen Sie mich später noch einmal an" denselben Tag, vereinbaren Sie einen konkreten Zeitpunkt. Sollten Sie seine Durchwahl noch nicht haben, dann fragen Sie spätestens jetzt danach!
>
> Meint er damit in schätzungsweise sechs bis acht Wochen, vereinbaren Sie auf jeden Fall jetzt schon einen festen Termin. Lässt er sich darauf nicht ein und bittet Sie darum, kurz davor noch einmal anzurufen, halten Sie auf jeden Fall einen „Bleistifttermin" fest, denn das ist verbindlicher: „Herr Kunde, da auch ich viel unterwegs und in Terminen bin, lassen Sie uns auf jeden Fall für den ... einen Bleistifttermin festhalten!"

Einwand: „Sie wollen mir sowieso nur etwas verkaufen!"

- „Ja, natürlich! Eine Idee! Was Sie dann damit anfangen, entscheiden Sie selbst. Mein Terminvorschlag für ein persönliches Gespräch ist: ..."
- „Ja, Sie sagen es, ich bin Verkäufer und will Sie als meinen Geschäftspartner gewinnen! Mein Terminangebot für ein persönliches Gespräch ist: ..."

> **So macht's der *alte* Hardseller**
>
> „Da wir eh' nur die besten Produkte im Markt haben, werden Sie mir mein Angebot förmlich aus der Hand reißen! Mein Terminvorschlag für ein persönliches Gespräch ist: ..."

- „Verständlicherweise sind Sie zunächst einmal der Meinung, dass es nur darum geht, mit Ihnen ein Geschäft zu machen. Sehen Sie es doch einmal so – Sie bestimmen, wie es weitergeht, wenn Sie alle Vorteile unseres Angebots kennen gelernt haben. Mein Vorschlag für ein erstes Kennenlernen ist der ..."

▶ „Ja klar, Herr Kunde, ich bin nun schon lange, lange genug im Geschäft, um zu wissen, dass Sie erst bei mir kaufen werden, wenn Sie es wirklich brauchen!"

Einwand: „Schicken Sie mir Unterlagen/Prospekte!"

▶ „Ich finde gut, dass Sie sich durch Fakten informieren wollen. Genau deswegen bringe ich Ihnen umfangreiche Unterlagen zu diesem Thema mit. Daraus können Sie die Dokumente auswählen, die für Sie entscheidend sind. Mein Terminangebot für ein persönliches Gespräch ist: ..."

▶ „Herr Kunde, die Unterlagen bringe ich gern mit. Mein Terminvorschlag für ein persönliches Gespräch ist: ..."

So macht's der *alte* Hardseller

▶ „Herr Kunde, wir sind kein Lesezirkel. Deswegen werde ich in unserem ersten Gespräch nur Ihre persönlichen Wünsche und Forderungen aufnehmen. Danach kann ich Ihnen gezielte und konkrete Informationen geben. Mein Terminvorschlag für ein persönliches Gespräch ist: ..."

▶ „Herr Kunde, wir suchen keine Brieffreundschaft. Ich will Ihnen die Vorteile einer Zusammenarbeit mit uns direkt erklären. Mein Terminvorschlag für unser persönliches Gespräch ist ..."

▶ „Herr Kunde, die beste Unterlage bin ich, nur passe ich leider nicht in Ihren Briefkasten/Ihr Postfach. Mein Terminangebot für ein persönliches Gespräch ist: ..."

▶ „Mal ehrlich, Herr Kunde, unser Gespräch nimmt sicher weniger Zeit in Anspruch, als unsere Unterlagen zu lesen. Darüber hinaus bekommen Sie individuellere und gezieltere Informationen für Ihre Entscheidung. Mein Terminvorschlag für ein persönliches Gespräch ist: ..."

▶ „Herr Kunde, mit dem besten Prospekt, den es für Sie geben kann, sprechen Sie gerade. Fordern Sie mich an. Dann kann ich Ihnen gezielt Lösungen anbieten. Mein Terminangebot für ein persönliches Gespräch ist: ..."

> **Expertentipp**
>
> Sagt Ihr Gesprächspartner: „Das macht bei mir alles Herr ... und er entscheidet auch durch seine Budgetverantwortung darüber", dann klopfen Sie diesen Hinweis noch einmal ab, um auch sicherzugehen, dass er Sie nicht einfach abwimmeln will und Sie wirklich an einen Entscheider vermittelt. Wenn es für Sie nicht glaubhaft klingt, dann ist Ihr Ziel ein Dreiertermin. Vertrauen Sie Ihrem Gesprächspartner, dann lassen Sie sich gleich mit dem Verantwortlichen verbinden und starten mit folgender Formulierung: „Guten Tag, Herr ..., mein Name ist (Vor- und Nachname) aus dem Hause .... Ich rufe Sie auf Empfehlung Ihres Geschäftsführers (Vor- und Nachname) an, und der sagte, wir beide sollen zu dem wichtigen Thema ... einen Termin vereinbaren. Mein Terminvorschlag ist: ..."

Bieten Sie zunächst immer nur einen konkreten Termin an. Lehnt Ihr Gesprächspartner diesen ab, „schieben" Sie zwei weitere Alternativtermine nach, um sich nicht zu sehr dessen Terminplan auszuliefern und selbst die Initiative zu behalten – die Gefahr ist sonst groß, dass der Erstbesuch dann zu einem Zeitpunkt stattfindet, an dem das Interesse des Gesprächspartners schon längst wieder erlahmt ist. Streben Sie daher einen Besuchstermin spätestens ein bis zwei Wochen nach dem Telefonat an!

Geschafft! Den Termin für den persönlichen Besuch festklopfen und sich richtig verabschieden

Beißt der Gesprächspartner an, weil diesen die „Nein-/Ja-Methode" und/ oder die Vor-/Einwandbehandlung überzeugt hat, sollten Sie sofort dazu übergehen, den vereinbarten Termin zu bestätigen: „Herr Kunde, für Sie ist jetzt folgender Termin reserviert: der ... um ... Uhr. Notieren Sie's sich bitte auch? ... ist mein Name!"

Erst nachdem Sie den Termin für das persönliche Gespräch noch einmal „festgeklopft" haben, stellen Sie zwei, drei gezielte Fragen zum Bedarfs- und Umsatzpotenzial Ihres Kunden, um sich optimal auf den (ersten) persönlichen Gesprächstermin vorzubereiten. Diese Fragen haben Sie sich schon in der Vorbereitung des Terminvereinbarungsgespräches überlegt – wobei Sie flexibel genug bleiben, diese während des kurzen Telefonats zu modifizieren oder spontan ganz neue zu entwickeln, wenn es die Gesprächssituation erfordert. Sie dienen zum einen der zusätzlichen Informationsbeschaffung, zum anderen dazu, dem Kunden das gute Gefühl zu geben, sich von Anfang an in professionellen Händen zu befinden: „Herr ..., damit das vereinbarte Gespräch für uns beide erfolgreich und gewinnbringend verläuft, habe ich noch zwei, drei Fragen an Sie ...:"

- „Wie hoch ist Ihr ...?"
- „Wie haben Sie folgende Punkte in Ihrem Hause ...?"
- „Gut ist, wenn Sie für unser Gespräch folgende Unterlagen vorbereitet haben ..."

Auch wenn Sie wider Erwarten nicht Ihr angestrebtes Ziel erreicht haben, führen Sie die Potenzialanalyse für diesen Kunden durch, um ihn zu qualifizieren. Beenden Sie das Gespräch höflich und legen Sie den Kontakt für einen neuen Anlauf zu einem späteren Zeitpunkt auf Wiedervorlage – die Chance, dass die Gesprächsbereitschaft Ihres Gesprächspartners später größer ist, ist immer gegeben. Resignieren Sie also nicht, sondern starten Sie mit positiver Einstellung und höflicher Hartnäckigkeit einen neuen Versuch!

Expertentipp

Wollen Sie nicht auf den erwähnten späteren Zeitpunkt warten – zum Beispiel, weil es sich um ein äußerst lukratives Unternehmen mit großem Potenzial handelt –, greifen Sie im Einzelfall auf folgenden cleveren Kniff zurück:

Bitten Sie Ihren Chef/Kollegen, noch einmal bei dem Entscheider, mit dem Sie gerade selbst ergebnislos gesprochen haben, anzurufen: „Guten Tag, Herr Kunde. Mein Name ist ... Mein Kollege (Ihr Vor- und Nachname), mit dem Sie eben gesprochen haben, ist gerade ganz zerknirscht in mein Büro gekommen ... Er weiß einfach nicht, was er falsch gemacht hat ..."

Was meinen Sie? Wie steht es um Ihre Chancen, wenn Sie diesen Kunden gleich noch einmal anrufen?

Und noch ein Tipp für die ganz Mutigen unter Ihnen: Bricht Ihr Gesprächspartner das Telefonat einfach ab, weil er nicht mehr gewillt ist, Ihnen zuzuhören, wählen Sie einfach noch einmal seine Nummer! Sie werden feststellen, wie verblüfft Ihr Gesprächspartner, der Sie ja gerade „abgewürgt" hat, auf Ihre Hartnäckigkeit reagiert und mit welchem Respekt er Ihnen nun begegnet – denn zu solch einer Aktion gehört schon eine große Portion Mut und Gelassenheit! Meine Erfahrung ist: Die meisten lächeln oder lachen gar über soviel charmante Frechheit – und schon ist die Gesprächssituation viel lockerer, positiver und damit offener für Ihr Ziel: die Terminvereinbarung!

Loser bekommen Termine, Winner vereinbaren Termine!

Verkaufserfolg ist ganz einfach:

Akquirieren!

Akquirieren!

Akquirieren!

Und das jeden Tag!

Ihr Telefon-Erfolgscheck

Datum	Wie viele Telefonate, bis Entscheider erreicht?			Name des Kunden/ Funktion	Unter- nehmen	Termin am	nächster Schritt	Wieder- vorlage
	1	2	3					

Neukundenakquisition als Führungsaufgabe

Die Förderung der Neukundenakquisition ist das Herzstück vieler Vertriebe. Und zugleich das größte Manko. Meetings, Verwaltungsarbeit, Präsentationen – es wird viel Zeit für verkaufsfremde Tätigkeiten verschwendet. Anstatt im Auto zu sitzen und zum Kunden zu fahren oder am Telefon Kaltakquise zu betreiben, sitzen die Verkäufer in ihren Büros, pflegen Exceltabellen und bewachen die Kaffeemaschine. Vorbereitung gehört dazu – aber die Neukundenakquisition muss erste Priorität haben. Sie als Leader sind dafür verantwortlich, dass Ihre Mannschaft an den Tisch des Kunden kommt. Sie müssen das System dafür liefern und umsetzen.

Die Schlagzahl erhöhen – Größere Verkaufserfolge mit der richtigen Akquisitionsstrategie

Wissen Sie, welches die meistgenutzte Akquisitionsstrategie im Verkauf ist? Nein? Die meistgenutzte Methode ist das Abwarten. Abwarten, dass der Kunde anruft. Und wie oft geschieht das? Bei den meisten Verkäufern viel zu selten. Deshalb sind die Zahlen häufig so, wie sie sind. Mäßig. Dabei können Sie Ihr Team auf den Erfolg in der Kaltakquise programmieren. Das geht mit der richtigen Einstellung und den richtigen Verkaufstechniken.

Spitzenverkäufer wollen gewinnen, und das gelingt ihnen auch. Selbst in herausfordernden Zeiten gibt es immer die, die besonders erfolgreich sind. Weil sie die richtige Einstellung haben und sich mehr als andere auf den Kunden fokussieren. Und weil sie akquirieren – jeden Tag! Ich rechne Ihnen das einmal vor: Wenn ein Verkäufer jeden Tag konsequent zwei potenzielle Wunschkunden anruft, dann kommt er übers Jahr gesehen auf 400 neue Kontakte. Da müsste es doch mit dem Teufel zugehen, wenn er keine Neukunden gewinnt. Legen Sie eine verbindliche Quote für die Neukundenansprache fest und kontrollieren Sie diese penibel.

Es gibt zudem wirkungsvolle Kanäle und unterstützende Methoden für die Neukundenakquise, von denen Sie die wichtigsten in Ihrem Portfolio haben sollten.

Expertentipp für Führungskräfte

Aktives Empfehlungsmarketing: Haben Sie hierfür ein System? Haben Sie den Überblick über die Empfehlungsquote Ihrer Leute? Lesen Sie hierzu im Kapitel „Kundenbindung" den Beitrag zu Empfehlungen. Trainieren Sie geeignete Sprachmuster und Formulierungshilfen im Live-Gespräch und Rollenspiel, damit Sie den Verkäufern in Fleisch und Blut übergehen. Leichter kommen sie nicht an neue, erfolgversprechende Kundenkontakte.

Wenn es in Ihrer Branche Sinn macht, planen Sie Kundenveranstaltungen für Bestandskunden und potenzielle Interessenten.

Denken Sie über Kooperationen mit anderen Partnern nach. Wer ist „Zielgruppenbesitzer", das heißt, wer spricht ebenfalls Ihre Zielgruppe an und kann an „Huckepack-Marketing" interessiert sein?

Machen Sie PR in eigener Sache: Halten Sie Vorträge über Ihr Kernthema, veranstalten Sie Round-Tables zu spannenden Fragestellungen, schreiben Sie ein Fachbuch als Give-away für potenzielle Interessenten, machen Sie PR in Ihrer lokalen Zeitschrift, indem Sie Artikel mit Nutzwert für die Leser anbieten.

Erarbeiten Sie sich einen Expertenstatus in Ihrer Region und Ihrem Fachgebiet. Mit dieser Unterstützung wird es für Ihre Vertriebsmannschaft leichter, neue Kontakte zu knüpfen.

Entwickeln Sie ein schlüssiges Konzept für Ihr Networking. In welchen Netzwerken sollten sich Ihre Mitarbeiter tummeln? Wie sprechen Sie Geschäftskunden über Xing an? Auf welcher Ebene vernetzen Sie sich? Verbände, Vereine, virtuelle Networks, Business-Clubs, Interessenvertretungen – es gibt unzählige Formen von interessanten Gruppierungen, auf denen Ihr Verkaufsteam leicht Kontakte knüpfen und Neugeschäft generieren kann.

Überprüfen und systematisieren Sie Ihr Angebotsmanagement. Verpflichten Sie Ihr Team auf ein verbindliches Angebotsmanagement und entwickeln Sie ein System für das Nachfassen der Angebote. Bedenken Sie, dass viele schriftliche Angebote nicht beim Entscheider ankommen. Oft steht der Einkauf dazwischen, den Sie mit Ihren Nutzenbotschaften versorgt haben. Der Entscheider sieht dann häufig nur den Preis als Entscheidungskriterium. Angebote müssen daher individuell sein und vor Nutzenargumenten strotzen – und zwar für alle Zielgruppen, die am Prozess beteiligt sind: Einkäufer, Entscheider, Anwender, Lebenspartner ... Um die am Entscheidungsprozess beteiligten Personen anzusprechen, müssen Sie den Kunden gut kennen: Wer macht was im Unternehmen? Wer ist der informelle Führer, wer netzwerkt mit wem? Wer hat welche Interessen und Bedürfnisse? Sprechen Sie im Vorfeld mit möglichst vielen Beteiligten, um herauszufinden, wie die einzelnen Personen und Abteilungen „ticken". Mit diesem Wissen können Sie eine schlagkräftige Nutzenargumentation aufbauen.

Nutzen Sie Messen und Kongresse für die Neukundenansprache. Auf der Messe gibt es für Ihre Mannschaft nur ein Ziel: Akquirieren, akquirieren, akquirieren. Ihre Leute müssen wirklich kontakten wollen. Ihrer Mannschaft muss klar sein, dass sie nicht als Aussteller auf der Messe sind, sondern als Verkäufer. Die meisten Verkäufer akquirieren höchstens die Hostessen, aber nicht die potenziellen Neukunden. Sie verharren regungs- und beziehungslos hinter ihren Tischen und Tresen und warten darauf, dass sie angesprochen werden. Auch wenn Sie nicht selbst Aussteller sind, sondern Messen generell zur Neukundenansprache nutzen, indem Sie auf die ausstellenden Unternehmen zugehen, müssen Sie Ihre Verkaufsteams für den Akquisespurt begeistern. Es hat sich als besonders erfolgreich erwiesen, jeweils in Zweierteams auf die potenziellen Kunden zuzugehen. Wechseln Sie von Zeit zu Zeit die Zusammensetzung der Zweiergruppen, um die Motivation der Teams hochzuhalten. Eine Messe ist eine kleine Weltmeisterschaft in Sachen Kontakte. Qualifizierte Kontakte bekommen Sie nur über die Quantität. Das heißt: Je mehr Kontakte Ihre Mitarbeiter machen, desto mehr können sie vergleichen und filtern. Sammeln Sie Visitenkarten, ermitteln Sie im Gespräch die Entscheider und wählen Sie dann gezielt aus, wen Sie nach der Messe nachakquirieren.

> Direct Mailings sind in vielen Branchen ein gern genutztes Alibi-Instrument zur Neukundenansprache. Vielen Verkäufern fällt dann das Nachfassen leichter – nach dem Motto: Ich habe Ihnen neulich etwas zugeschickt…" Lassen Sie das nicht zu. Ihre Leute müssen die Kaltakquise beherrschen, wenn sie neue Hardseller sein wollen.
>
> Halten Sie Ihre Mitarbeiter an, Referenzen und Testimonials zu sammeln. Das sind echte Glaubwürdigkeitsverstärker für die Kaltakquise. Näheres dazu finden Sie im Kapitel „Klotzen statt kleckern".

Die Königsdisziplin: Kaltakquise am Telefon

Wenn Sie und Ihr Team nicht nur die Quote erfüllen möchten, sondern durchschlagende Steigerungen erwarten, müssen Sie den Akquiseprozess systematisieren und kontinuierlich durchführen – so lange, bis er allen in Fleisch und Blut übergegangen ist. Je mehr Sie in den Trichter hinein füllen, desto mehr kommt unten raus.

Ich will Ihnen hier nicht weismachen, dass von zehn Kaltakquisen neun zum erfolgreichen Abschluss führen. – Stimmt nicht. Ich weiß nur allzu gut, wie das Verhältnis von „Ja" und „Nein" verteilt ist. Auf neun Mal „Nein" kommt ein Mal „Ja" – das ist realistisch. Jede Zusage bezahlen Sie mit neun Absagen. Gewonnen haben Ihre Leute trotzdem. Nämlich einen neuen Kunden.

Was ich damit sagen will: Bringen Sie Ihren Verkäufern bei, mit einem „Nein" umzugehen. Ihr Argument: Der Kunde meint es weder persönlich, noch will er das Produkt oder die Dienstleistung damit abwerten. Sie wissen ja schon: „Nein" bedeutet nichts anderes als „**N**och **E**in **I**mpuls **N**ötig". Ein „Nein" soll nicht dazu führen, dass Ihre Leute aufgeben, sondern dass sie weitermachen, jetzt erst recht! Machen Sie ihnen bewusst: Nicht gekauft hat der Kunde schon. Die Aufgabe des Verkäufers ist es, ihn vom Gegenteil zu überzeugen. Wenn Sie das konsequent trainieren, wird sich auch die Quote der „Jas" deutlich erhöhen.

Erst, wenn Sie Ihren Mitarbeitern eine gesunde, optimistische Einstellung vermitteln und sie diese verinnerlicht haben, können sie erfolgreich verkaufen. Erst, wenn Sie das geschafft haben, haben Sie auch die Basis für eine gute Führung geschaffen. Führung im Vertrieb ist wie ein Dominoeffekt: Führung top! Verkäufer top! Ergebnisse top! So und nicht anders. Sie als Führungskraft haben den Erfolg in der Hand.

Expertentipp für Führungskräfte

Die Mannschaft zur Kaltakquise antreiben reicht nicht aus. Gerade in der Telefonakquise wird der Hörer plötzlich zum kiloschweren Hindernis. Mein Tipp: Setzen Sie sich mit Ihren Mitarbeitern im Besprechungsraum zusammen und „feiern" Sie regelmäßig eine Telefonparty. Jeder ruft drei potenzielle Neukunden hintereinander an. Reihum. Vor allen anderen. Alle hören mit, geben anschließend Feedback, diskutieren das Vorgehen. Das ist Lernen miteinander und voneinander.

Voraussetzung für Sie als Führungskraft ist, dass Sie mitmachen. Sie müssen nicht der Beste sein, aber auf jeden Fall der Erste. Stellen Sie sich nicht wie der große Chef daneben, sondern seien Sie Vorbild und tauschen Sie sich mit konstruktivem Feedback gegenseitig aus. Solche Telefonparties haben drei Vorteile: Erstens entsteht ein motivierendes Teamgefühl, zweitens ist das ein sensationelles Training und drittens: Sie machen auf diese Art und Weise echte Neukundentermine.

Am Anfang war das Wort: Das qualifizierte Erstgespräch

Nur wer die wirklichen Motive, Wünsche und Ziele seiner Kunden herausfindet und ihnen greifbare Anreize schafft, wird sie zum Kaufen begeistern und motivieren.

Nach dem Spiel ist vor dem Spiel: Kundenpotenzialanalyse und individuelle Vorbereitung auf den persönlichen Erstbesuch

Eine gute Vorbereitung auf den ersten persönlichen Gesprächstermin mit Ihrem Kunden ist für Sie als neuer Hardseller wie eine gute Platzierung im Qualifying vor dem eigentlichen Formel 1-Rennen – der Pilot, der sich dort eine gute Ausgangsposition verschafft, am besten die „Pole Position", der hat auch gute Chancen, am Ende des Rennens ganz oben auf dem Treppchen zu stehen!

Auch im Vorfeld des persönlichen Erstgespräches beim Kunden muss wie beim Terminvereinbarungsgespräch mit ihm am Telefon zum einen die innere Einstellung stimmen, zum anderen ist die gründliche Vorbereitung speziell auf die spezifischen Anforderungen des anstehenden Gesprächs unabdingbar. Diese umfasst:

- ▶ Informationen zum Unternehmen
- ▶ Informationen zum Gesprächspartner/Entscheider
- ▶ Gesprächsstrategie inklusive Begrüßung, Gesprächseinstieg, Bedarfs- und Motivermittlung und – soweit sich die Gelegenheit bereits im Erstgespräch bietet – Angebotspräsentation, Einwandbehandlung, Preisverhandlungen sowie Abschlussphase.

Erfolg entsteht im Kopf – wo auch sonst?

Gerade die positive Einstellung gegenüber einem „schwierigen" Kunden erhöht die Wahrscheinlichkeit, dass Sie die richtige Gesprächsstrategie wählen und den richtigen Ton treffen. Sammeln Sie daher bei einem „schwierigen" Kunden Pluspunkte: Überprüfen Sie Ihre Einstellung ihm gegenüber, versuchen Sie, positiv über ihn zu denken, indem Sie sich die Frage stellen, was Sie gut an ihm finden oder gut finden könnten – denn wenn Sie einem Kunden eine negative Eigenschaft zuordnen, prägt das Ihre Einstellung zu ihm und Sie können sich den Weg zu diesem Kunden sparen. Denn es ist wichtiger, sich den Kunden sympathisch als sich ihm sympathisch zu machen!

▶ Finden Sie Ihren Gesprächspartner arrogant? Oder ist er nicht vielmehr selbstbewusst und willensstark?

▶ Lehnen Sie seinen Egoismus ab? Andere würden ihn als geschäftstüchtig und gewinnorientiert charakterisieren!

▶ Mögen Sie es nicht, dass er sich bedeckt hält und für Sie undurchschaubar ist? Dann fragen Sie sich doch einmal, ob nicht gerade Diplomatie und Diskretion seine Stärken sind!

▶ Ist er feige? Oder nicht viel eher vorsichtig und besonnen?

Fakten, Fakten, Fakten – Ziele, Ziele, Ziele

Was Ihnen nun noch an wichtigem Hintergrundwissen zum anstehenden Termin fehlt, sollten Sie spätestens jetzt recherchieren. Die Quellen, die Sie schon für das Terminvereinbarungsgespräch ausgewertet haben, sollten dabei um unternehmensinterne Unterlagen wie Geschäftsberichte, Unternehmenszeitschriften, Newsletter etc. ergänzt werden. – Der Schwerpunkt Ihrer Vorbereitung liegt allerdings auf der minutiösen Planung der Gesprächsstrategie, durch die Sie zusammen mit Ihrem Kunden eine individuelle Lösung erarbeiten und diesen konsequent zum Abschluss führen. Denn Sie wissen ja: Ihr Kunde kauft keinen Bohrer, sondern die Löcher, die er damit machen will!

Mit der nachfolgenden umfangreichen Checkliste haben Sie schon viele Ansatzpunkte und Anregungen für Ihre eigene, ganz individuelle Gesprächsvorbereitung!

Checkliste Gesprächsvorbereitung

Informationen zum Unternehmen des Gesprächspartners

☐ Wie fallen betriebswirtschaftliche Kennzahlen wie Umsatz, Geschäftsergebnis, Finanzkraft und Liquidität etc. aus?

☐ Welche Größe/Niederlassungen/Mitarbeiterzahl hat das Unternehmen? Welche Rechtsform hat es? Wie ist es organisiert? Wie sind die Zuständigkeiten/Kompetenzen aufgeteilt? Welche Entscheider sind für mich/für uns wichtige Ansprechpartner?

☐ In welcher Branche ist das Unternehmen tätig? Welche Position hat es im Markt? Welche Zielgruppen spricht es an?

☐ Welche Produkte und Dienstleistungen bietet das Unternehmen an? Welche Schwächen und Stärken hat das Unternehmen gegenüber seinem Wettbewerb?

☐ Was schreibt die (Fach-)Presse über das Unternehmen?

☐ Hat das Unternehmen bereits Kontakte und/oder Geschäftsbeziehungen zu unseren Wettbewerbern?

Informationen zur Person des Gesprächspartners/Entscheiders

☐ Name, Ausbildung, eventuelle Titel, berufliche Entwicklung

☐ genaue Position, Kompetenzen, Entscheidungsspielraum, Einflussmöglichkeiten innerhalb des Unternehmens

☐ Zielsetzung für das Gespräch: Welche Erwartungen knüpft er daran, was ist ihm wichtig?

☐ private Aspekte: Familienstand, Hobbys/Interessen

Gesprächsstrategie

☐ Welches Gesprächsziel will ich erreichen? Welche Teilziele habe ich, wenn mein Ziel nicht gleich der Auftrag ist: Bedarf ermitteln und Kaufmotive herausfinden? Vertrauensbasis mit dem Kunden schaffen? Den Entscheider über Neuheiten informieren? Sonderaktion vorstellen? Mit den Teilzielen will ich zumindest das Interesse des Kunden für mein Unternehmen und Angebot anheizen!

☐ Welcher Zeitraum steht für das Gespräch zur Verfügung?

☐ Welcher Gesprächseinstieg ist für diesen Entscheider angemessen? Wie verhindere ich Killerfloskeln, krampfhaften Smalltalk und komme gleich auf den Punkt?

☐ Welche Themen will ich besprechen? Mit welchen Fragen analysiere ich seinen Bedarf und seine Kaufmotive?

> **Fortsetzung Checkliste Gesprächsvorbereitung**
>
> ☐ Welche Produkte oder Dienstleistungen will ich anbieten und verkaufen? Wie viele und zu welchem Preis? Welche Nutzenargumente setze ich dafür ein?
>
> ☐ Wie baue ich meine Angebotspräsentation auf? Welche Verkaufshilfen setze ich ein? Welche Referenzen sind für meinen Gesprächspartner interessant?
>
> ☐ Mit welchen Einwänden muss ich rechnen? Wie begegne ich diesen? Welche Antworten und Lösungen habe ich parat?
>
> ☐ Wie gehe ich mit eventuellen Preisdrückertaktiken meines Gesprächspartners um?
>
> ☐ Welche Abschlusstechniken erscheinen mir für diesen Gesprächspartner am geeignetsten?

Für den ersten Eindruck gibt es keine zweite Chance: Nutzen Sie die Gesetze der verbalen und nonverbalen Kommunikation

Ob privat oder im Beruf: Wir kommunizieren immer auf zwei Ebenen – Inhalts- und Beziehungsebene, Verstand und Gefühl. Das gilt auch für den Verkauf. Die Entscheidung für ein Produkt oder eine Dienstleistung führt letztlich immer über Gefühle, Wünsche und Motive – Emotionen! Der neue Hardseller arbeitet mit diesen Emotionen, er nutzt sie als positive Faktoren im Verkaufsgespräch, damit sein Kunde seine Kaufentscheidung letztlich ohne Kaufreue vor sich selbst verantworten kann: „Super, jetzt habe ich genau das Produkt gefunden, das ich gesucht habe. Mein Verkäufer hat mich ausführlich beraten und ich konnte mir genau das aussuchen, was ich mir vorgestellt habe."

Werden Sie zum Beziehungsprofi

Dabei, einen derart zufriedenen und begeisterten Kunden für sich zu gewinnen, helfen Ihnen beim neuen Hardselling eine Reihe von persönlichen Eigenschaften, die sich zwangsläufig aus einer positiven Einstellung Ihren Gesprächspartnern gegenüber ergeben. Diese Persönlichkeitsmerkmale sind Ausdruck sozialer und emotionaler Kompetenz, die angesichts immer kritischerer und „verwöhnterer" Kunden im Verkauf zunehmend an Bedeutung gewinnt. Welche dieser Eigenschaften, die für seine Kunden wichtig sind, zeichnen nun den Verkäufer im neuen Hardselling ganz speziell aus?

Höflichkeit: Die Beherrschung von Normen (Begrüßung, Anrede, Vorstellung), das Auftreten und Verhalten bei Terminen, Pünktlichkeit, angemessene Sprache und Distanz zum Gesprächspartner sorgen nicht nur für Abstand, sondern bilden in ihren ritualisierten Formen auch die Basis für künftige Verbundenheit mit dem Gesprächspartner. Stellen Sie sich daher immer mit Ihrem vollen Vor- und Nachnamen vor – das wirkt persönlicher und schafft sofort eine Atmosphäre der Freundlichkeit, denn Ihr Name ist Ihre Marke! Ihr Gesprächspartner honoriert die ihm entgegengebrachte Höflichkeit vielleicht nicht immer gleich, Unhöflichkeit jedoch bestraft er sofort: mit autoritärem Verhalten, überzogenen Forderungen, Reklamationen bis hin zur Stornierung von Aufträgen.

Taktgefühl gibt den geschilderten Formen der Höflichkeit erst die „menschliche Wärme" und wird deshalb auch „Verstand des Herzens" genannt. Wer kein Taktgefühl besitzt, macht sich unbeliebt: Es ist altmodisch, aber treffend formuliert die Fähigkeit, sich in den Gesprächspartner „hineinzufühlen", sich in seine Situation zu versetzen und sich selbst die Frage zu stellen: „Wie würde ich an seiner Stelle empfinden?" Zum Beispiel, wenn sich ein sonst freundlicher Gesprächspartner plötzlich abweisend und reserviert verhält. Ohne Taktgefühl wirkt jede Höflichkeitsfloskel leer und aufgesetzt!

Hilfsbereitschaft: Bauen Sie Ihrem Gesprächspartner eine Brücke zu Ihrem Angebot, begleiten Sie ihn über diese Brücke und passen Sie sich dabei dessen Tempo an, statt ihn in großen Schritten mitzuschleifen. Machen Sie es Ihrem Kunden, der ganz in der Welt seines Unternehmens und seiner Branche „gefangen" ist, der die Stärken und Schwächen seines Unternehmens, seine Ziele und Pläne genauestens kennt, möglich, den Weg zur Erfüllung seiner Wünsche zu finden, und führen Sie ihn dorthin. Unterstützen Sie Ihren Kunden, wo immer es geht, bei dessen Aufgaben und Aktionen, helfen Sie ihm dabei, erfolgreich zu sein!

Beharrlichkeit/Hartnäckigkeit: Signalisieren Sie Ihrem Kunden stets Ihr außerordentliches Interesse an der Zusammenarbeit, geben Sie ihm Wertschätzung und schenken Sie ihm unaufhörliche Aufmerksamkeit, selbst wenn sich nicht sofort ein Auftrag daraus ergibt. Bricht ein Verkäufer bereits nach zwei erfolglosen Versuchen einen Kundenkontakt ab, wird das vom Kunden entweder so verstanden, dass der Verkäufer kein wirkliches Interesse an ihm hat oder dass der Verkäufer nicht vom eigenen Angebot überzeugt ist. Bleiben Sie stattdessen dran an Ihrem Kunden, denn ein „Nein" bedeutet nichts anderes, als dass diesem noch ein weiterer (Kauf-)Impuls fehlt.

Sicherheit: Ihr Kunde fürchtet sich vor falschen Kaufentscheidungen – finanziellen Einbußen, Ärger, Mehrarbeit, Vorwürfen von Vorgesetzten etc. Deshalb sollten Sie vorbauen, zum Beispiel durch Referenzen, einen umfassenden Kundendienst und -service, ausführliche Einweisungen und Schulungen, Informationen über neue Produktentwicklungen, Innovationen etc. – einfach, indem Sie Ihrem Kunden das Gefühl geben, als sein persönlicher „24/7-Mann" (24 Stunden am Tag, sieben Tage die Woche) immer für ihn da zu sein!

Zuverlässigkeit: Zur Sicherheit gehört auch, Versprechen zu halten – persönliche, organisatorische (direkte und indirekte Versprechen, die das Unternehmen in den Markt trägt) und erwartete (Erwartungen des Kunden an das Verkäufer-Unternehmen aufgrund bestimmter Erfahrungen mit diesem oder mit anderen Marktmitspielern). Machen Sie niemals Versprechen, die Sie nicht halten können – denn Ihre Aufgabe ist nicht mit dem Verkaufsabschluss beendet, sondern sie beginnt dann erst richtig!

Dankeschön: Bedanken Sie sich bei Ihrem Kunden für dessen Vertrauen, für Reklamationen, die es Ihnen ermöglichen, Ihren Service zu verbessern, für Empfehlungen, die dieser ausspricht – bedanken Sie sich jedoch nicht für einen Termin oder für einen Auftrag! Warum auch sollten Sie das tun? Sie arbeiten höchst professionell, Ihre Zeit ist ebenso kostbar wie die eines potenziellen Kunden, und Sie verschwenden Ihre Zeit nicht an Kunden, die ihr Interesse nur vortäuschen oder nur mal sehen wollen, was Sie so anzubieten haben.

Wir wirken immer – ob wir wollen oder nicht

Unser emotionsgeleiteter Instinkt, unser Urhirn ist wesentlich älter als unsere Ratio, unser logischer Verstand und hat deshalb auch einen wesentlich größeren Einfluss auf unsere Entscheidungen, als wir uns das selbst eingestehen wollen. Aus diesem Grund ist es so wichtig, die Emotionen seines Gesprächspartners zu beachten und seine Gefühlebene zu beeinflussen. Haben Sie erst einmal Ihren Kunden für sich selbst gewonnen, dann werden Sie ihn auch für Ihr Anliegen gewinnen. Dabei spielt es keine Rolle, ob Sie Ihrem Kunden gegenüberstehen oder am Telefon mit ihm sprechen – er ist bereit, mehr zu investieren, wenn Sie es ihm als Mensch wert sind! Und als neuer Hardseller sind Sie es ihm wert!

Ob uns das gefällt oder nicht: Wir wirken immer auf andere – durch die drei Wirkungsfaktoren Inhalt, Körpersprache und Stimme/Sprachmelodie. Stellen Sie sich vor, Sie sitzen im Zug. Ein Mann fragt Sie, ob der Platz Ihnen gegenüber noch frei ist. Sie bejahen, und der Mann, den Sie noch nie zuvor gesehen haben, hängt seine Jacke an den Haken am Fenster und setzt sich mit seiner Tasche hin. Jetzt läuft in Ihnen innerhalb weniger Sekunden ein interessanter Film ab, dessen Regisseur Ihr Unterbewusstsein ist: Wonach schätzen Sie diesen Menschen ein? Ob Aussehen, Kleidung, Bewegung, Mimik, Sprachmelodie, Stimme, Wortwahl, Tasche, Koffer etc. – was er sagt, nehmen wir emotional nur zu sieben Prozent wahr! Vielmehr „beeindrucken" uns seine Körpersprache (55 Prozent) und seine Stimme/Sprachmelodie (38 Prozent), so das Ergebnis einer umfangreichen Studie der University of California (UCLA), die der Psychologe Albert Mehrabian durchführte, als er herausfinden wollte, wodurch Menschen auf andere Menschen wirken.

Beispiel:

Haben Sie schon einmal Kinder beobachtet, die zum ersten Mal aufeinander treffen? Sie werden feststellen, dass diese sehr schnell und intuitiv – ohne ein Wort gewechselt zu haben – entscheiden, ob sie einander sympathisch sind oder nicht. Ihre Emotionen bestimmen ganz allein, ob sie sich streiten oder Freundschaft schließen.

Berücksichtigen Sie den großen Einfluss von Emotionen auf unser Verhalten in Ihrem Planen und Handeln – dann werden Sie erfolgreicher sein als der Durchschnittsverkäufer. Verkaufen ist kein rationaler, sondern ein emotionaler Vorgang! Begegnen Sie deshalb Ihrem Kunden immer mit guter Laune/in guter Stimmung, zuversichtlich, optimistisch, mit positiver Grundhaltung, Einfühlungsvermögen und entsprechendem Selbstbewusstsein.

Die Optik muss stimmen

Können Sie sich bei der Telefonakquise ganz auf die emotionale Wirkung Ihrer Stimme konzentrieren, spielt gerade bei Ihrem ersten persönlichen Kundenkontakt die optische Komponente eine große Rolle dabei, ob Sie überhaupt mit Ihrem Gesprächspartner in weiter führende Verhandlungen treten!

Das äußere Erscheinungsbild

Tragen Sie als Verkäufer Jeans, werden Sie behandelt wie eine Jeans, tragen Sie einen Anzug, werden Sie behandelt wie ein Anzug! Aufgrund des ersten Eindrucks steckt Sie Ihr Gegenüber in eine Schublade, aus der Sie schwer wieder herauskommen, wenn Sie erst einmal gut darin verstaut sind: nachlässig oder gepflegt, konservativ oder modisch, over- oder underdressed, angepasst oder individuell. Kleiden Sie sich also immer einen Tick korrekter, als es Ihr Kunde erwartet – sorgfältige Körperpflege ist ohnehin ein Muss, aber setzen Sie Düfte, Lippenstift etc. eher dezent ein.

Ihr Körper lügt nicht! Sie können körpersprachliche Signale Ihres Gesprächspartners deuten, andererseits erkennen Sie, wie Sie selbst auf ihn wirken – auf diese Weise vermeiden Sie es, durch missverständliche Körpersignale unnötige Gesprächsbarrieren aufzubauen. Besonders zu Beginn eines Gesprächs wird Ihre Wirkung durch Ihre Körperhaltung geprägt – Ihr Gesprächspartner sucht Ruhe und Sicherheit in Ihren Bewegungen, durch natürliche Gestik schaffen Sie deshalb Vertrauen bei Ihrem Kunden.

Suchen Sie noch vor Ihren ersten Worten den Blickkontakt zu Ihrem Gesprächspartner – so schaffen Sie Aufmerksamkeit und Konzentration für Ihre ersten Worte. Augenkontakt schafft Kontakt! Auch während des gesamten Gesprächs erkennen Sie über den Dialog Ihrer Augen die Reaktionen Ihres Gesprächspartners auf das, was Sie sagen – und wie Sie es sagen!

Sprache und Körpersprache sind unmittelbar miteinander verbunden – Ihre Körpersprache ist der Spiegel Ihrer seelischen Befindlichkeit, in Ihrem Körper drücken sich Unsicherheit und Nervosität, Souveränität und Sicherheit aus – kurz: So, wie Sie sich gerade fühlen, so „spricht" Ihr Körper zu Ihrer Umwelt. Andererseits können Sie bewusst Ihre Körpersprache einsetzen, um Ihren Worten noch mehr Ausdruck zu verleihen. Aber Vorsicht! Es gibt keine exakte Bedeutung einer einzelnen Körperhaltung oder Bewegung – entscheidend ist immer das „Gesamtbild"!

Einige Beispiele für körpersprachliche Signale und ihre Bedeutung

Körperhaltung/Bewegung	mögliche Bedeutung/Interpretation
Vermeidung von Blickkontakt	Unsicherheit, Verlegenheit
sich selbst an die Nase greifen	Verlegenheit, Nachdenklichkeit, erwischt worden
vor dem Körper verschränkte Arme	Ablehnung, Abwehr, Verschlossenheit, Selbstschutz
Spielen mit einem Gegenstand (zum Beispiel Kugelschreiber)	Nervosität, Unsicherheit, Suchen nach Halt
Händereiben	Selbstgefälligkeit, Selbstzufriedenheit
Hochziehen der Schultern	Abwehr, Selbstschutz
Wippen mit den Füßen	Sicherheit, Arroganz
abgewandtes Überkreuzen der Beine	Ablehnung, Abwehr
Trommeln mit den Fingern	Nervosität, Ungeduld
weites Nach-hinten-Beugen des Oberkörpers	Desinteresse, Ablehnung, Langeweile
Heben der Augenbrauen	Zweifel, Arroganz
Verkrampfen der Hand zur Faust	Wut, Zorn
Reiben des Kinns	Zufriedenheit, Nachdenklichkeit
weites Vorbeugen des Oberkörpers	Interesse, Ungeduld
Überschlagen der Beine zum Gesprächspartner hin	Sympathie
Fahriges Abnehmen der Brille	Nervosität, Gefühl des Angegriffenwerdens

Stimme, Sprache und Rhethorik

Unsere Stimme und unsere Sprechtechnik – diese umfasst Stimmfarbe (tief/hoch) und Sprechtempo (langsam/schnell, rhythmisch/monoton) – haben weit größeren Einfluss auf die Inhalte unserer Ausführungen, als wir gemeinhin akzeptieren wollen. Wie wir etwas sagen, wirkt zunächst einmal stärker als das, was wir sagen. Wenn Sie wissen, wie Sie Inhalt und sprachlichen Ausdruck kombinieren, verleihen Sie Ihren Worten das nötige Gewicht!

> **Übung**
>
> Nehmen Sie einmal Ihre Stimme auf Band auf. Aber nicht erschrecken! Analysieren Sie ganz unbefangen Ihre Stimme und Sprechtechnik und bitten Sie darüber hinaus Freunde und Bekannte, Ihren Chef und Ihre Kollegen um ein ehrliches Feedback!

KISS – Keep it short and simple: Je präziser und eindeutiger Sie etwas formulieren, desto eher versteht Sie Ihr Gesprächspartner. Leider drücken sich viele Verkäufer oft zu umständlich und langatmig aus – machen Sie sich dagegen bewusst, dass es nicht darauf ankommt, Ihrem Gesprächspartner zu beweisen, was Sie rhetorisch draufhaben, sondern diesem Ihr Anliegen knapp und effektiv verständlich zu machen – Ihre Gesprächspartner werden es Ihnen danken! Ersetzen Sie theoretische Ausführungen durch praxisnahe Darstellungen. Ein ungeschriebenes Journalistengesetz empfiehlt statt langer Schachtelsätze kurze, maximal neun Worte umfassende Sätze mit einer klaren Botschaft. Nutzen Sie dieses Wissen für sich. Vermeiden Sie kraftlose Konjunktive aus falsch verstandener Höflichkeit, denn Konjunktivformulierungen verraten Ihre Unsicherheit: Wer im Konjunktiv spricht oder schreibt, glaubt gar nicht an das, was er sagt oder schreibt. Fazit: Punktgenaue und klare Formulierungen sind die Basis erfolgreicher Verkaufgespräche!

Expertentipp

▶ Vermeiden Sie Formulierungen, die „man" und „eigentlich" enthalten.

▶ Wer „man" sagt, der will keine Verantwortung übernehmen und entpersonalisiert den Verkaufsprozess – dabei ist (Ver-)Kaufen doch ein zutiefst menschlicher, weil emotionaler Vorgang. „Man" ist aber keine (Bezugs-)Person, an die sich Ihr Kunde wenden kann!

▶ „Eigentlich" ist eine Einschränkung, die das Gesagte relativiert – das sorgt beim Gesprächspartner für Verunsicherung: „Eigentlich meint der Verkäufer das – aber was meint er wirklich?" Mit klaren Formulierungen hingegen geben Sie Ihrem Gesprächspartner auch die Sicherheit, die er für seine Kaufentscheidung braucht!

Übung: kraftlose Konjunktive stärken

Hier einige Beispiele für kraftvolle Formulierungen anstelle von kraftlosen Konjunktiven.

kraftloser Wischi-Waschi-Konjunktiv	kraftvolle und klare Formulierung
Unser Terminvorschlag wäre der 19. September.	Unser Terminvorschlag ist der 19. September.
Wir würden uns freuen, wenn wir bald erfahren könnten, für welche Lösung Sie sich entschieden haben.	Bis wann haben Sie sich entschieden, welche Lösung für Sie in Frage kommt?
Das Hauptproblem dürfte darin liegen, dass die Buchhaltung auf eine neue Software umgestellt wurde.	Die Herausforderung liegt in der Umstellung der Buchhaltung auf eine neue Software.
Wären Sie damit einverstanden, wenn wir Ihnen die Ware schon am Dienstag liefern?	Sind Sie damit einverstanden, dass wir Ihnen die Ware schon am Dienstag liefern?

Jetzt sind Sie dran!

kraftloser Wischi-Waschi-Konjunktiv	Ihre kraftvolle Formulierung
Wäre es Ihnen möglich, uns bis zum 10. Oktober Bescheid zu geben?	
Ihre Meinung zum Thema „professioneller Service" würde uns sehr interessieren.	
Könnte unser Angebot Ihren Vorstellungen entsprechen?	
Sollten sich die Zahlungs- und Lieferbedingungen ändern, würden wir die Preise entsprechend anpassen.	
Wenn Ihnen unser Angebot zusagen sollte, könnten wir Sie dann zu unseren Kunden zählen?	
Wir wären Ihnen sehr dankbar dafür, wenn Sie uns Ihren Katalog baldmöglichst zusenden würden.	

Vermeiden Sie Fachchinesisch: Verkäufer sind (Fach-)Experten auf ihrem Gebiet, beschäftigen sich allzu oft mit Details und verlieren so oft genug den Blick fürs Ganze – für das, was ihren Kunden wirklich interessiert. Entsprechend fällt die Wortwahl aus, die vor Fachbegriffen überquillt. Folge: Der Gesprächspartner kann nicht mehr folgen und wartet auf den nächsten Verkäufer, der sich endlich mal klar und verständlich ausdrückt.

Rhetorische Bilder: Unterstreichen Sie Ihre Ausführungen mit aussagekräftigen, plastischen Bildern – so entstehen bei Ihrem Gesprächspartner Emotionen, die seine (Kauf-)Entscheidung beeinflussen – Ihre Aussagen werden mit rhetorischen Bildern glaubwürdiger und einprägsamer. Ein Tipp: Sammeln Sie diese „auf Vorrat", um sie situationsadäquat einzusetzen, das heißt, benutzen Sie immer solche Redewendungen, die Ihren Gesprächspartner in dessen Entscheidung für Sie und Ihr Angebot bestärken. Die deutsche Sprache ist reich an markanten Bildern – nutzen Sie Ihre Kreativität, um das Menü Ihrer Argumentation kräftig zu würzen.

Rhetorische Bilder – eine kleine Auswahl
- „auf Herz und Nieren prüfen"
- „ins Schwarze treffen"
- „des Pudels Kern"
- „den Nagel auf den Kopf treffen"
- „Farbe bekennen"
- „die Katze im Sack kaufen"
- „nicht auf Sand bauen"
- „wissen, wo der Schuh drückt"
- „ins eigene Fleisch schneiden"
- „doppelt genäht hält besser"
- „gegen den Strom schwimmen"
- „die Zunge verbrennen"

Dialekt bringt ein Stück Persönlichkeit in (Verkaufs-)Gespräche, solange das Gesagte klar und verständlich bleibt. Ob Sie Ihren Gesprächspartner mit „Grüß Gott" statt „Guten Tag" begrüßen, muss nicht unbedingt ein Nachteil sein, denn gerade bei überregionalen Kontakten ist ein anderer Akzent oft eine willkommene Gelegenheit für persönliche Worte. Aber Vorsicht! Dialekte neigen dazu, Worte zusammenzufassen oder Wortwendungen zu unterdrücken, und sind dann für „Dialektfremde" schwer zu verstehen – insbesondere am Telefon!

Übung: Nuscheln im Dialekt

Lesen Sie jeden Tag zehn Minuten lang einen Text flüsternd! Sie werden sehen, dass sich Ihre Aussprache nach zwei Wochen deutlich bessern wird!

Sprechpausen: Das kennen Sie doch selbst, oder? Wenn jemand ohne Punkt und Komma auf Sie einredet oder sich dauernd wiederholt, empfinden Sie das als unangenehm – mal abgesehen davon, dass Sie die ganzen Informationen gar nicht so schnell verarbeiten oder gar behalten. Durch den gezielten Einsatz von Sprechpausen kann Ihr Gesprächspartner das Gesagte verdauen, es bekommt Wirkung und Bedeutung! So erhalten Sie die Aufmerksamkeit Ihres Gesprächspartners, der schon gespannt auf das Interessante und für ihn Nützliche wartet!

Sprechgeschwindigkeit: Passen Sie Ihr Sprechtempo an das Ihres Kunden an, legen Sie also je nach Situation einen Zahn zu oder drosseln Sie Ihr Tempo ein wenig – kopieren Sie jedoch nicht die Sprechgeschwindigkeit Ihres Gesprächspartners, ansonsten bekommt er den Eindruck, dass Sie ihn nicht ernst nehmen!

Wiederholungen effektvoll einsetzen: Unserem Unterbewusstsein erscheinen Wiederholungen glaubwürdiger – oft genug gehört, prägt sich das wiederholt Gehörte in unserem Langzeitgedächtnis ein, ob es nun der Wahrheit entspricht oder nicht. Rhetorische Doppelungen haben einen dreifachen Effekt (D = 3W) und geben Ihnen die Möglichkeit, die wichtigen und richtigen Informationen im Gedächtnis Ihrer Kunden zu verankern, diese als Wahrheit erscheinen zu lassen, sodass Sie noch überzeugter und überzeugender auf Ihren Gesprächspartner wirkt. Erinnern Sie sich noch an die uralte Eierlikör-Werbung „Ei, Ei, Ei Verporten"? Oder an den alten Werbeslogan für den VW Käfer? „Er rollt und rollt und rollt ..."

D = 3W

Schon der griechische Philosoph und Rhetoriker Demosthenes wusste um die dreifache psychologische Wirkung, die das Doppeln eines Wortes beim Zuhörer hervorruft. Nachdem er beobachtet hatte, wie erfolgreich ein Fischer seine Ware verkaufte, die er mit „Leute, Leute ... frische, frische Fische, ganz ganz frisch ..." anpries, übernahm er das Prinzip für seine Strafpredigt gegen den damaligen König von Mazedonien und konnte den griechischen Senat damit so sehr überzeugen, dass der König – ein ungeheuerer Akt! – für vogelfrei erklärt wurde.

Überlegen Sie für Ihre Produkte und Dienstleistungen, welche Schlüsselaussagen zu Ihrem Angebot sich für eine rhetorische Doppelung eignen! Mit D=3W haben Sie einen rhetorischen Kniff, der Ihrem Gesprächspartner einen Eindruck davon vermittelt, wie sehr Sie brennen!

„Nein" vermeiden: „Nein" bedeutet Ablehnung und Zurückweisung – und genau das dürfen Sie Ihrem Gesprächspartner auf keinen Fall entgegenbringen. Streichen Sie das Wort so weit wie möglich aus Ihrem Verkaufswortschatz: Konzentrieren Sie sich auf das, was Sie können, und nicht auf das, was Sie nicht können, denn selbst, wenn es weniger ist, als sich Ihr Kunde vorstellt, so klingt es einfach freundlicher – mit positiven Formulierungen lenken Sie Ihren Kunden in die gewünschte (Gesprächs- und Kauf-) Richtung!

Beachten und anerkennen Sie die Gefühle Ihres Gesprächspartners, damit er sich respektiert, angenommen, verstanden und aufgehoben bei Ihnen fühlt. Mit Kommunikations- und Beziehungskillern wie „Das sehen Sie völlig falsch", „Das ist nicht möglich" etc. reizen und verletzen Sie Ihren Gesprächspartner nur: Sie wirken desinteressiert, belehren oder beschuldigen ihn, nehmen ihn nicht ernst – die beste Strategie, um Ihren Kunden zu vergraulen!

Vermeiden Sie überhaupt Worte, die negative Assoziationen bei Ihrem Gesprächspartner auslösen, selbst wenn Ihre Aussage einen positiven Inhalt hat. Solche Worte sind zum Beispiel „störungsfrei", „reibungslos" etc. – denn was bleibt bei Ihrem Gesprächspartner hängen? Richtig: „Störung" und „Reibung". Verwenden Sie daher im Verkaufsgespräch stets Formulierungen, die „gute Gefühle" auslösen, denn in Ihren Aussagen spiegelt sich die Qualität Ihrer inneren Einstellung. Oder wie schätzen Sie die innere Haltung zum Beispiel eines Bekannten ein, der statt „Ich fahre morgens früh los, um nicht im Stau zu stehen" sagt „Ich fahre morgens früh los, weil dann die Straßen frei sind"?

Übung: „Patzke" und „Vaiola" – Negatives positiv formulieren und Beziehungskiller unschädlich machen

Analysieren Sie doch einmal, welche Wirkung die beiden Fantasiebegriffe „Patzke" und „Vaiola" auf Sie haben, indem Sie diese laut und deutlich aussprechen.

„Patzke" klingt sehr hart, fast unangenehm für Ihre Ohren, nicht wahr? „Vaiola" dagegen wirkt weich und „schmeichelt" Ihrem Klangempfinden?

Viele Worte werden im Deutschen von Konsonanten wie eben „p", „t", „z", „k" dominiert, deshalb wird die deutsche Sprache auch von vielen, die nicht mit ihr aufgewachsen sind, als „hart" empfunden.

„Patzke" reizt aber auch Muttersprachler zur Abwehr, klingt es doch aggressiv. Vermeiden Sie also nach Möglichkeit Worte und Formulierungen, die in zweifacher Hinsicht „weh tun". „Kosten" zum Beispiel klingt nicht nur hart, es ist unweigerlich auch mit negativen Assoziationen verknüpft. Besser ist: „Sie erhalten ...", „Sie bekommen ... ", „Sie investieren ...". Nachfolgend eine kleine Übung, mit der Sie Ihre Augen und Ohren für „Patzke" und „Vaiola" schärfen:

negative Formulierung	positive Formulierung
Unser Telefon ist in der Zeit zwischen 12 und 13 Uhr nicht besetzt.	Sie erreichen uns bis 12 Uhr, und dann wieder ab 13 Uhr.
Dafür bin ich nicht zuständig!	Das bearbeitet für Sie Herrr/Frau ...

Viel Spaß beim Umformulieren!

negative Formulierung	Ihre positive Formulierung
Sie müssen erst einmal den Vertrag unterschreiben ...	
Ja, aber ...	
Leider haben wir den von Ihnen gewünschten Artikel nicht vorrätig.	
Ich sehe folgendes Problem ...	
Sie haben mich falsch verstanden!	
Wenn ich Sie mal unterbrechen darf ...	
Sie werden es nicht bereuen, wenn Sie unser Produkt sofort bestellen!	
Die Kosten betragen ...	
Das ist nicht möglich ...	
Das wird nie genehmigt!	
Die von Ihnen gewünschten Unterlagen kann ich Ihnen nicht vor dem 1. April zusenden.	
Nun regen Sie sich doch nicht so auf ...	
Wie kommen Sie denn darauf?	
Wie stellen Sie sich das denn vor?	
(Einen weiteren) Preisnachlass können wir nicht gewähren.	
Darauf kommen wir gleich ...	
Das machen wir immer so!	
Das ist doch unrealistisch!	

Sie-Formulierungen: „Ich" gehört zu den am häufigsten gebrauchten Worten – wir berichten gern über uns, unser Unternehmen, unsere Produkte und Dienstleistungen. Setzen Sie statt „ich", „mein", „unser" verstärkt „Sie" und „Ihr" in Ihrer Argumentation ein! Stellen Sie damit Ihren Kunden in den Mittelpunkt Ihrer Formulierungen und sprechen Sie ihn persönlich an. Sagen Sie Ihrem Gesprächspartner, welche Vorteile, welchen Nutzen dieser mit seiner Lösung erhält, und bringen Sie den Bedarf und die (Kauf-)Motive Ihres Kunden mit Ihrem Angebot in Einklang.

Übung: Ich-/Wir-Formulierungen durch kunden-/partnerbezogene Sie-Formulierungen ersetzen

Ich-/Wir-Formulierungen	Sie-Formulierung
Ich schicke Ihnen das zu ...	Die Unterlagen gehen noch heute an Sie raus.

Legen Sie los!

Ich-/Wir-Formulierungen	Sie-Formulierung
Ich empfehle Ihnen ...	
Ich kläre das für Sie ab ...	
Nach unserer Erfahrung ...	
Wir melden uns wieder bei Ihnen.	
Ich erwarte Ihre Nachricht ...	
Ich brauche noch Folgendes von Ihnen ...	
Ich schlage Ihnen vor ...	
Wir gewähren drei Prozent Preisnachlass ...	
Wir bedanken uns für Ihr Interesse ...	
Wir werden Sie begeistern ...	

„Was machen die Geschäfte?" – Killerfloskeln beim Gesprächseinstieg und wie Sie sie vermeiden

Ersparen Sie sich und Ihrem Kunden nichtssagende Gemeinplätze. Wir sind vor allem bei persönlichen Erstkontakten darauf konditioniert, mit so genannten Eisbrecher-Fragen und Smalltalk eine lockere entspannte Atmosphäre herzustellen. Aber mal ehrlich: Brauchen wir diese Phrasendrescherei wirklich? Oder fragen Sie Ihren Kunden beim Anblick seines Aquariums, ob er Fische liebt?

Standardfloskeln – und was Ihr Gesprächspartner darüber denkt

„Ich war gerade in der Gegend und dachte …"	„Glaubt der wirklich, ich richte meine Terminplanung danach aus, wie er gerade Zeit hat?"
„Ich würde gern mit Ihnen über … sprechen"	„Schon klar – das wollen mindestens 20 Leute am Tag!"
„Das ist Ihnen bestimmt neu."	„Hält der mich für einen Hinterwäldler?"
„Wie geht's?"	„Will der wirklich wissen, wie's mir geht? Der ist doch Verkäufer, das interessiert den doch gar nicht!"
„Finden Sie es heute auch so heiß?"	„Nein – ich trage meinen Kragen offen und habe die Ärmel hochgekrempelt, weil ich mich so unwiderstehlich sexy finde …"
„Was machen die Geschäfte?"	„Was geht den das an? Meint der wirklich, ich spreche mit dem über unsere Zahlen?"
„Das sind wirklich harte Zeiten in der Branche."	„Danke für den Hinweis – hier ist bestimmt noch ein kräftiger Rabatt drin …"
„Folgendes ist bestimmt interessant für Sie …"	„Warum kommt eigentlich jeder Verkäufer auf die Idee, etwas Besonderes, anderes als die anderen zu haben? Das höre ich jeden Tag ein Dutzend Mal – ich bestimme schon selbst, was für mich interessant ist!"
„Haben Sie gerade etwas Zeit für mich?"	„Ich habe bestimmt Wichtigeres zu tun, als einem Vertreter bei seinem Sprüchen zuzuhören. Wie werde ich den bloß los?"
„Ihr Unternehmen ist beeindruckend …"	„So ein Schwätzer … erst mal ein bisschen Süßholz raspeln und Honig ums Maul schmieren, was?"

In Anlehnung an: Rolf H. Ruhleder, Verkaufstraining intensiv. Renningen, 2. Auflage 2000

Wenn Sie schon nach einer unverfänglichen Gesprächseröffnung suchen, dann beginnen Sie nicht mit Standardformulierungen, sondern stellen Sie Ihrem Kunden stattdessen Fragen zu aktuellen Geschehnissen am Markt oder sprechen Sie neueste Entwicklungen in der Branche an – das wird Ihren Gesprächpartner sicherlich bedeutend mehr interessieren. Aber letzlich empfindet Ihr Gesprächspartner jeden Gesprächseinstieg, so informativ und /oder originell er auch sein mag und so sehr dazu beiträgt, die Gesprächsatmosphäre zu lockern, als Geplänkel, bevor es „ans Eingemachte" geht. Warum also nicht gleich, ohne Umschweife, zum Wesentlichen kommen?

Sitzposition und Getränkefrage

Wenn Sie von Ihrem Gesprächspartner in dessen Büro und in einen Besprechungsraum geführt werden, sollten Sie niemals fragen, wo Sie sich hinsetzen dürfen – es sei denn, Ihr Platz ist zum Beispiel durch vorbereitete Unterlagen von vornherein festgelegt. Suchen Sie sich gleich die für Sie günstigste Sitzposition aus – das Fenster im Rücken, die Tür im Auge, den Kunden übers Eck. In der Skizze auf Seite 134 wäre das demnach Stuhl 6, Ihr Gesprächspartner setzt sich idealerweise auf Position 1.

„Besetzen" Sie gleich, nachdem Sie den Besprechungsraum betreten haben, den für Sie günstigsten Stuhl, indem Sie Ihre Tasche bzw. Unterlagen darauf ablegen und ihn ein wenig zurückziehen.

Haben Sie zwei Gesprächspartner, sorgen Sie dafür, dass sich diese auf den Positionen 1 und 2 platzieren; handelt es sich um drei Gesprächspartner, setzen sich diese am besten auf die Stühle 1, 2 und 3. Bringen Sie selbst ein oder zwei Kollegen mit, dann nehmen diese neben Ihnen Platz (Positionen 4 und 5).

Wie erreichen Sie aber – fragen Sie jetzt zu Recht –, dass sich Ihre Gesprächspartner auch wirklich auf die Stühle setzen, die für Ihre Verhandlungsposition am besten sind? Antwort: Sie zücken sofort Ihre Visitenkarten und legen sie an den entsprechenden Positionen auf den Tisch. Werden Sie zunächst von einer Assistentin in den Besprechungsraum geführt, wo Sie auf Ihre(n) Gesprächspartner warten, haben Sie genug Zeit, die beste Verhandlungsposition für sich „auszutüfteln" – zum Beispiel, indem Sie vorbereitete Kaffeetassen und/oder Gläser an den für Sie günstigen Positionen platzieren. Sie werden sehen: Ihre Gesprächspartner werden Ihrem „Arrangement" folgen, denn der Mensch ist ein Gewohnheitstier – uns ist anerzogen worden, uns dorthin zu setzen, wo (saube-

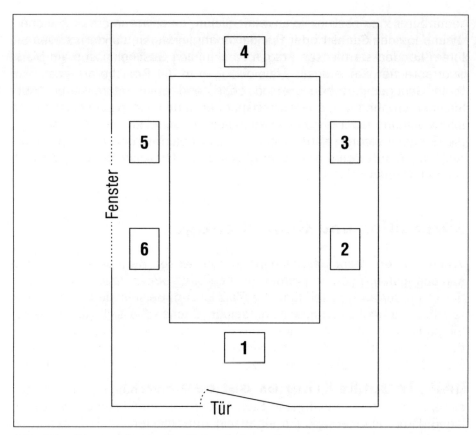

Mögliche Sitzpositionen in einem Besprechungsraum

res) Geschirr oder andere „Platzhalter" wie Namensschilder oder eben Visitenkarten stehen bzw. liegen.

Stuhl 6 ist für Sie auch deshalb der beste Sitzplatz, weil Sie so auch der Peinlichkeit vorbeugen, während des Gesprächs immer blinzeln zu müssen, wenn die Sonne in den Besprechungsraum und damit direkt in Ihr Gesicht scheint. Sollte Ihren Gesprächspartner die Sonne blenden, muss dieser selbst aufstehen und die Jalousien herunterlassen.

Mit dieser Sitzposition haben Sie Ihre Gesprächspartner im Blick und halten Augenkontakt mit allen Beteiligten. Außerdem bemerken Sie, wenn Ihre Gesprächspartner versuchen, sich zwecks Absprachen, zum Beispiel in Preisverhandlungen, Zeichen zu geben.

Üblicherweise bietet Ihnen Ihr Gesprächspartner zu Beginn ein Getränk an. Während Tina Farblos und Olaf Grauemaus mit dem Hinweis zum Beispiel auf mehrere Tassen Kaffee, Gläser Wasser, Orangensaft etc., die sie heute bereits (angeblich) konsumiert haben, ablehnen, nehmen Sie ohne falsche Bescheidenheit oder Rücksichtnahme das Getränkeangebot an – schließlich lockert das die Atmosphäre gerade zu Beginn des Verkaufsgesprächs auf, während ein „Nein danke" doch eher bremsend wirkt. Psychologisch gesehen bedeutet das: Erst nehmen Sie etwas von Ihrem Gesprächspartner an, später nimmt dieser Ihr Kaufangebot an. Ist Ihr Gesprächspartner Teetrinker, bevorzugen Sie aber eher Kaffee, dann fragen Sie nach einem Kaffee. Damit signalisieren Sie Ihrem Gesprächspartner: „Hey Kunde, ich bin da, um dir etwas Gutes zu tun. Schenk' mir also deine Aufmerksamkeit!"

Ebenso verhält es sich mit dem Rauchen. Bietet Ihr Gesprächspartner Ihnen eine Zigarette an, nehmen Sie an – wenn Sie selbst Raucher sind, versteht sich. Das lockert nicht nur die Gesprächsatmosphäre, sondern sorgt darüber hinaus für einen Solidarisierungseffekt, schließlich sind Raucher mittlerweile eine Randgruppe ... Als Nichtraucher lehnen Sie selbstverständlich das Angebot ab – mit einer netten Geste, einem Lächeln, das Wertschätzung für die Aufmerksamkeit des Gesprächspartners verrät, und vor allem einer Formulierung, die ein „Nein" ausspart: „Danke, Herr Kunde, ich halte mich an den Kaffee."

BAP®-Technik: Bring es auf den Punkt

Die BAP-Technik beruht zum einen auf der Überzeugung, dass unsere Kunden nur so lange mit uns zusammenarbeiten, wie sie Nutzen von uns haben, zum anderen darauf, dass sich „Keine Zeit" in den letzten Jahren zum Haupteinwand unserer Kunden bei Akquiseversuchen entwickelt hat.

Kommen Sie daher ohne Umschweife zum Wesentlichen – herauszufinden, welche Lösung Sie Ihrem Kunden bieten können. Weshalb sonst haben Sie denn den persönlichen Gesprächstermin vereinbart? Ihre Devise sollte lauten: Erst Business, dann Smalltalk (wobei natürlich kulturelle Unterschiede berücksichtigt werden müssen: So gehört der Smalltalk in den USA, in arabischen und ostasiatischen Ländern zum festen Ritual des Geschäftstermins).

Smalltalk kann darüber hinaus negative Emotionen bei Ihrem Kunden auslösen – stellen Sie sich einmal folgende Situation vor: Sie fahren auf den Hof seines Firmengeländes und bemerken den neuen Jaguar vor dem Bürogebäude. Froh, einen Gesprächseinstieg zu haben, sprechen Sie ihn auf seinen tollen neuen Wagen an – und ernten erst einmal eine 20-minütige Jammer-Arie über das schlechte Auto, das innerhalb kürzester Zeit schon dreimal in die Werkstatt musste, ganz abgesehen davon, dass seine Frau immer meckert, weil sie doch lieber einen SLK wollte ...

Gesprächseinstieg mit der BAP-Technik

Die BAP-Technik beginnt, wenn Sie und Ihr Kunde am Verhandlungstisch Platz genommen haben – auf dem Weg zum Büro ist durchaus ein intelligenter Smalltalk mit einem originellen Aufhänger oder einem pfiffigen Gesprächseinstieg möglich (bitte keine von den auf Seite 132 aufgelisteten Standardfloskeln!), den Sie aber stoppen, sobald Sie sich beide hingesetzt haben. Tina Farblos und Olaf Grauemaus beginnen in dieser Situation als erste, von sich aus zu reden – und bringen sich auf diese Weise sofort in eine schwächere Gesprächs- und Verhandlungsposition. Nicht so Sie, wenn Sie das neue Hardselling umsetzen: Sie schweigen so lange (maximal vier Sekunden – Sie zählen „21 ... 22 ... 23 ..."), bis Ihr Kunde zu sprechen beginnt – hier kommen drei Möglichkeiten in Frage:

▶ Der Kunde beginnt selbst mit Smalltalk – Sie gehen darauf für kurze Zeit ein, schwenken dann aber mit einer begründeten offenen Frage (siehe unten) auf das Gesprächsthema ein.

▶ Der Kunde beginnt von selbst über das Gesprächsthema zu sprechen – was Sie nur begrüßen, denn das ist für Sie der Startschuss, um mit Fragen das nun folgende Gespräch zu führen.

▶ Der Kunde schweigt ebenfalls etwa vier Sekunden – Sie eröffnen daraufhin das Gespräch mit einer begründeten offenen Frage.

Die begründete offene Frage

Diese Art der Frage begründet aus sich heraus, warum sie überhaupt gestellt wird. Wichtig ist dabei die Reihenfolge: Erst Begründung der Frage, dann die Frage selbst – sonst fühlt sich Ihr Gesprächspartner gleich zu Beginn von Ihnen ausgefragt, und das wäre ein denkbar schlechter Gesprächsbeginn!

> **Beispiel:**
> „Herr ..., damit Sie genau die Informationen bekommen, die für Sie wichtig sind: Worauf legen Sie bei ... besonderen Wert?"

Vermeiden Sie die Frage, ob Ihr Gesprächspartner Ihr Unternehmen kennt. Sind Sie für eine (welt-)bekannte Marke tätig, wirkt die Frage schulmeisternd, wenn nicht sogar überheblich. Außerdem bereiten sich professionell arbeitende Kunden ihrerseits auf den Gesprächstermin vor, indem sie sich Informationen über Ihr Unternehmen, Ihre Produkte und Dienstleistungen, über Ihren Wettbewerb und, wenn möglich, auch über Sie selbst besorgen. Kennt Ihr Gesprächspartner Ihr Unternehmen wider Erwarten nicht, blockiert das zu erwartende „Nein" das folgende Gespräch erheblich, denn ein „Nein" des Gesprächpartners zu Beginn des Verkaufsgespräches ist immer sehr schwer in eine positive Richtung umzulenken!

Notizen machen

Mit Notizen zeigen Sie Ihrem Kunden, dass Sie seinen Bedarf und seine Wünsche und Anforderungen wirklich ernst nehmen. Motivieren Sie ihn daher mit Kopfnicken und fleißigem Mitschreiben zum Weitersprechen – schließlich ist es ja auch Ihr Ziel in dieser Gesprächsphase, möglichst viele Informationen für Ihre Angebotsargumentation im weiteren Verkaufsprozess zu sammeln! Geben Sie Ihrem Gesprächspartner frühzeitig das Signal, dass Sie mitschreiben werden: „Herr Kunde, das sind jetzt sehr wichtige Informationen für das Angebot – das schreibe ich mit!" Nicken Sie dabei, denn Nicken steckt an! Fragen Sie nie, ob Sie sich Notizen machen dürfen – denn damit bringen Sie sich selbst in die Position des Untergebenen (siehe Seite 15 ff.) – und das widerspricht Ihrem Selbstverständnis als gleichberechtigter Partner Ihres Kunden im neuen Hardselling.

Aktive Hinhör-Laute

Unterstützen Sie das Mitteilungsbedürfnis Ihres Gesprächspartners über Ihre Notizen hinaus mit kurzen Bestätigungslauten wie „Ah ja ...", „Hhmmm ...", „Ich verstehe ...", „Ein interessanter Punkt ..." etc. In Kombination mit weiterführenden offenen Fragen zum Thema animieren Sie ihn zum Weitersprechen, bis Sie ausreichend Ansatzpunkte für Ihre Angebotsargumentation und Ihre Lösung für Ihren Kunden haben.

DEA – dezente Anerkennung

Mit ein paar cleveren Kniffen haben Sie Ihrem Gesprächspartner wichtige Informationen entlockt, die Sie in die Lage versetzen, Ihr Angebot ganz individuell auf seinen Bedarf, seine Wünsche und seine Motive abgestimmt zu präsentieren. So ganz nebenbei – jedoch durchaus ganz bewusst – haben Sie die Gesprächsanteile deutlich zugunsten Ihres Kunden verschoben und damit eine positive Gesprächsatmosphäre geschaffen, in der sich Ihr Kunde pudelwohl fühlt. Psychologen gehen davon aus, dass wir täglich mindestens sechs „psychische Streicheleinheiten" zum Beispiel in Form einer anerkennenden Bemerkung für unser seelisches Gleichgewicht benötigen – und das geschieht im Berufsalltag selten genug! Loben Sie also Ihren Gesprächspartner dafür, dass er Ihnen so viele Ansatzpunkte für Ihre Angebotspräsentation geliefert hat:

- „Herr ..., ich merke, Sie kennen sich aus."
- „Sie stehen mitten im Thema!"
- „Sie sind wirklich toll vorbereitet auf unser Gespräch!"
- „Gut, dass Sie es so klar gesagt haben."

Übertreiben Sie aber nicht mit Ihrer Anerkennung – sie muss ganz natürlich wirken, spontan aus der Gesprächssituation „geboren". Verwenden Sie keinesfalls auswendig gelernte Lobformulierungen, denn damit machen Sie sich unglaubwürdig und vergiften die positive Gesprächsatmosphäre, die Sie ja schon geschickt aufgebaut haben!

Detailfragen zur Wertestruktur Ihres Kunden

Durch weitere offenen Fragen erfahren Sie, welchen Stellenwert die vom Kunden bereits genannten Details für ihn haben – diese Fragen stellen also eher auf die Kaufmotive Ihres Kunden ab, um ein Gefühl für seine Denkweise, seine Wünsche, (Wert-)Vorstellungen und Bedürfnisse zu bekommen:

- „Herr ..., Sie sagten, dass ... für Sie entscheidend ist. Aus welchem Grund ist dieser Punkt so wichtig für Sie?"
- „Herr ..., was verstehen Sie unter gutem Marketing/unter schnellem Service?"

Hier geben Sie Ihrem Gesprächspartner sehr viel Raum, um sich „auszubreiten" – driftet er in seinen Ausführungen zu sehr ab, dann setzen Sie die Lobtechnik nach DEA ein, um ihn zum Thema zurückzuführen!

Lösung mit der MONA®-Technik

Die bis zu diesem Punkt des Gesprächs gesammelten Informationen – und die, die Sie im Vorfeld Ihres Besuchs über das Unternehmen und Ihren Gesprächspartner bereits zusammengetragen haben – arrangieren Sie nun in einer Nutzenargumentation, die sich vor allem an den Vorteilen Ihres Produkts/Ihrer Dienstleistung für Ihren Kunden und seinen Kaufmotiven orientiert: „... das hat für Sie den Vorteil ..." (siehe ausführlich zur MONA-Technik im folgenden Kapitel, Seite 170 ff.)

Die Abschlussfrage mit der BAP-Technik

Wenn Sie alle wichtige Informationen notiert, Ihren Kunden mit DEA gelobt und ihm eine Lösung angeboten haben, ist die nun folgende Abschlussfrage – auch ohne dass Sie Ihr Produkt/Ihre Dienstleistung detailliert präsentiert haben – nur ein Zeichen Ihrer konsequenten Abschlussorientierung. Das ist BAP-Technik in Reinkultur und zeichnet Sie als neuen Hardseller aus: Bringen Sie das Gespräch auf den Punkt!

Eine zögerliche oder auch eine durchaus mögliche negative Antwort Ihres Gesprächspartners können Sie nutzen, denn Sie erfahren frühzeitig im Verkaufsprozess, welche Voraussetzungen noch nicht erfüllt bzw. welche Punkte Ihnen noch nicht bekannt sind, die aber für Ihren Kunden eine entscheidende Rolle spielen:

Neuer Hardseller: „Herr ..., angenommen, Sie überzeugen sich gleich selbst davon, dass unser Angebot Ihre Anforderungen genau trifft, kann ich Sie dann hier und heute zu meinem Kunden zählen?"

Kunde: „Mal schauen ..."	*Kunde:* „Nein!"
Neuer Hardseller: „Welche anderen Punkte müssen denn noch erfüllt sein, damit wir Geschäftspartner werden?"	*Neuer Hardseller:* „Ok, gut, dass Sie so offen antworten: Was müssen wir tun, um aus Ihrem Nein ein Ja zu machen?"

Jetzt liefert Ihnen Ihr Kunde weitere Hintergrund-Informationen, die Tina Farblos und Olaf Grauemaus vielleicht sonst nie erfahren hätten!

Nur für ganz Mutige: Gratulation

Hier verrate ich Ihnen eine Abkürzung, die sich anbietet, wenn Sie sich bereits aufgrund der Antworten Ihres Gesprächspartners auf Ihre ersten offenen Fragen – und der Informationen aus Ihrer intensiven Besuchsvorbereitung – ein komplettes Bild vom Bedarf, den Wünschen und (Kauf-)Motiven Ihres Kunden machen konnten. Fügen Sie Ihrem Lob (siehe DEA – dezente Anerkennung) oder spätestens Ihrer Lösung eine der folgenden oder vergleichbare Formulierungen hinzu:

- „Herzlichen Glückwunsch, Herr ..., Ihr neuer Partner auf dem Gebiet ... sitzt vor Ihnen!"
- „Genau das, was Sie suchen, bekommen Sie von uns!"
- „Gratulation, denn Sie sind für uns genau der richtige Partner!"

Mit der Umsetzung des BAP-Technik-Gesprächsleitfadens stellen Sie in einem absolut partnerschaftlichen Dialog Ihre schnelle Lösungsorientierung und Ihren konsequenten Abschlusswillen unter Beweis, ohne dass Sie Ihrem Gesprächspartner den Eindruck vermitteln, ihn nur um eines schnellen Abschlusses willen über den Tisch zu ziehen – wie es der alte Hardseller gern getan hat!

Expertentipp

Ganz mutige neue Hardseller nutzen die BAP-Technik-Abschlussfrage als Einstiegsformulierung: „Mal angenommen, Herr Kunde, ich kann Sie hier und heute davon begeistern, dass wir für Sie der richtige Partner sind, haben wir Sie dann als neuen Kunden gewonnen?"

Zu frech, zu offensiv, gerade als Einstiegsfrage, finden Sie? Was meinen Sie, was Ihr Kunde erwidern wird? Vier Möglichkeiten:

- „Schauen wir mal ..."
- „Vielleicht ..."
- „Ja, wenn das Preis-Leistungs-Verhältnis stimmt ..."
- „Ja, wenn mir Ihr Angebot gefällt ..."

Selbstverständlich wird Ihr Kunde nicht gleich zu Beginn begeistert in Ihr Angebot einwilligen. Als erfolgreicher Verkäufer wäre Ihnen das auch zu billig, oder? Sie erreichen aber mit diesem Vorgehen zweierlei: Zunächst einmal stellen Sie sofort eine emotionale Bindung zwischen Ihnen und Ihrem Kunden her – durch die persönliche Ansprache und die Aussicht, Partner zu werden. Darüber hinaus machen Sie Ihrem Kunden klar, dass Sie wegen des Auftrags kommen, denn das ist Ihr Job! Warum also um den heißen Brei herumreden, warum nicht die Dinge beim Namen nennen?

Bedarfs- und Motivermittlung: Aktiv hinhören und die richtigen Fragen stellen

Wann kaufen Kunden? Zu dem Zeitpunkt, an dem ihr Bedarf und das dazugehörige Angebot in ihrem Bewusstsein in einem richtigen Verhältnis stehen – diesen Moment zu erkennen, wird Ihre Stärke, wenn Sie das neue Hardselling beherrschen!

Warum kaufen Kunden? Eine Studie speziell für den Einzelhandel ergab vor einiger Zeit, dass sich Verkaufen in Zukunft vor allem um die drei Themen Convenience/Bequemlichkeit, Preis und die emotionale Dienstleistung (denken Sie an „The Age of Save", vergleiche Seite 18) des Einkaufens drehen wird – das sind drei von sieben Kaufmotiven, die den B2C- und den B2B-Bereich abdecken:

- ▶ Sicherheit
- ▶ Wirtschaftlichkeit
- ▶ Prestige
- ▶ soziale Gründe (wie Gruppenzugehörigkeit)
- ▶ Interesse an Neuem
- ▶ Bequemlichkeit
- ▶ Umwelt/Gesundheit

Je nach Branche, Produkt und Vertriebsweg variieren diese Kaufmotive in ihrer Gewichtung – aber noch viel wichtiger ist: Für fast jedes Produkt findet jeder Käufer seine ganz eigenen Gründe! Schätzt der eine am Auto die Sicherheitsaspekte, findet eine andere Kundin die Innenausstattung bestechend, ein dritter Kunde wiederum hebt die Beschleunigung hervor, für den vierten ist der Wiederverkaufswert das entscheidende Argument – diese Vielfalt an unterschiedlichen Kaufmotiven ist letztlich das Ergebnis des ganz individuellen Motivprofils jedes Menschen. Die Herausforderung für Sie besteht letztlich darin, die individuellen Motive aus Ihren Kunden „herauszukitzeln" – zu erkennen, woher der Kunde kommt und wohin er will.

Hier ist viel Raum für die Individualität, Sensibilität und Kreativität. Analysieren Sie die Situation Ihres Kunden: Was bewegt ihn? Was ist für ihn wichtig? Wo hat er eine schwierige Situation zu lösen? Analysieren und „erfühlen" Sie die Motive Ihres Kunden genau und bedienen Sie diese ganz selbstverständlich – je besser, desto erfolgreicher, egal, in welcher Branche Sie auch arbeiten, egal welches Produkt oder welche Dienstleistung Sie verkaufen.

Nicht zuhören, sondern aktiv hinhören!

Ihr Kunde sollte mindestens 50 Prozent Ihrer gemeinsamen Gesprächszeit reden: von seinem Unternehmen, seiner gegenwärtigen Situation und vor allem von seinen Motiven.

In lockerer und entspannter Atmosphäre ist Ihr Kunde leichter zu überzeugen und zu begeistern! Ihr Ziel sollte sein, dass Ihre Kunden zu 70 bis 80 Prozent der Zeit des Verkaufsgespräches reden. Getreu dem EMMA-Wahlspruch: *Erzähl' mir mal alles!*

Eine groß angelegte Befragung von „The Forum Corporation" über Verkäuferverhalten unter Kunden aus den unterschiedlichsten Branchen ergab, dass sich 39 Prozent der Kunden über Verkäufer ärgern, die nicht richtig zuhören und damit auch nicht ihre wirklichen Wünsche verstehen. Ein entscheidender Grund liegt darin, dass schon in der Schule die Fähigkeit des Hinhörens – nicht des Zuhörens! – im Vergleich zu Schreiben, Lesen und Reden vernachlässigt wird.

Der Unterschied zwischen *Zuhören* und *Hinhören*

Beim *Zu*hören lassen wir unseren Gesprächspartner zwar reden, doch letztlich hören wir nur auf das, was wir vor dem Hintergrund unserer eigenen Erfahrungen und unserer eigenen Persönlichkeit begreifen. Wie formulierte es einer meiner Trainingsteilnehmer einmal: „50 Prozent der Menschen drücken sich unklar aus, die anderen 50 Prozent hören nicht richtig zu ..."

Beim *Hin*hören dagegen hören wir in unseren Gesprächspartner hinein, wir erfassen seine Gedanken und Gefühle – ein aufmerksamer *Hin*hörer gewinnt neue Erkenntnisse und Erfahrungen, weil er lernt, Dinge von einem anderem Blickwinkel aus zu betrachten.

Aktives Hinhören ist die Basis erfolgreicher (Verkaufs-)Kommunikation. Wichtig ist dabei, mit eigenen Worten zu beschreiben, ob und wie wir die Botschaft unseres Gesprächspartners verstanden haben. Durch dieses Paraphrasieren hat er die Chance, mögliche Missverständnisse zu klären, darüber hinaus signalisieren wir ihm, dass wir seinen Ausführungen aufmerksam und interessiert folgen.

Bausteine für aktives Hinhören

Hören Sie hin!

- ▶ Konzentrieren Sie sich auf das, was Ihr Gesprächspartner sagt und meint.
- ▶ Finden Sie das Interessante in den Ausführungen Ihres Gesprächspartners heraus und nutzen Sie die Gelegenheit, sich selbst zu fragen: „Welche Informationen in den Ausführungen meines Gesprächspartners kann ich nutzen?"
- ▶ Bewerten Sie den Inhalt der Ausführungen Ihres Gesprächspartners, nicht seine Sprechweise – konzentrieren Sie sich auf die Inhalte und überhören Sie eventuelle Sprachmängel.
- ▶ Worauf kommt es Ihrem Gesprächpartner an? Was will er wirklich? Was sind seine Motive?
- ▶ Welchen Nutzen, welche Lösungen hat sein Beitrag für Sie, für ihn und Ihre Partnerschaft?

Kontrollieren Sie Ihre Gedanken

- ▶ Bleiben Sie zurückhaltend – urteilen und antworten Sie nie, bevor Sie nicht alles richtig erfasst und verstanden haben.
- ▶ Fassen Sie in eigenen Worten zusammen, was Sie verstanden haben (Paraphrasieren) – nur was Sie verstanden haben, kann Grundlage für den Fortgang des Gespräches sein.
- ▶ Profitieren Sie davon, dass Ihre Gedanken schneller sind als das gesprochene Wort Ihres Gesprächspartners – wägen Sie ab, was Sie hören, denken Sie voraus, fassen Sie das Gehörte gedanklich zusammen, bewerten Sie die Aussagen und hören Sie auf Untertöne in der Stimme Ihres Gesprächspartners.
- ▶ Akzeptanz des Gesprächspartners ist die Grundlage für gegenseitiges Verständnis. Seien Sie tolerant – ordnen Sie Subjektives richtig ein und regen Sie sich nicht darüber auf.

Erleichtern Sie sich das Hinhören

- ▶ Machen Sie möglichst täglich Konzentrationsübungen.
- ▶ Denken Sie nicht, während der andere spricht.
- ▶ Seien Sie offen und ehrlich gegenüber Ihrem Gesprächspartner.
- ▶ Zeigen Sie Ihrem Gesprächspartner Ihre Verbundenheit.
- ▶ Widerstehen Sie Ablenkungen und tolerieren Sie Sprachmängel Ihres Gesprächspartners.

- ▶ Seien Sie flexibel, notieren Sie nur Wichtiges und richten Sie sich dabei nach Ihrem Gesprächspartner.
- ▶ Machen Sie sich nach dem Gespräch zusätzlich eigene Notizen.

Übung

Zeigen Sie Ihrem Gesprächspartner durch die positive Wiederholung seiner Aussagen, dass Sie nicht nur die Inhalte seiner Ausführungen verstanden, sondern auch seine Gefühle erfasst haben. Formulieren Sie die Aussagen in der linke Spalte in Ihren eigenen Worten:

Aussagen Ihres Gesprächspartners	Ihre Antwort
„Mit Ihren letzten Wartungsarbeiten bin ich ganz und gar nicht mehr zufrieden."	„Was müssen wir tun, damit Sie wieder voll und ganz zufrieden sind?"
„Immer muss ich für alle anderen mitdenken!"	„Habe ich Sie richtig verstanden, dass Sie für Ihre Kollegen mitdenken müssen?"
„Gute Idee – ob das was für mich ist, kann ich noch nicht beurteilen ..."	
„Sie sind immer in Lieferverzug – nie halten Sie Ihre Terminzusagen!"	
„Klar mussen Sie Ihren Service anbieten. Aber glauben Sie mir: Wenn ich etwas will, melde ich mich schon von selbst."	
„Sie sind zu spät – ich habe gestern schon bei Ihrem Wettbewerb bestellt!"	
„Ihr Produktportfolio ist schon interessant – schade, dass Sie mir das nicht schon eher angeboten haben!"	
„Prima, dass Sie mich heute anrufen! Vereinbart hatten wir doch den letzten Donnerstag – da hatte ich mit Ihrem Anruf gerechnet!"	

Auch bei positiven Aussagen Ihrer Kunden lohnt es sich, diese mit dem kontrollierten Dialog (mehr dazu auf Seite 185) zu wiederholen, um das positive Gefühl Ihres Kunden zu verstärken.

Wenn der Kunde von seinen Vorstellungen, Bedürfnissen und Motiven spricht, gewährt er Ihnen tiefe Einblicke in seine Emotionen. Beachten und anerkennen Sie seine Gefühle, auch wenn Sie selbst anderer Meinung sind – vermitteln Sie Ihrem Gesprächspartner das Gefühl, dass Sie ihn annehmen, verstehen und respektieren, er will sich bei Ihnen geborgen und aufgehoben fühlen! Das bedeutet nicht, dass Sie Ihrem Kunden nach dem Mund reden und alles abnicken, was er von sich gibt – im Unterschied zu Tina Farblos, Olaf Grauemaus und anderen Ja-Sagern sollten Sie beim neuen Hardselling Ihre Meinung auch dann vertreten, wenn Ihr Gesprächspartner eine andere Auffassung hat. Versuchen Sie vielmehr, diesem durch Ihre konsequente Haltung eine Brücke zu Ihrem Angebot zu bauen, ihm neue (und positive) Blickwinkel zu vermitteln – und das werden Sie wohl kaum, wenn Sie Ihrem Kunden ausnahmslos Recht geben ...

Fragen, Fragen, Fragen

Wer fragt, der führt: Monologe langweilen Ihren Kunden und führen auch nicht zum Ziel – Dialoge dagegen entstehen durch Fragen: Ihr Kunde erwartet einen partnerschaftlichen Dialog – ganz abgesehen davon, dass Sie mit Fragen das Gespräch führen und so den Bedarf, die Motive sowie andere Entscheidungskriterien erhalten, die Sie in Ihrem spezifischen Angebot dann berücksichtigen (müssen).

Überlegen Sie deshalb bei der Vorbereitung auf den (Erst-)Gesprächstermin auch, welche Fragen Sie Ihrem Gesprächspartner für Ihre Bedarfs- und Motivermittlung stellen wollen, denn, wie es mein Kollege Andreas Bornhäuser auf den Punkt bringt: Wer viel fragt, nervt – wer nicht richtig fragt, trifft nie den Nerv!

> **Expertentipp**
>
> Nicht nur in der Bedarfs- und Motivanalyse sind Frage-Einstiegsformeln wie „Wenn ich mal fragen darf ..." völlig unangebracht. Sie transportieren zum einen eine unterwürfige Haltung des Verkäufers – mit fatalen Folgen für den weiteren Verkaufsprozess (siehe zur Dominanz- und Untergebenenrolle Seite 28). Zum anderen kündigen sie dem Gesprächspartner eine wichtige Frage bzw. einen heiklen Aspekt an – es verunsichert ihn, wenn der Verkäufer schon von selbst so viel Gewicht auf das legt, was jetzt folgt. Stellen Sie Ihre Fragen hingegen ohne Umschweife ganz einfach, direkt und selbstverständlich.

Geschlossene Fragen kennen als Antwort nur eine Information, meist „Ja" oder „Nein". Auch Fragen, die nur mit einer Zahl, Farbe oder einer bestimmten Eigenschaft beantwortet werden können, zählen wir zu diesem Fragetyp.

> **Beispiel:**
>
> „Passt es Ihnen am Montag um neun Uhr?"
> „Welche Farbe soll Ihr nächstes Auto haben?"

Formulieren Sie eine geschlossene Frage stets so, dass ein „Ja" Ihres Gesprächpartners zu erwarten ist, denn ein „Nein" ist sehr schwer zu überwinden, weil sich damit das gesamte neuromuskuläre System des Gesprächspartners auf Verkrampfung und Ablehnung einstellt.

Offene Fragen werden üblicherweise mit mindestens einem Satz beantwortet und beinhalten somit viel mehr Informationen als andere Fragetypen.

> **Beispiel:**
>
> „Wie sind Ihre Erfahrungen mit ...?"
> „Welche Anforderungen stellen Sie an ...?"

Streichen Sie allerdings Fragewörter wie „warum?", „weshalb?" und „wieso?" aus Ihrem Wortschatz, denn Ihr Gesprächspartner könnte sich durch solch ein „Nachbohren" unter Rechtfertigungsdruck gesetzt fühlen und mit Ablehnung und Gesprächsblockaden reagieren – obwohl ja jede seiner (Kauf-)Entscheidungen in der Vergangenheit richtig war .... Stellen Sie Ihre Frage positiv und zukunftsorientiert!

> **Beispiel:**
>
> „Warum haben Sie damals keinen Wartungsvertrag abgeschlossen?"
>
> Besser:
>
> „Welche Vorteile sehen Sie, wenn Sie in Zukunft eine Full-Service-Vereinbarung haben?"

Alternativfragen geben zwei (für Sie positive) Lösungsmöglichkeiten vor – damit verhindern Sie ein „Nein" und lassen Ihrem Gesprächspartner die Wahl. Ein Tipp: Stellen Sie immer die Alternative, die Sie selbst favorisieren, an das Ende Ihrer Frage – denn das zuletzt Ausgesprochene prägt sich beim Hörer stets am besten ein.

Die früher in jeder Verkäuferschulung gepredigte Form der platten Alternativfrage ist nicht mehr zeitgemäß, weil sie von unseren Kunden schon längst als plumper Überrumpelungsversuch durchschaut wird. Trotzdem greifen auch heute noch Tina Farblos und Olaf Grauemaus auf die scheinbar bewährte Technik zurück: „Passt es Ihnen am Montag um 11 Uhr oder besser am Mittwoch Nachmittag?", „Wollen Sie den Teil- oder den ganzen Versicherungsschutz?"

Setzen Sie die Alternativfrage differenzierter und intelligenter ein. Geht es beispielsweise um eine Terminvereinbarung, schlagen Sie zunächst einmal einen Wochentag vor: „Wie sieht's bei Ihnen am Mittwoch aus?" Erst im zweiten Schritt präzisieren Sie den Termin mit zwei Vorschlägen für eben diesen Wochentag, wobei Sie natürlich die von Ihnen selbst bevorzugte Uhrzeit als letztes nennen. So behalten Sie die Initiative in der Terminvereinbarung – angesichts des zunehmenden Zeitdrucks im Außendienst ist eine durchdachte Reiseplanung das A und O eines erfolgreichen Verkäufers.

Begründete Frage: Bevor Sie Ihre Frage stellen, geben Sie Ihrem Gesprächspartner die Begründung dafür – so erkennt er den Vorteil in der Beantwortung Ihrer Frage. Je nach Situation setzen Sie die Begründung vor eine geschlossene, eine offene oder eine Alternativfrage.

Beispiel:

„Damit wir gleich zu Ihren Hauptpunkten kommen, welche Erwartungen stellen Sie an ...?"

Rhetorische Fragen werden von Ihnen selbst beantwortet. Sie erreichen mit dieser Technik eine höhere Aufmerksamkeit bei Ihrem Gesprächspartner, da ihn die Frage zum Mitdenken aktiviert.

Beispiel:

„Wo liegt das Kernthema? Aus meiner Sicht ..."

Motivierungsfragen geben dem Gesprächspartner Anerkennung und regen ihn dazu an, aus sich herauszugehen – damit schaffen Sie eine besonders positive Gesprächsstimmung.

Beispiel:

„Was sagen Sie als Fachmann dazu?"

Übereinstimmungsfragen versetzen Sie die Lage, immer wieder zu überprüfen, ob bei Ihrem Gesprächspartner noch eine Übereinstimmung vorhanden ist.

Beispiel:

„Haben Sie sich das so vorgestellt?"

Ja-Fragen – im Fragetyp der geschlossenen Frage – nutzen Sie, um von Ihrem Gesprächspartner ein „Ja" und damit Zustimmung zu erhalten und die Gesprächatmosphäre positiv zu gestalten.

Beispiel:

„Sind Sie an der Verbesserung Ihrer Ertragslage interessiert?"

Die „Ja-Frage" wird auch „Sokrates-Methode" genannt, weil Plato in seinen Dialogen Sokrates seine Beweisführung stets so aufbauen ließ, dass seine Gesprächspartner auf seine (geschlossenen) Fragen immer nur mit „Ja" antworten (konnten) – solange, bis er das ursprüngliche Argument seines Diskussionspartners vollständig widerlegt und ihm sein eigenes Gegenargument praktisch in den Mund gelegt hatte.

Die Sokrates-Ja-Schiene war jahrelang Standardprogramm sämtlicher Verkaufsseminare und wurde entsprechend überzogen trainiert. Tina Farblos und Olaf Grauemaus wenden sie allerdings auch heute noch an, obwohl ihre Wirkung schon längst verpufft ist, denn unsere Kunden lassen sich nicht mehr derart aufs Glatteis führen. Setzen Sie deshalb die „Ja-Frage" nur noch dezent als Übereinstimmungsfrage ein.

Mit *Gegenfragen* „kitzeln" Sie Hintergrundinformationen aus Ihrem Gesprächspartner heraus bzw. Sie bringen ihn dazu, seine ursprüngliche Meinung zu korrigieren. Vorsicht! Eine Gegenfrage kann von Ihrem Gesprächspartner als Demaskierung und Entblößung empfunden werden, auf die er abwehrend-aggressiv reagiert!

Beispiel:

Kunde: „Ist das nicht etwas teuer?"

Verkäufer: „Wie wichtig ist Ihnen Qualität?"

Weiterführende Fragen führen ein Gespräch von einem negativen Punkt weg hin zu einem positiven Aspekt.

Beispiel:
„Wenn wir jetzt diesen Punkt außer Acht lassen, welchen positiven Effekt hätte die Einführung unserer Software auf die Schnelligkeit Ihrer Buchhaltung?"

Merkmale erfolgreicher Kommunikation im Erstgespräch
- Übereinstimmung von gesprochener Sprache und Körpersprache
- aktives Hinhören
- Aktivierung des Kunden durch geschickte Fragen
- kurze, eindeutige, positive und deutlich artikulierte Formulierungen ohne Fachchinesisch und Abkürzungen
- einprägsame, bildgesättigte Sprache und rhetorische Finesse
- partnerorientierte Kundenansprache in der „Sie"- oder „Wir"-Form
- BAP-Technik

Neugier wecken und Kauflust anheizen

Ihren Kunden interessiert nicht Ihr Produkt oder Ihre Dienstleistung, sondern der Nutzen, den er davon hat – erkennt er diese Vorteile, folgt er seinem Kaufimpuls. Oder finden Sie die technischen Finessen eines Staubsaugers spannender als seine Leistung, hartnäckige Fusseln zu entfernen? Ihr Kunde bezahlt nicht für Ihr Produkt oder die Dienstleistung, sondern für den Nutzen und/oder die individuelle Dienstleistung, die er sich von Ihnen erwartet. Ihr Kunde muss also seinen persönlichen Nutzen erkennen, um den Preis Ihres Produktes bzw. Ihrer Dienstleistung als angemessen zu empfinden und zu akzeptieren.

Deshalb führt Sie die monologische Auflistung von Produktmerkmalen nicht zum Erfolg. Betrachten Sie es vielmehr als Ihre Aufgabe, Ihr Angebot so zu beschreiben und zu präsentieren, dass Ihr Gesprächspartner seinen persönliche Nutzen und Erfolg darin erkennt und begreift – erst dann wird aus Ihrem Angebot die ganz persönliche Lösung für Ihren Kunden!

Durch gezielte Fragen und aktives Hinhören erkennen Sie die Wünsche, Motive und Bedürfnisse Ihres Gesprächspartners – mit diesem Wissen stellen Sie eine Verbindung zwischen Ihrem Angebot und dem Bedarf, den Motiven und Wünschen Ihres Kunden her. Achten Sie immer darauf, den individuellen Nutzen für diesen herauszustellen. Beziehen Sie Ihren Gesprächspartner in die Lösungsfindung ein, beteiligen Sie ihn selbst an der Entwicklung, sodass Ihr Gesprächspartner seine Idee im Angebot wiederfindet – und diese Idee wird er durchsetzen und verteidigen wollen wie „sein Baby"!

„Was-wäre-wenn"-Hypothesen

Hypothesen sind Annahmen, Denkmodelle, mit denen Sie Ihren Kunden in eine Wunschwelt bringen, in der er sich selbst die Vorteile, die ihm der Einsatz Ihres Produkts/Ihrer Dienstleistung bringt, vorstellt. So liefern Sie ihm Begründungen und Antworten, warum er Ihr Angebot wahrnehmen soll. Wir alle leben mit Hypothesen, denn Hypothesen geben Hoffnung – Hoffnung auf eine bessere Zukunft, auf mehr Gewinn, auf mehr Zeit für uns selbst etc. Nutzen Sie diesen Mechanismus für Ihre Verkaufsgespräche, um Ihren Gesprächspartner neugierig auf Ihr Angebot zu machen, ihm dessen Nutzen schmackhaft zu machen ... Übrigens: Sie werden dieser Methode in diesem Buch noch öfter begegnen, da sie für das neue Hardselling ein in vielen Situationen passender Verkaufsschlüssel ist!

Zunächst präsentieren Sie Ihren Kunden mit Formulierungen wie „Angenommen ...", „Setzen wir einmal voraus ...", „Stellen Sie sich einmal vor ...", „Malen Sie sich einmal aus ...", „Führen Sie sich einmal vor Augen ...", „Gesetzt den Fall, dass ... ", „Nehmen Sie einmal an ...", „Legen Sie einmal zu Grunde ..." einen „Als-ob-Zustand", eine sozusagen virtuelle Situation, die zwar (momentan) nicht der Realität entspricht, Ihrem Kunden aber „ein gutes Gefühl" gibt.

Im zweiten Schritt stellen Sie die Verbindung von dieser angenommenen Situation zu Ihrem Angebot her mit Formulierungen wie „Nur ein Gedanke ....", „Nur eine Annahme ..", „Nur eine Idee ...", „Nur ein Planspiel ...", „Nur mal so zum Spiel ...".

> **Beispiel:**
>
> „Nehmen wir einmal an, alle Beteiligten stimmen der Anschaffung des Objektes zu und – nur mal ein Gedanke – Sie hätten das neue Büro schon bezogen ..."

Mit einer anschließenden offenen Frage zu seinem persönlichen Nutzen, zu den positiven Auswirkungen für ihn und sein Geschäft schicken Sie Ihren Gesprächspartner gedanklich in die Zukunft, sodass sich dieser seinen Nutzen nochmals selbst verkauft: „Wie werden Sie dann die einzelnen Büros aufteilen?" Die Kaufentscheidung wird Ihrem Gesprächspartner leichter fallen!

> **So macht's der *alte* Hardseller**
>
> Der alte Hardseller arbeitet mit einer zukunftsdeutenden Methode – er geht dabei allerdings wesentlich plumper vor. Formuliert der neue Hardseller eine Hypothese, die seine Kunden auch als solche erkennen können („Mal angenommen ... "), unterstellt der alte Hardseller die (Kauf-)Entscheidung als bereits getroffen und übt damit zusätzlichen Druck aus:
>
> „Schon in zwei Wochen, wenn Sie die Büros bezogen haben, werden Sie selbst sagen, dass diese Investitionsentscheidung das Beste war, was Sie tun konnten!"

Arbeiten Sie über „Was-wäre-wenn"-Hypothesen hinaus insbesondere mit der MONA-Technik. MONA steht für *m*otivorientierte *N*utzen*a*rgumentation, mit der Sie die Merkmale, die Vorteile Ihres Produkts, Ihrer Dienstleistung in den individuellen Nutzen für Ihren Kunden übersetzen. Ziel der MONA-Technik ist es, dem Kunden zu zeigen, warum es gut für ihn ist, mit Ihnen zusammenzuarbeiten und Ihr Produkt oder Ihre Dienstleistung zu kaufen. Nutzen Sie dabei „Übersetzungs"-Formeln wie

- „... das steigert Ihren Umsatz ..."
- „... das sichert Ihre Wettbewerbsfähigkeit ..."
- „... das spart Ihnen Ressourcen ..."
- „... das spart Ihnen Zeit und reduziert Ihre Investitionen ..."
- „... das sichert Ihre Marktposition ..."

Mehr zu MONA finden Sie im folgenden Kapitel!

Der Vorab-Abschluss: Klare Ziel- und Terminabsprache für den Folgetermin

Beim neuen Hardselling verfolgen Sie konsequent Ihr Ziel – und das heißt auch im persönlichen Erstgespräch: Abschluss. Suchen Sie stets konsequent den direkten Weg dorthin und lassen Sie sich auch nicht beirren, wenn Sie wider Erwarten Ihrem Gesprächspartner – aus welchen Gründen auch immer – eine Pause gönnen müssen ...

Sofern Sie also nicht schon beim ersten Gesprächstermin zum Abschlusserfolg gekommen sind, sollten Sie ein Verkaufsgespräch niemals ohne klare, am besten schriftliche Vereinbarung über das weitere Vorgehen und den Folgetermin beenden.

Tina Farblos und Olaf Grauemaus verlassen das Büro ihres Gesprächspartners nur zu oft mit dem wachsweichen Hinweis, man würde sich wegen eines neuen Termins zusammenrufen: „Ich schicke Ihnen mal ein Angebot und dann können wir ja mal telefonieren ...". Rufen sie schließlich tatsächlich ihren Gesprächspartner an, ist dieser entweder im Termin, in der Mittagspause, im Urlaub etc.

Stellen Sie stattdessen zum Gesprächabschluss eine Frage, die eine genaue Ziel- und Terminvereinbarung nach sich zieht:

- ▶ „Was ist der nächste Schritt?"
- ▶ „Was kann ich tun, damit ..."
- ▶ „Wie machen wir jetzt konkret weiter?"

Lassen Sie in Ihrer höflichen Hartnäckigkeit auch nicht locker, bis Sie selbst und Ihr Gesprächspartner die Eckpunkte der nächsten Runde im Verkaufsprozess im Terminkalender notiert haben. Damit kennt auch der Gesprächspartner seine „Hausaufgaben", die er bis zum nächsten Termin zu erledigen hat: Dabei geht es in erster Linie darum, Daten zu liefern, die Sie zur Erstellung eines individuell abgestimmten Angebots benötigen, zum Beispiel Skizzen für Maschinenbauteile oder in der Kopierer- und Druckbranche Ist-Zahlen für Ausdrucke (Wie viele? Welche? etc.).

Nach der Rückkehr in Ihr Büro werten Sie Ihre Notizen aus und schicken Ihrem Gesprächspartner per Brief, Fax oder E-Mail eine Terminbestätigung, in der Sie noch einmal das weitere Procedere, insbesondere die Ziele des nächsten Gesprächstermins, festhalten.

Tina Farblos und Olaf Grauemaus formulieren Standardanschreiben, die wenig Aussagekraft haben und ihren Empfänger kaum für den nächsten

Termin motivieren. Getoppt wird das Ganze noch, wenn sie selbst nicht unterschreiben dürfen (Kompetenzverlust gegenüber dem Kunden!):

> „Sehr geehrter Herr ...,
>
> vielen Dank für Ihren freundlichen Empfang unserer Frau Farblos/ unseres Herrn Grauemaus am ... .
>
> Nachfolgend unterbreiten wir Ihnen folgendes Angebot:
> ...
> ...
>
> Unsere Frau Farblos/Unser Herr Grauemaus steht Ihnen jederzeit für Rückfragen unter ... zur Verfügung.
>
> Wir hoffen, Ihnen damit ein interessantes Angebot machen zu können und würden uns freuen, wenn es Ihnen zusagt.
>
> Mit freundlichen Grüßen
> Verkaufsleitung/Geschäftsleitung

Durchschnittsverkäufer warten passiv die Entscheidung ihres Kunden ab und verzichten damit auf die Möglichkeit, ihn zu einer Kaufentscheidung zu motivieren. Sie *hoffen*, ihrem Kunden ein interessantes Angebot machen zu können – aber hoffen allein bringt Sie meist nicht weiter.

Als neuer Hardseller sollten Sie hingegen stets die Initiative behalten. Die Terminbestätigung nutzen Sie, um mit dem Hinweis auf Referenzkunden, die Ihr Kunde vor dem nächsten Termin kontaktieren kann, weiter Vertrauen in Ihr Angebot, Ihr Unternehmen und letztlich in Sie selbst als Verkäufer zu schaffen.

> **Musterbrief für die Terminbestätigung mit der Angabe von Referenzkunden**
>
> Guten Tag Herr Kunde ...,
>
> schön, Sie am ... persönlich kennen gelernt zu haben.
>
> Ihre konkreten Aussagen, Wünsche und Anforderungen, die Sie mir bei unserem gemeinsamen Treffen genannt haben, sind eine gute Basis für Ihre nachfolgende Lösung.

Sie erhalten speziell für Ihr Unternehmen:

...

...

...

(hier folgt die kurze Darstellung des Angebots, wobei Sie den individuellen Nutzen für Ihren Kunden in den Vordergrund schieben – siehe die Nutzenargumentation nach der MONA-Technik auf Seite 170 ff.

Im Vorfeld unseres nächsten Termins, den wir für den ... um ... Uhr bei Ihnen vereinbart haben, bieten wir Ihnen die Möglichkeit, sich bei Bestandskunden über die Leistungen unseres Unternehmens zu informieren:

Anja Alles, Alles KG in 10101 Großstadt, Telefonnummer: 0222/1111, E-Mail: alles@alles-kg.de

Martin Mehr, Mehr GmbH in 02020 Kleinstadt, Telefonnummer: 0111/2222, E-Mail: mehr@mehr-gmbh.de

Diese beiden Ansprechpartner nutzen seit Jahren erfolgreich unsere Produkte und Dienstleistungen. Sie sind darüber informiert, dass Sie sich gegebenenfalls vorab über deren Erfahrungen austauschen möchten, und stehen Ihnen dazu gerne zur Verfügung.

Damit wir für Sie zügig zu einem positiven Gesprächsergebnis kommen, denken Sie bitte daran, folgende Unterlagen/Muster für unsere nächste Besprechung vorzubereiten:

...

...

...

Wir sind sicher, Ihnen ein gutes Angebot zu präsentieren, und freuen uns schon auf den nächsten Schritt in eine langjährige und vertrauensvolle Partnerschaft!

Bis dahin noch einen schönen Tag nach ...

Ihr (Vor- und Nachname)

> **Expertentipp**
>
> Heben Sie in Ihren Angeboten nie die Preise und Konditionen hervor (fett, kursiv, unterstrichen etc.), sondern die Leistungen und Vorteile für Ihren Kunden!
>
> Eine weitere Idee zum Ausprobieren für Sie: Lassen Sie doch einmal im Erstangebot Ihre Preise überhaupt raus. Wenn Ihr Gesprächspartner wirklich Interesse hat und seinen jetzigen Lieferanten nicht mit Ihren Preisen drücken will, ruft er Sie mit Sicherheit an! Weiterer Vorteil: Preise lassen sich immer besser persönlich verhandeln – denken Sie an die Wirkung der Körpersprache!

Während sich Tina Farblos und Olaf Grauemaus also vom „gottesgleichen" Urteil ihres Kunden abhängig machen, bleiben Sie als neuer Hardseller immer „am Drücker". Dazu gehört auch, dass Sie Ausschreibungen nach dem 20/80-Prinzip ganz genau prüfen, bevor Sie ein detailliertes Angebot ausarbeiten und Ihrem Interessenten schicken.

Beispiel:

Ein großer Versicherungskonzern schickte mir vor einiger Zeit eine 08/15-Ausschreibung für Verkaufstrainings für die konzerneigenen Sales-Manager zu den Themen Neukundenakquise, Abschlusstechniken, Back-Office, Kundenbetreuung und Cross-Selling.

Für ihre Angebotsformulierung sollten die interessierten Verkaufstrainer unter anderem Angaben über die drei wichtigsten Aufträge sowie die Gewinn- und Verlustrechnung der vergangenen drei Jahre machen.

Das Angebot sollte der Einkaufsabteilung des Konzerns zugesandt werden – inklusive eines Rückumschlages ...

Für mich ergaben sich nach dem ersten Lesen nur folgende Alternativen:

▶ die Ausschreibung in den Papierkorb wandern zu lassen, weil meine bisherige Markterfahrung zeigt, dass ohne persönlichen Kontakt meist nur nach dem Preis entschieden wird,
▶ ein Lockangebot über den Preis zu formulieren – was für mich nicht in Frage kommt – oder

- die Ausschreibung erst einmal genauer unter die Lupe zu nehmen.

Weil ich nicht wie der berühmte Pawlow'sche Hund auf diesen „Ausschreibungsreiz" instinktiv mit einem ebensolchen 08/15-Angebot reagieren wollte, entschied ich mich für „Plan C". Im Anschreiben waren zwar zwei Ansprechpartner angegeben, die aber während der Ausschreibung nicht für Rückfragen zur Verfügung standen.

So ließ ich mich mithilfe der Navigationsmethode (siehe Seite 82 ff.) über die Telefonzentrale zum entsprechenden Entscheider durchstellen, der die Ausschreibung über den Einkauf in Auftrag gegeben hatte. Im folgenden Gespräch stellte sich heraus, dass er schon längst seinen „Wunschtrainer" – mit dem er bereits längerer Zeit erfolgreich in einem anderen Unternehmen zusammengearbeitet hatte – gefunden hatte, aber diese Schein-Ausschreibung initiieren musste, um konzerninterne Richtlinien zu befolgen.

Die Tatsache, dass ich mich nicht von der Ausschreibung beirren ließ und der Sache auf den Grund ging, begeisterte den Entscheider, bewies mein Vorgehen in seinen Augen doch meine Kompetenz. Als ich zusätzlich höflich und hartnäckig nach seiner Handynummer und dem Namen des Trainerkollegen fragte, bekam ich von ihm das Kompliment: „Sie sind ja ein guter Verkäufer!" So vereinbarten wir noch im selben Telefonat für das kommende Jahr eine Zusammenarbeit, die wir in einem persönlichen Termin konkretisierten.

Durch beharrliches Nachhaken hatte ich also eine Niederlage – die von vornherein bei der eigentlichen Ausschreibung feststand, denn der Entscheider hatte ja schon seinen „Wunschtrainer" für dieses Jahr – in einen ertragreichen Erstauftrag für das folgende Jahr umgewandelt!

Nutzen Sie die (Zwangs-)Pause zwischen Erst- und Folgetermin dafür, Ihr mittlerweile umfassendes Hintergrundwissen zu Ihrem Gesprächspartner, dessen Unternehmen und vor allem zu dessen Bedarf und Kaufmotiven für die im nächsten Gespräch folgende Angebotspräsentation optimal am Nutzen des Kunden orientiert aufzubereiten. Auf mögliche Einwände sowie Preisverhandlungen sollten Sie sich vor dem Hintergrund Ihrer Informationen ebenso sorgfältig vorbereiten wie auf die „heiße" Abschlussphase. Beim Folgetermin wollen Sie ja Ihren Kunden über die Ziellinie führen!

> Es ist nicht genug, es zu wissen, wir müssen es auch anwenden.
> Es ist nicht genug, es zu wollen, wir müssen es auch tun!

Zielgerichtet führen: Klare Ansagen statt Kuschelkurs

Verkäufer sind Einzelkämpfer, und wenn Sie sich als Führungskraft zu ihnen gesellen, ihnen das Händchen halten, sich wie Papi ihre Probleme anhören, dann kann das nichts werden. Genauso landen Sie im Mittelmaß, wenn Sie den Coach mimen, der alles besser kann und weiß. Eine Führungskraft ist weder Psychologe noch Coach. Sie soll weder auf Kuschelkurs gehen noch den großen Lehrer spielen. Natürlich müssen Vertriebsleiter aus der Branche kommen und sich im Verkauf auskennen. Natürlich müssen sie mit den Mitarbeitern trainieren und sie bei Kundenterminen begleiten. Aber all das muss unter klaren und unmissverständlichen Bedingungen passieren.

Viele Vertriebsleiter, -manager und Entscheider schmusen lieber mit ihren Mitarbeitern, als sich mit ihnen zu entwickeln. Der Leader scheut klare Ansagen nicht. Jeder in seinem Team muss wissen, wo er steht, was seine Aufgaben sind. Ehrlich, direkt und zielgerichtet. Vermitteln Sie Ihrem Team das Wichtigste, was sie brauchen und wie sie Erfolge erzielen: Mit einem knallharten Siegeswillen und vor allem mit Fleiß, Fleiß, Fleiß. Leben Sie genau das vor und fördern Sie Ihre Mitarbeiter. Denn Erfolg ist kein Geschenk Gottes, sondern harte Knochenarbeit – jeden Tag.

Vertrauen, Zusammenarbeit, Kollegialität – all das ist wichtig in der Führung. Aber ohne Kritik, Sanktionen und Kontrolle wird Ihnen die Mannschaft aus dem Ruder laufen. Als Führungskraft müssen Sie sich auf Zahlen und Ergebnisse konzentrieren. Aber Sie dürfen dabei den Human Factor nicht vergessen. Ihre Mitarbeiter wollen und brauchen Führung. Und effiziente Vertriebsführung erreichen Sie nicht, wenn im Büro immer nur Partystimmung herrscht und sich alle sauwohl fühlen. Gehen Sie Konflikten und unangenehmen Gesprächen nicht aus dem Weg. Ihre Mitarbeiter leisten nicht mehr, nur weil Sie nett und beliebt sind. Im Gegenteil.

Sie müssen auch nicht jeden Mitarbeiter gleich behandeln. Manche arbeiten in höchster Eigenverantwortung. Andere brauchen mehr Führung Ihrerseits. Hier müssen Sie mehr kontrollieren und die Leine etwas kürzer fassen. Fordern Sie die angepeilten Ergebnisse konsequent ein. Wenn ein Mitarbeiter trotz mehrerer Feedbackgespräche, trotz Training und aller Unterstützung nicht das liefert, was Sie mit ihm vereinbart haben, trennen Sie sich von ihm. Sonst verlieren Sie auch vor dem Rest des Teams Respekt und Glaubwürdigkeit.

> **Expertentipp für Führungskräfte**
>
> Derjenige, der das neue Hardselling zur Chefsache erklärt hat, handelt nach den vier „R" der Führung:
>
> ▶ Respekt
> ▶ Regeln
> ▶ Richtungen
> ▶ Rituale
>
> Er besteht auf dem Respekt vor der Person, definiert klare Regeln, gibt die Marschrichtung vor und arbeitet mit Ritualen. Ein gut funktionierendes Ritual ist beispielsweise die „Umsatzglocke". Wann immer in Ihrem Vertriebsbüro einer der Kollegen einen erfolgreichen Abschluss macht, wird für alle hörbar die Umsatzglocke geläutet.

Miss es oder vergiss es

Lassen Sie Ihre Verkaufsteams gegeneinander antreten. Ohne Kennzahlen können Sie keinen Status quo und keine Entwicklungen messen. Überprüfen Sie die Kriterien, nach denen Sie Ihre Verkäufer messen auf Vollständigkeit und Sinn: Kundenzahlen, Neukundenzugänge, verlorene Kunden, Absatzmengen, Up- und Cross-Selling-Quoten, Reklamationszahlen und Bearbeitungszeiten der Reklamationen, Besuchszahlen, Angebotsnachverfolgung und Erfolgsquote – das sind nur einige Faktoren, die sich messen lassen.

Geben Sie regelmäßig Feedback zu den Zahlen der einzelnen Mitarbeiter. Ohne eine differenzierte Rückmeldung kommen Ihre Leute nicht weiter. Besprechen Sie qualitative und quantitative Aspekte. Seien Sie klar, fordernd und fördernd zugleich.

Expertentipp für Führungskräfte

- Klären Sie erst einmal für sich persönlich die Ziele und Voraussetzungen für Ihre Führung. Sie können nur Orientierung geben, wenn Sie selbst ein klares Bild davon haben.
- Gestehen Sie Ihren Leuten Fehler zu. Aber achten Sie darauf, dass die Fehler zu Lernprozessen führen und nicht wiederholt werden.
- Geben Sie Feedback unmittelbar im Anschluss an eine kritische Situation. Ein Termin eine Woche später macht keinen Sinn.
- Nach außen stellen Sie sich vor Ihre Leute, wenn etwas schief gelaufen ist. Aber im Innenverhältnis müssen Sie darauf achten, dass Ihre Leute die Verantwortung selbst übernehmen und die Situation mit allen in ihrer Macht liegenden Mitteln bereinigen.
- Nehmen Sie Ihren Mitarbeitern keine Aufgaben weg, die in deren Gebiet gehören. Auch wenn Sie wissen, dass Sie es besser können, dürfen Sie hier nicht eingreifen.
- Bestehen Sie auf fristgerechter Lieferung von Informationen, Zahlen, Unterlagen. Lassen Sie Verspätungen, Ausflüchte und Entschuldigungen nicht zu.
- Sprechen Sie sinkende Leistungen umgehend an. Lassen Sie nachlassendes Engagement nicht zu.
- Seien Sie hart in der Sache und weich in der Formulierung. Wenn Ihre Mitarbeiter über Sie sprechen, sollte der Tenor sein: „Er ist zwar ein harter Hund, aber immer fair und gerecht."
- Leben Sie den vielzitierten Satz: „Der Mensch steht im Mittelpunkt". In vielen Unternehmen werden Mitarbeiter als Kostenfaktor betrachtet, Maschinen und Produktionsmittel hingegen viel positiver als Investitionen. Verwehren Sie sich gegen eine solche Haltung.

> **Übung**
>
> ▶ Interessant ist eine Übung, mit der Sie als Führungskraft ermitteln können, ob Sie sich genügend mit Ihren Leuten beschäftigen. Nehmen Sie einmal ein Blatt Papier und schreiben Sie die Namen Ihrer beiden Spitzenverkäufer auf. Darunter setzen Sie die Namen Ihrer beiden Low Performer, also derjenigen, die die schlechtesten Zahlen machen.
>
> ▶ Hinter die Namen schreiben Sie jeweils das Geburtsdatum, den Familienstand, die Hobbies, das Lieblings-Reiseziel, das Lieblingsessen, das Lebensziel und die Namen und das Alter ihrer Kinder, wenn sie welche haben.

Sie werden sehen: Bei Ihren Top-Leuten bekommen Sie mehr Informationen zu Papier als bei den Leuten am Schlusslicht. Woran das liegt? Aus meiner Sicht ist das klar. Das liegt daran, dass Sie sich mehr mit ihnen beschäftigen. Fragen Sie sich, ob Ihre Low Performer deshalb am Ende liegen, weil Sie ihnen nicht genug Aufmerksamkeit schenken. Erhöhen Sie Ihr Interesse und die Beschäftigung mit den schwächeren Verkäufern, damit sie wachsen.

Ein echtes Heimspiel:
Die Angebotspräsentation

> Wenn es ein Geheimnis des Erfolges gibt, so liegt es darin:
> den Standpunkt des anderen zu verstehen und
> die Dinge mit seinen Augen zu betrachten.
> *Henry Ford*

Es gibt keine Standardpräsentation: Individuelle Ausarbeitung des Angebots und professionelle Vorbereitung

Mit gezielten Fragen und aktivem Hinhören haben Sie während des persönlichen Gesprächs Bedarf und Kaufmotive des Entscheiders ermittelt und diese schließlich zusammen mit den Hintergrundinformationen, die Sie bereits in der Vorbereitung für das Terminvereinbarungsgespräch und für Ihren Erstbesuch gesammelt hatten, zu einer Nutzenargumentation geformt. Nur die ausführliche Analyse des Kundenunternehmens und der individuellen Situation Ihres Gesprächspartners schafft die Ausgangsbasis für eine erfolgreiche Präsentation, die die Erwartungen Ihres Kunden erfüllt: Nur wenn der Schlüssel passt, lässt sich die Tür öffnen – Ihr Schlüssel ist die Darstellung Ihres Angebots, das Schloss der Bedarf und die Motive des Kunden: Nur mit dem passenden Schlüssel öffnen Sie die Tür zum Unternehmen Ihres Gesprächspartners – schließlich muss der Köder dem Fisch schmecken und nicht dem Angler!

Präsentieren heißt: Verkaufen

Die Präsentation ist ein Schlüsselelement im gesamten Verkaufsprozess. Nüchtern betrachtet, besteht eine Präsentation darin, ein Produkt und/oder eine Dienstleistung vor- bzw. darzustellen, indem Sie Ihr Thema mithilfe entsprechender Medien, Unterlagen, Fakten, Daten, Zahlen und Bilder anschaulich für Ihre Gesprächspartner gestalten.

Präsentieren bedeutet für Sie als neuen Hardseller in letzter Konsequenz vor allem Verkaufen – jede Form der Präsentation ist Verkauf, denn es geht für Sie immer darum, Ihre Gesprächspartner für sich, Ihr Unternehmen, Ihr Produkt, Ihre Dienstleistung zu begeistern, zu überzeugen und zu gewinnen, immer mit dem Ziel vor Augen: dem Abschluss.

Dies gelingt Ihnen nur, wenn Sie von dem, was Sie präsentieren, auch selbst völlig überzeugt sind, denn nur dann schaffen Sie es, Ihre Gesprächspartner zu überzeugen – denn: Nur wer selbst brennt, kann andere überzeugen!

Ihr (Teil-)Ziel einer erfolgreichen Präsentation sollte sein, dass Ihr Interessent Ihr Produkt am liebsten gleich behalten will. Dazu ist es notwendig, dass der Entscheider Spaß hat und sein Wunsch, das Produkt/die Dienstleistung zu besitzen, von Minute zu Minute zunimmt – Motto: „I like Genuss sofort!"

Bei der Vorbereitung und Ausgestaltung Ihrer Präsentation sollten Sie vier entscheidende Prinzipien beachten:

▶ Klarheit in der Gliederung (für Ihre Gesprächspartner notieren Sie – eventuell auf einem Flipchart – kurz die Inhalte/den Ablauf der Präsentation)

▶ Einfachheit in der Formulierung (KISS – Keep it short and simple: kurze Sätze ohne Fachbegriffe)

▶ Prägnanz in der Darstellung (die Präsentation ist in ihrer Form, ihrem Umfang und ihrem Tempo ihrem Inhalt angemessen – weniger ist oft mehr!)

▶ Stimulanz in der Ansprache (anschauliche und lebendige Darstellung, Beispiele, Vergleiche, rhetorische Bilder, Storys, Aktivierung der Gesprächspartner vor allem durch Fragen)

Bauen Sie vor: Bestätigen Sie Ihrem Gesprächspartner Zeitpunkt und Ort des Folgetermins, geben Sie den Zeitrahmen für Ihre Präsentation vor und fragen Sie nach, ob auch alle für Ihr Angebot relevanten Entscheider dabei sein werden. Versuchen Sie, insbesondere wenn bei großen Investitionen mehrere Entscheider an der Kaufentscheidung beteiligt sind, alle gleich beim ersten Termin an einen Tisch zu bringen – spätestens aber zum Folgetermin mit Ihrer Angebotspräsentation. Denn nur dann erfüllt diese ihren Zweck – den Kunden vom individuellen Nutzen des Angebots nachhaltig zu überzeugen und ihn so zum Abschluss zu führen. Und wie soll das möglich sein, wenn der Gesprächspartner nach der Präsentation das Verkaufsgespräch abbricht: „Ihr Angebot gefällt mir – aber ich muss das noch mit Herrn ... abklären. Ich melde mich dann wieder bei Ihnen." Der „Managementpapst" Peter Drucker sagt nicht umsonst: „Halbe Erfolge sind die gefährlichsten!"

Bewegen Sie sich also stets auf gleicher Augenhöhe mit Ihren Kunden: Auch Ihre Zeit ist Geld, darum verschwenden Sie diese nicht an einen Kunden, der beim Folgetermin nicht voll entscheidungsfähig ist oder auch nicht bereit, Ihre vollständige Angebotspräsentation abzunehmen, weil er nicht genügend Zeit mitbringt. Verdeutlichen Sie Ihrem Gesprächspartner, dass Sie seinem Bedarf und seinen Wünschen nicht gerecht werden, wenn Sie nicht die komplette Präsentation vorführen – der Kunde verdient schließlich das Beste, und dies wollen Sie ihm auch geben! Ansonsten vereinbaren Sie lieber einen neuen Termin. Das gilt ebenso, wenn Sie während der Präsentation wiederholt von Anrufen unterbrochen werden. Allerspätestens nach dem dritten Anruf bitten Sie Ihren Gesprächspartner darum, eingehende Telefonate auf seine Sekretärin umzustellen oder einen neuen Termin zu vereinbaren – das gilt natürlich auch für den ersten Besuchstermin! Störende Anrufe sind während fest vereinbarter Termine – insbesondere während einer Präsentation, die Sie ja mit viel Mühe vorbereitet haben – ein Ausdruck erheblicher Respekt- und Taktlosigkeit Ihrer Person gegenüber. Lassen Sie Ihrem Kunden solch massive Störungen nicht „durchgehen". Weisen Sie durch Ihr Auftreten höflich und bestimmt darauf hin, dass Sie und Ihre Zeit wichtig sind!

Während der Präsentation sollten Sie sich auf Ihren Gesprächspartner konzentrieren. Nichts darf Sie dabei stören, das heißt: Sie müssen Ihre Präsentation im Schlaf beherrschen – als cleverer Verkäufer studieren Sie die Handhabung Ihres Produkts zuhause, denn sonst werden Sie Ihrem Kunden ja gar nicht seinen individuellen Nutzen glaubhaft vermitteln!

Pannen wegen einer schlechten Vorbereitung oder eine dilettantische Vorführung aufgrund unzureichender Produktkenntnisse bestraft Ihr Gesprächspartner mit der Höchststrafe – dem Abbruch der Verkaufsgespräche!

> **Expertentipp**
>
> Bringen Sie Ihren Gesprächspartnern einen sauberen Ausdruck Ihres übersichtlich dargestellten Angebots mit – selbst, wenn Sie ihnen das schon nach dem ersten Treffen zugeschickt haben. Auf dem Deckblatt platzieren Sie sichtbar das Logo Ihres (potenziellen) Kundenunternehmens und die Vor- und Nachnamen Ihrer Gesprächspartner – das wirkt sehr professionell und verschafft Ihnen beim Folgetermin gleich einen klasse Einstieg!
>
> Haben Sie bei Ihrer Präsentation mehrere Gesprächspartner, dann sollten Sie das schon im Vorfeld des Folgetermins abgeklärt haben, um jedem Ihrer Gesprächspartner je ein Exemplar Ihres Angebots, je ein Muster, Werbegeschenk etc. mitzubringen. Oder finden Sie das nicht peinlich, wenn einer Ihrer Gesprächspartner leer ausgeht?

Ganz abgesehen davon, dass ein Verkäufer, der sein Produkt nicht bis ins Detail kennt, einen zutiefst unprofessionellen und unglaubwürdigen Eindruck macht, muss Ihr Gesprächspartner während der Präsentation zu dem Schluss kommen, dass Ihr Produkt für ihn selbst und seine Mitarbeiter bzw. seine eigenen Kunden leicht zu bedienen ist. Darüber hinaus können Sie, wenn Sie Ihr Produkt blind beherrschen, Ihren Gesprächspartner besser im Auge behalten, ihn beobachten, um zu erkennen, inwieweit er sich bereits mit Ihrem Produkt identifiziert und den Kauf bereits in Erwägung zieht! Messen Sie auch mit Kontrollfragen immer wieder mal die „Temperatur": „Welche Vorteile sehen Sie für sich?"

Seien Sie Ihr eigener Regisseur: Die Angebotspräsentation clever aufbauen und kontrollieren

Ein unentbehrlicher Bestandteil der Vorbereitung der Präsentation ist die Festlegung auf ihre Kernaussagen: Was soll mein Gesprächspartner nach der Präsentation wissen oder können? Welche Informationen braucht er, um hier und heute eine Kaufentscheidung zu fällen? Ihr Kunde muss den Mehrwert für sich nach der Präsentation klar erkennen!

Um diese Kernaussagen – Produktmerkmale und -vorteile sowie individueller Kundennutzen – herum bauen Sie eine geschickte und spannende Präsentationsdramaturgie, mit der Sie insbesondere die emotionale, weil kaufentscheidende Seite Ihres Gesprächspartners ansprechen, nein: anpacken und begeistern!

Schreiben Sie das Storyboard zu Ihrem Präsentationsknüller! Sonst geht es Ihnen so, wie es Mark Twain mal launig formulierte: „Das menschliche Gehirn ist eine großartige Sache: Es funktioniert vom Augenblick der Geburt an – bis zu dem Moment, wenn man aufsteht, um eine Rede zu halten."

Spritzige Einleitung

Mit der Einleitung müssen Sie die Aufmerksamkeit Ihres Gesprächspartners vollständig auf sich ziehen: Eine kleine Anekdote, eine kurze Schilderung eines Erlebnisses sichert Ihnen eine positiven Einstieg in die Präsentation und verbreitet eine Atmosphäre der Lockerheit und Konzentration zugleich – auf jeden Fall sollten Sie mit etwas Spannenderem als „Ich präsentiere Ihnen jetzt unser Angebot ..." oder einer laschen Begrüßung à la „Guten Tag, mein Name ist ..." beginnen ... Tun Sie etwas Besonderes, etwas Unerwartetes – wie wär's mit ein bisschen Humor oder mit einer rhetorischen Frage? Welchen Einstieg Sie auch wählen, achten Sie stets darauf, dass dieser auch etwas mit Ihrem Präsentationsinhalt zu tun hat!

> **Beispiel:**
>
> „Was geschah am 12. November 1877? Wer weiß es? Da nahm in Friedrichsberg bei Berlin das erste deutsche Telegrafenamt mit Fernsprechern den Betrieb auf. Was heißt das für unser heutiges Thema UMTS? Und welche Vorteile erzielt Ihr Unternehmen in Zukunft durch die Zusammenarbeit mit uns in diesem Bereich? Schön, dass wir heute gemeinsam das spannende Thema ... beleuchten."

Eine andere Möglichkeit, die Antennen Ihrer Gesprächspartner von Anfang an auf Empfang zu stellen, ist ein Einstieg wie „Was glauben Sie, ist mir auf der Fahrt hierher passiert?" Lassen Sie Ihre Kreativität spielen!

Beschreibung der Kundensituation

Anschließend beschreiben Sie in eigenen Worten (und gegebenenfalls Skizzen), wie Sie die Anforderungen und Ziele seitens Ihres Kundenunternehmens und den sich daraus ergebenden Bedarf verstanden haben. Berücksichtigen Sie dabei auch die Motive des Entscheiders, der jetzt als Gesprächspartner Ihrer Präsentation beiwohnt, ohne diese Motive jedoch offen auszusprechen, denn sonst könnte er sich „ertappt" und bloßgestellt fühlen, es sei denn, Sie wissen, dass er es hören will. Ihr Ziel in dieser Phase der Präsentation ist es festzustellen, ob Sie die Situation des Kundenunternehmens und Ihrer Interessenten richtig erfasst haben und die nachfolgende Präsentation „ins Schwarze trifft".

Die individuelle Lösung für den Kunden

Nach der Bestätigung durch Ihren Gesprächspartner, dass Sie seine Anforderungen, Ziele, seinen Bedarf und seine Motive richtig erfasst haben, folgt die Darstellung Ihrer maßgeschneiderten Lösung. Gehen Sie dabei konsequent nach der Formel „vom Produktmerkmal über den Produktvorteil zum individuellen Kundennutzen" vor – stellen Sie stets eine Verbindung zu den spezifischen Anforderungen Ihres Kunden her: Malen Sie den idealen zukünftigen Zustand – den Einsatz Ihres Produkts/Ihrer Dienstleistung im Kundenunternehmen – mit Grafiken, (rhetorischen) Bildern, Zahlen, Daten, Fakten (so genannte ZDF-Methode), der entsprechenden Stimmmodulation, Gestik und Mimik aus. Suchen Sie dabei immer wieder den Blickkontakt zu Ihrem Gesprächspartner, sonst bekommt er den Eindruck, Sie seien ganz in Ihrer eigenen Welt und Ihre Präsentation sei reiner Selbstzweck! Lassen Sie immer wieder Bestätigungsformeln einfließen, wenn Sie einzelne Produktdetails/-merkmale in ihrem Nutzen für Ihren Gesprächspartner darstellen: „Stimmt's?" „Überzeugt?", „Haben Sie sich das so vorgestellt?" – wenn Ihr Zuhörer überzeugt ist, wird er kaum seine Zustimmung zurückhalten. Wenn Sie dabei zusätzlich nicken, erreichen Sie einen Zustimmungsrhythmus, der Ihren Gesprächspartner bei Ihrer Abschlussfrage zu einem klaren „Ja" bringt!

Referenzen sprechen lassen

Fassen Sie anschließend die wesentlichen Vorteile für Ihren Kunden noch einmal zusammen und unterstreichen Sie anhand aktueller kundenbezogener Referenzbeispiele die Leistungsfähigkeit Ihrer Lösung für Ihren Gesprächspartner – denn Sie wissen ja: Unsere Kunden kaufen nicht die Heizung, sondern nur die Wärme, die Sie damit erzeugen!

Krönender Präsentationsabschluss

Fordern Sie Ihren Gesprächspartner auf, mit den Informationen etwas zu tun, zum Beispiel, sich selbst noch einmal den Einsatz Ihres Produkts/Ihrer Dienstleistung aktiv vorzustellen oder das Produkt noch einmal in die Hand zu nehmen und sich genau anzuschauen – der letzte Eindruck bleibt: Deshalb sollten Sie gleich nach einer gelungenen Präsentation die Abschlussfrage stellen – das ist die BAP-Technik in Vollendung!

Storypower: der Film im Kopf

Reduzieren Sie Ihre Präsentation auf das Wesentliche – Sie benötigen keine Hochglanzbroschüren, Video-/DVD-Vorführungen mit Beamer oder aufwändige Powerpoint-Präsentationen etc. Letztlich genügen Ihnen ein paar weiße Blätter Papier und/oder eine Flipchart für Skizzen, wichtige Zahlen und Begriffe, wenn es Ihnen gelingt, durch plastische Rhetorik zu überzeugen und Bilder zu anschaulichen Geschichten auszuweiten. Diese Fähigkeit nennen wir Storypower: So schaffen Sie es, dass Ihre Zuhörer mit ihren Ohren sehen und fühlen! Francis C. Rooney muss einfach ein Storyteller sein: „Kein Mensch kauft heute mehr Schuhe, um seine Füße warm und trocken zu halten, sondern wegen des Gefühls, das er damit verbindet: Man fühlt sich darin männlich, weiblich, naturverbunden und geländesicher, anders, kultiviert, jung, elegant oder in. Der Kauf von Schuhen ist zum ‚Gefühlserlebnis' geworden. Heutzutage verkaufen wir eher eine Gefühlswelt als einfach nur Schuhe."

Während Tina Farblos und Olaf Grauemaus mit einfachen (rhetorischen) Bildern arbeiten, hat der neue Hardseller eine unbändige Lust, spannende, packende, unterhaltsame Storys um diese Bilder herum aufzubauen, die aber den Zuhörern stets die Vorteile des Produkts/der Dienstleistung speziell auch für ihre eigenen Ziele darstellen – das ist Storytelling im Verkauf: Geschichten, von denen sich der Gesprächspartner persönlich angesprochen fühlt!

Worte belehren, Beispiele reißen mit! Erzählen Sie beispielsweise davon, wie Sie eine Aufgabe gelöst haben, die der Ihres Gesprächspartners gleicht oder zumindest ähnelt. Storys aktivieren die Emotionen des Zuhörers, Storys setzen also in ihrer Schilderung bei den Kaufmotiven Ihres Kunden an. Das können konkrete Beispiele bereits zufriedener Kunden sein, aber auch „Was-wäre-wenn-Hypothesen", die Sie schon kennen, aber für die Präsentation zu einer richtigen Geschichte ausbauen, in der Ihr Interessent und/oder sein Unternehmen – und natürlich Ihr Produkt/Ihre Dienstleistung – die „Hauptrolle" spielen und deren Regisseur Sie sind. Führen Sie Ihren Gesprächspartner in Gedanken zu Ihrer Lösung, sodass er in seiner Vorstellung schon Ihr Produkt/Ihre Dienstleistung nutzt und sich die Vorteile selbst ausmalt. Mit dieser positiven Vorstellung und dem „guten Gefühl", das er dabei hat, verkauft er sich selbst Ihr Angebot/Ihre Lösung. Beginnen Sie Ihre Story mit „Stellen Sie sich einmal vor, Herr ..." und fragen Sie Ihren Zuhörer zum Abschluss: „Welches Potenzial sehen Sie für sich in Ihrem Angebot?" Zeigen Sie ruhig Ihren Stolz auf Ihr Produkt/Ihre Dienstleistung – in Verbindung mit Ihrem selbstsicheren Auftritt wird Ihr Kunde diesen Stolz bemerken und somit auch Ihrem Produkt/Ihrer Dienstleistung entsprechenden Respekt entgegenbringen.

Expertentipp

Geniale Verkäufer haben im Erstgespräch die Wünsche, Motive und Ziele ihrer Kunden so weit erfasst, dass sie die Story so erzählen, dass ihre Kunden das Gefühl haben, dabei selbst Regie zu führen.

Welche Medien Sie auch nutzen, bedenken Sie dabei stets: Ein Bild sagt mehr als tausend Worte. Das Verkaufsgespräch vergisst Ihr Kunde schnell, denn Hören allein mobilisiert sein Gedächtnis nur wenig. Sie müssen Ihren Gesprächspartner dazu bewegen, sich das Verkaufsgespräch, insbesondere die Präsentation, im Gedächtnis zu *notieren* – das gelingt am besten, wenn er etwas erlebt: Erst wenn Sie seine visuellen Sinne und Emotionen gezielt ansprechen, steigern Sie seine Erlebnis- und damit seine Erinnerungsintensität. Aktivieren Sie vor allem die Bilder, die Ihr Gesprächspartner selbst im Kopf hat, denn sonst besteht die Gefahr eines Präsentations-Overkills: Zu viele visuelle Reize ermüden Ihren Zuschauer, der vor lauter Bildern schließlich gar keins mehr im Kopf behält – auch nicht die, die seine Kauflust entfachen!

Bei entsprechenden Produkten nutzen Sie die Einbeziehung eines Musters in die Präsentation als weitere Möglichkeit, Ihren Gesprächspartner die Vorteile Ihres Produkts im wahrsten Sinne des Wortes *fühlen* zu lassen. Sprechen Sie alle Sinne Ihres Gesprächspartners an, lassen Sie Ihr Angebot zu einer fühl- und fassbaren Erfahrung werden. Dies hat größere Wirkung als die rein rational-intellektuelle Darstellung des Kundennutzens. Wenn wir etwas selbst erleben, in der Hand halten, ausprobieren, fühlen, drehen und bestaunen, dann bleibt das auf diese Weise „Erfahrene" und

„Erfasste" um ein Vielfaches stärker in der Erinnerung als alles Gehörte und Gesehene – bedienen Sie deshalb den Spieltrieb Ihres Gesprächspartners, aktivieren Sie seinen Besitzerstolz!

> **Beispiel:**
>
> Ich werde nie das Erlebnis vergessen, als ich meinen ersten BMW M3 kaufte. Als ich mein Interesse bekundete und nach einer Probefahrt fragte, drückte mir der Verkäufer den Autoschlüssel in die Hand und sagte nur: „Im Hof steht ein M3. Bringen Sie ihn in einer Stunde zurück." Er selbst fuhr gar nicht mit! Meinen Sie, er musste mir den Wagen noch wirklich *verkaufen*? Nein – mein Fahrerlebnis selbst war das beste Verkaufsargument!

Sie können demnach Ihr Produkt oder Ihre Dienstleistung noch besser in der Erinnerung Ihres Zuhörers/Zuschauers verankern, wenn Sie ihn in die Präsentation mit einbeziehen. Führen Sie beispielsweise eine Software vor, so überlassen Sie dem Kunden die Steuerung per Maus – er wird seine eigenen Erfahrungen besser in Erinnerung behalten, als wenn er Ihnen dabei zusieht, wie Sie die Software bedienen.

Expertentipp

Hält Ihr Gesprächspartner Ihr Muster, Ihren Prospekt, Ihr Auftragsformular schon in der Hand: Nehmen Sie es ihm auf keinen Fall wieder weg, denn sonst ist er seine emotionale Verpflichtung Ihrem Angebot und somit auch Ihnen gegenüber wieder los – und Sie müssen ihm das Muster etc. wieder in die Hand drücken, was erfahrungsgemäß die Sache erschwert – denn Begreifen kommt von Greifen!

Die Vorführung darf auch gern mal ein wenig drastischer sein: So ließ ein Kollege zu Beginn seiner Präsentation sein Produkt mit ordentlichem Schwung – selbstredend rein zufällig ... – fallen, weil sich sein Kunde schon im Vorfeld der Präsentation über die mangelnde Bruchsicherheit vergleichbarer Produkte von Wettbewerbern beklagt hatte ... Lassen Sie Ihre Präsentation zu einem Erlebnis werden, das alle Sinne Ihres Zuhörers/Ihres Zuschauers aktiviert – damit sorgen Sie nicht nur dafür, dass er

Spaß und Freude hat (denken Sie daran: Verkaufen ist ein emotionaler Vorgang!), sondern auch, dass er die wichtigen sachlichen Details und den Nutzen für sich/sein Unternehmen besser im Gedächtnis behält – was gehört und gesehen, besser noch: gehört *und* gesehen *und* gefühlt (und unter Umständen auch gerochen) wird, prägt sich besser ein, als das, was nur gesehen *oder* nur gehört *oder* nur gefühlt wird! Bewegen Sie also Ihren Kunden dazu, sich die Präsentation, am besten das gesamte Verkaufsgespräch, im Kopf und das Wichtigste auf Papier zu notieren – ein aktiver Vorgang im Gegensatz zum passiven Zuhören oder Zuschauen!

Selbstredend ist in dieser Phase des Verkaufsgesprächs Ihr Gesprächsanteil höher. Als neuer Hardseller verfolgen Sie das Ziel, Ihre Präsentation möglichst straff durchzuziehen, damit sie wie „aus einem Guss" wirkt, aber selbstverständlich sollten Sie auch flexibel genug sein, Zwischenfragen Ihrer Zuhörer knapp und präzise zu beantworten, denn Fragen zum Verständnis, zu bestimmten Details signalisieren gesteigertes Interesse und Kaufbereitschaft Ihres Gesprächspartners, sie zeigen Ihnen, dass Sie seine Aufmerksamkeit ganz für sich haben. Besteht die Gefahr, dass die Präsentation „ausfranst" oder sich aufgrund der Interventionen Ihrer Zuhörer zu sehr in die Länge zieht, führen Sie Ihre Zuhörer mit DEA (dezente Anerkennung – siehe Seite 137) zum Thema zurück:

- „Gut, dass Sie diesen wichtigen Punkt ansprechen ..."
- „Danke für Ihre Frage ..."
- „Der Punkt, den Sie ansprechen, ist ein wichtiger Aspekt ..."
- „Ein guter Hinweis ..."
- „Das haben Sie klar erkannt ..."
- „Sie haben hier eine sehr klare Vorstellung ..."

Kennen Sie MONA? Produktmerkmale in individuellen Kundennutzen übersetzen

Die Art und Weise, wie Sie Ihrem Kunden Ihr Angebot vermitteln, bildet die Grundlage für Ihren Verkaufserfolg. Ihr Kunde lebt in seiner eigenen Welt: in der seines Unternehmens und seiner Branche. Er kennt die Situation in seinem Unternehmen, er kennt dessen Schwächen und Stärken, sowie seine eigenen Pläne und Ziele – seine Wünsche und Motive sind ihm meist nicht oder nur zum Teil wirklich bewusst. „Kitzeln" Sie diese

Wünsche und Kaufmotive durch gezielte Fragen aus ihm heraus und „arbeiten" Sie mit ihnen.

Denken Sie stets daran: Kunden kaufen keine Produkte/Dienstleistungen, sondern Ideen bzw. die „Was-habe-ich-davon-Vorstellung", wie sie diese Produkte und Dienstleistungen zu ihrem eigenen Vorteil nutzen. Anders formuliert: Es ist einfacher, eine Vorstellung, einen Traum zu verkaufen als einen konkreten Gegenstand oder eine wenig greifbare Dienstleistung. Dazu passt ein Ausspruch von Charles Revson, dem Gründer des Kosmetikherstellers Revlon: „In der Fabrik stellen wir Kosmetikartikel her; über die Ladentheke verkaufen wir Hoffnung auf Schönheit." Daher wollen Kunden auch das Gefühl haben, dass sie etwas kaufen – nicht, dass ihnen etwas verkauft wird.

Zum neuen Hardselling gehört, dass Sie Ihre Produkte und Dienstleistungen, deren Schwächen und Stärken sowie deren Einsatzmöglichkeiten „aus dem Eff-Eff" kennen. Bauen Sie Ihrem Gesprächspartner eine Brücke zu Ihrem Angebot – dazu setzen Sie sich auf den Stuhl Ihres Kunden und betrachten die Welt mit dessen Augen. Schauen Sie doch auch einmal Ihr Unternehmen, Ihre Produkte und Dienstleistungen, Ihr Angebot mit den Augen Ihres Kunden an – was spricht besonders dafür?

Beim neuen Hardselling steht Ihnen eine attraktive und charmante Begleiterin zur Seite: MONA. Mit der MONA-Technik formulieren Sie die Merkmale und Vorteile Ihres Produkts/Ihrer Dienstleistung als individuellen Nutzen Ihres Gesprächspartners – meist Aspekte wie die Verbesserung des eigenen Produkts, Produktionssteigerungen, das Design des eigenen Produkts, Verbesserungsmöglichkeiten etc. – und setzen dabei Brückenworte ein, die diese Verbindung von Produktmerkmal und individuellem Kundennutzen hervorheben:

MONA-Technik: Brückenworte

- ... führt bei Ihnen zu ...
- ... senkt Ihre ...
- ... leistet für Sie ...
- ... minimiert Ihre ...
- ... bringt Ihnen ...
- ... erhöht Ihre ...
- ... vereinfacht bei Ihnen/Ihre ...
- ... steigert Ihre ...
- ... spart Ihnen ...
- ... sichert Ihnen ...

- ... maximiert Ihr(en) ...
- ... bedeutet für Sie ...
- ... optimiert Ihre ...
- ... sorgt bei Ihnen für ...
- ... fördert Ihre ...

Übung

Formulieren Sie Brückenworte und Kundennutzen für Ihr Produkt/Ihre Dienstleistung

Produktmerkmal/-vorteil	Brückenwort	individueller Kundennutzen
Leichte Menüführung	vereinfacht Ihre	persönliche Bedienung.

Die MONA-Technik zeigt, wie wichtig es ist, den Bedarf, die Kaufmotive, Wünsche, Beweggründe etc. des Kunden bzw. Entscheiders detailliert zu analysieren, um daraus die treffende Verkaufsargumentation zu entwickeln und zu formulieren, die wiederum den Kaufimpuls beim Kunden bzw. Entscheider auslöst. Behalten Sie deshalb immer die sieben wichtigsten Kaufmotive im Hinterkopf:

- Sicherheit,
- Wirtschaftlichkeit,
- Prestige,
- soziale Gründe (wie Gruppenzugehörigkeit),
- Interesse an Neuem,
- Bequemlichkeit und
- Umwelt/Gesundheit.

Stellen Sie fest, dass Ihre Bedarfs- und Motivanalyse nicht ausreicht, führen Sie Ihren Kunden noch einmal zurück zu diesem Punkt des Gesprächs/des Verkaufsprozesses und fragen Sie ihn, welche Punkte noch fehlen und warum diese so wichtig für ihn sind. Es zahlt sich viel eher aus, das Gespräch noch einmal auf Bedarf und Motive zu lenken, um daraus die entscheidenden Nutzenargumente abzuleiten, als den Kunden in einer zermürbenden Einwandbehandlung und Abschlussphase mit langen Preisdiskussionen zu gewinnen – sofern dann der Abschluss überhaupt noch gelingt ... Machen Sie sich's daher einfach und drehen Sie noch mal eine „Ehrenrunde", wenn es sich als notwendig erweist!

MONA-Technik 1-2-3

Ein Beispiel dafür ist die MONA-Technik 1-2-3:

MONA 1: Übersetzen Sie ein Produktmerkmal in einen allgemeinen Produktvorteil.

> **Beispiel:**
>
> „Diese Immobilie bietet Ihnen eine Mietgarantie von 5,50 Euro."

MONA 2: Entwickeln Sie den dazu passenden persönlichen, individuellen Nutzen für Ihren Kunden – wenn Sie seine Kaufmotive kennen, ist das eine leichte Aufgabe für Sie!

> **Beispiel:**
>
> „Die Mietgarantie von 5,50 Euro über den Mietpool bedeutet für Sie, dass Ihre Investition auf jeden Fall für fünf Jahre gesichert ist und Sie somit bei Ihrer Kapitalanlage auf der sicheren Seite sind."

MONA 3: Formulieren Sie eine offene Frage zum persönlichen Nutzen Ihres Gesprächspartners und zu den positiven Auswirkungen, die mit der Kaufentscheidung für Ihr Angebot für ihn und sein Unternehmen verbunden sind. Mit dieser Frage schicken Sie ihn in seinen Gedanken in eine Zukunft, die „gute Gefühle" in ihm hervorruft.

> **Beispiel:**
>
> „Welche weiteren Vorteile sehen Sie selbst in einer solchen gesicherten Immobilie als Kapitalanlage?"

Durch seine Antwort auf Ihre Frage „verkauft" sich Ihr Gesprächspartner den Nutzen, den er von Ihrem Angebot hat, noch einmal selbst. Er verstärkt dadurch selbst sein Gefühl, dass es sich dabei um seine eigene Idee handelt – denn wir wissen ja: Unsere Kunden schaukeln ihre eigenen Babys am liebsten selbst!

Klotzen statt Kleckern: Über Zeugen überzeugen!

Ob privat oder geschäftlich, immer wieder führen wir Zeugen zur Stützung und Verstärkung unserer Argumentation an – das heißt, um andere zu „über-zeuge-n". Zeugenumlastung ist eine rhetorische Methode, die schon seit vielen Tausend Jahren angewandt wird – und wirkt! Diese Technik setzen Sie angesichts der unüberschaubaren Zahl an No-Name- und Me-too-Produkten im harten Wettbewerb heute ganz bewusst ein, um Ihren Kunden die Kaufsicherheit zu geben, die sie sich wünschen.

Die Akzeptanz eines Zeugen ist bei Ihren Kunden umso größer, wenn er sich mit diesem Zeugen identifizieren kann bzw. dem Zeugen Kompetenz zuspricht. Jeder, der einmal eine Gerichtsverhandlung verfolgt hat, weiß, welchen Einfluss eine wichtige und überzeugende Zeugenaussage auf den weiteren Fortgang des Prozesses und das Urteil haben kann. Auch im Verkaufsgespräch, insbesondere während der Präsentation, sind „Zeugen" entscheidend dafür, dass Sie das Vertrauen Ihres Verhandlungspartners gewinnen und so auf die Zielgerade Richtung Abschluss einbiegen!

Machen Sie sich das menschliche Bedürfnis, „dazuzugehören", zunutze – viele Menschen, und damit auch Ihre Kunden, neigen dazu, etwas besitzen zu wollen, was Geschäftspartner, Wettbewerber, Freunde, Kollegen, Bekannte etc. schon haben: „Sicher werden Sie genauso zufrieden sein wie ..." – zählen Sie hier zwei, drei Freunde, Bekannte etc. auf, von denen Sie wissen, dass sie ein positives Verhältnis zu Ihrem Kunden haben, ansonsten schlägt diese Methode ins Gegenteil um! Erinnern Sie sich an die Werbung eines großen Geldinstituts vor ein paar Jahren? „Mein Haus, mein Auto, mein Boot ..."

> **So macht's der *alte* Hardseller**
>
> „Das Unternehmen ... hat das gleiche Produkt, da können Sie doch nicht hinten anstehen!"

Als Zeugen eignen sich

- ▶ Referenzschreiben von Kunden
- ▶ Präsentationen mit Interessenten bei Bestandskunden
- ▶ Referenzobjekte
- ▶ Presse (Fachzeitschriften) und elektronische Medien

- Verbraucherverbände
- unabhängige Institute wie Stiftung Warentest, Ökotest etc.
- Tests und anerkannte Gutachten
- Broschüren mit Fotos und Texten/Zitaten zufriedener Kunden

Sie können sogar Ihren Kunden selbst als Zeugen nehmen, wenn Sie beim Erstbesuch seine Wünsche, Erwartungen und Bedürfnisse detailliert geklärt und auf diese Weise bereits eine Menge Informationen über ihn in Erfahrung gebracht haben!

> **Expertentipp**
>
> Erstellen Sie Ihre eigene Zeugenliste. Halten Sie nicht „hinter dem Berg" mit Ihren Referenzen – Ihre potenziellen Kunden informieren sich gern vorab über Ihre bisherigen Verkaufserfolge: Nutzen Sie diese Neugier, indem Sie auf Ihrer Homepage, in Ihren Unternehmens- und Produktbroschüren und natürlich im persönlichen Kundengespräch auf zufriedene Stammkunden hinweisen, die auch gern ihre erfolgreiche Zusammenarbeit mit Ihnen be-zeugen!

Bitte kommen Sie nicht auf die Idee, sich selbst als Zeugen zu nennen! Ihre Erfahrung ist kein wirklich ernstzunehmender Zeuge, denn der Kunde unterstellt Ihnen (unbewusst), dass Sie ja nichts anderes sagen können – schließlich wollen Sie ihm ja etwas verkaufen! Oder für wie glaubhaft halten Sie die Argumentation eines Autoverkäufers, der Ihnen immer wieder bestätigt, dass er dieses Modell selbst auch fährt?

Bei seinen Recherchen für sein Buch „Magnet Marketing" stieß mein Freund Alexander Christiani auf ein Foto, das Joe Girard, den erfolgreichsten Autoverkäufer aller Zeiten – er verkaufte in seiner 15-jährigen Karriere 13 001 Autos –, in seiner kleinen Verkaufsecke in einem Großraumbüro zeigte. Während die Verkaufsbuden seiner Kollegen leer waren, waren die Wände seines „Verkaufsraumes" mit Fotocollagen vollgehängt. Eine dieser Collagen zeigte eine Familie – Vater, Mutter und Sohn –, die über mehrere Jahre hinweg insgesamt neun Autos bei Girard gekauft hatte. Mit der Fotocollage dieser Familie vermittelte Girard Interessenten und potenziellen Neukunden die unausgesprochene Botschaft: „Wenn ich in meiner Stammkundschaft Familien habe, die mir seit vielen Jahren beim

Autokauf vertrauen, dann bin ich auch für dich ein vertrauenswürdiger Partner!"

Als mir Alexander Christiani von dieser Idee einer Fotogalerie zufriedener Stammkunden erzählte, war ich so begeistert, dass ich begann, in mein Büro gerahmte Referenzschreiben meiner Kunden zu hängen. Doppeleffekt: 1. Meine Besucher machen sich intuitiv Gedanken darüber, wie wohl ihr eigenes Referenzschreiben aussehen wird. 2. Ich motiviere mich täglich durch den Anblick der Referenzen meiner zufriedenen Kunden. Nutzen auch Sie diesen einfachen Motivationskick!

Sollte Ihr Gesprächspartner tatsächlich einmal einen Ihrer Zeugen aus welchen Gründen auch immer ablehnen, dann beharren Sie nicht auf diesem Zeugen, sondern tauschen ihn einfach gegen einen anderen aus, der von Ihrem Gesprächspartner eher akzeptiert wird – das untergräbt keineswegs Ihre Kompetenz! Verteidigen Sie hingegen den von Ihrem Gesprächspartner abgelehnten Zeugen weiterhin, bringt Sie das in Ihrer Argumentation kein Stück weiter – im Gegenteil: Sie schaden Ihrer bisher gut verlaufenen Präsentation nur und laufen Gefahr, dass sich das Verkaufsgespräch festfährt. Und dann wird es schwer, die „Karre aus dem Dreck zu ziehen"!

Referenzen

Solange immer nur Sie positiv über Ihre Produkte und Dienstleistungen sowie über Ihr Unternehmen sprechen, ist Ihr Gesprächspartner meist nicht restlos überzeugt, denn es bleiben stets kleine Zweifel: „Hört sich ja alles ganz toll an. Doch woher weiß ich denn, ob das wirklich so toll ist, wie es sich anhört?" Begegnen Sie diesem leisen, unter Umständen gar nicht ausgesprochenen „Einwand" mit Referenzschreiben! Mit der Referenzmethode machen Sie Ihre Stammkunden und frisch gewonnene Neukunden zu Ihren direkten Vermittlern.

Eine Referenz ist eine einfache, meist schriftliche Auskunft über eine bereits vorhandene Geschäftsbeziehung: Der Verkäufer hat einen Kunden, der das Produkt bzw. die Dienstleistung bereits nutzt und bereit ist, dies „seinem" Verkäufer (schriftlich) zu bestätigen. Insofern handelt es sich um eine Bestätigung über die Erbringung einer Leistung in der Vergangenheit und ein Zeugnis der Zufriedenheit des jeweiligen Kunden mit dieser Leistung.

Referenzen sind immer wieder ein wichtiger Faktor im Verkaufsprozess, der oft den (mit)entscheidenden Kaufimpuls beim potenziellen Kunden auslöst – gerade im Dienstleistungsbereich ist die Frage nach entsprechenden Referenzen üblich.

Wie komme ich an Referenzen?

Jeder gute Verkäufer hat einige Stammkunden, mit denen er schon seit längerer Zeit zur beiderseitigen Zufriedenheit zusammenarbeitet: Bei der nächsten sich bietenden Gelegenheit fragen Sie als neuer Hardseller nach einer schriftlichen Bestätigung oder zumindest danach, ob es ok ist, dass Sie diesen Kunden in eine Referenzliste zufriedener Kunden aufnehmen:

Neuer Hardseller: „Herr Kunde, wissen Sie, wie lange wir uns schon kennen?"

Kunde (antwortet meist nur vage): „Hhhhmmmm … genau weiß ich es nicht, aber ein paar Jahre dürften es schon sein …"

Neuer Hardseller: „Herr Kunde, unseren ersten Termin hatten wir am … (natürlich haben Sie das genaue Datum vorher recherchiert!). Seit dieser Zeit, seit nunmehr … Jahren, arbeiten wir erfolgreich zusammen. Heute habe ich eine persönliche Frage an Sie: Sind Sie zufrieden mit meiner Betreuung und den angebotenen Produkten und Dienstleistungen?"

Kunde: „Natürlich, sonst würden wir ja nicht schon so lange zusammenarbeiten, oder?"

Neuer Hardseller: „Herr Kunde, dann habe ich heute eine kleinen, spontanen Wunsch: Tausend gesprochene Worte sind nicht so gut wie ein Dreizeiler auf Papier. Kann ich solch einen Dreizeiler von Ihnen in Form eines kurzen Referenzschreibens für meine Neukundenakquisition bekommen?"

Ihre Kunden werden in 90 Prozent der Fälle positiv reagieren und diesem Wunsch nachkommen, wenn Sie sie in der Vergangenheit gut betreut haben – so kommen Sie zu den besten Referenzschreiben überhaupt! Falls Ihr Kunde wider Erwarten ablehnend reagiert, haben Sie jetzt zumindest eine hervorragende Gelegenheit zu erfahren, wo ihn der „Schuh drückt", welche Beschwerden er vorbringt, und können somit Ihren Kunden in der Zukunft (noch) besser betreuen. Nur der Überzeugte kann überzeugen!

Überlegen Sie vorher ganz genau, wie dieses Referenzschreiben idealerweise für Ihre Zwecke aussieht, welche Fakten, Daten und Informationen darin genannt werden sollen. Vermeiden Sie Bleiwüsten, um Kunden, die diese Referenz ja lesen sollen/wollen, nicht zu überfordern. Zu viel Text, der nicht kurz und prägnant formuliert ist, lässt den eigentlich positiven Effekt eines Referenzschreibens wirkungslos verpuffen, weil sich Ihr Gesprächspartner dann nicht mehr die Mühe macht, das Lob Ihres Referenzkunden wahrzunehmen.

> **Expertentipp: Referenzen vorformulieren**
>
> Mittlerweile ist es üblich, dass Verkäufer ihren jeweiligen Kunden aktiv bei der Abfassung einer Referenz unterstützen. Gehen Sie noch einen Schritt weiter und bieten Sie Ihrem begeisterten Stammkunden an, das Referenzschreiben vorzuformulieren, sodass dieser es nur noch korrigieren und auf seinem Briefbogen ausdrucken muss. Die Vorteile liegen auf der Hand: Ihr Stammkunde hat keinen Zeitaufwand, weil Sie ihm die Arbeit abnehmen – dadurch fühlt sich dieser verpflichtet, Wort zu halten und das Referenzschreiben tatsächlich zurückzuschicken.
>
> Darüber hinaus können Sie auch die Inhalte „steuern", sodass die Referenzschreiben nicht immer die gleichen Aspekte der Zusammenarbeit lobend hervorheben, sondern jeweils verschiedene USPs wie Produktqualität, Serviceleistung, Kooperation mit dem Verkäufer etc. in den Mittelpunkt stellen. Durch die Betonung eines spezifischen Vorteils haben Sie mehr Raum und Möglichkeiten, diesen noch stärker und überzeugender im Referenzschreiben herauszuarbeiten. Wenn Sie also darauf achten, zu verschiedenen USPs mehrere Referenzschreiben in petto zu haben, nutzen Sie deren Wirkung optimal. Auch bei neuen Kunden haben Sie die Möglichkeit, sofort nach erfolgreich absolviertem Auftrag nach einem Referenzschreiben zu fragen.

Referenzschreiben legen Sie im Verkaufsgespräch im passenden Moment vor, um Ihrem Gesprächspartner den letzten Kauf-„Kick" zu geben, zum Beispiel, wenn ein Zuhörer während der Präsentation einen besonders für ihn wichtigen Aspekt anspricht: Dann „zaubern" Sie ein Referenzschreiben genau zu diesem Aspekt aus Ihren Unterlagen hervor! Eine andere günstige Gelegenheit, Referenzschreiben „sprechen" zu lassen, ist die Abschlussphase, wenn Ihr Gesprächspartner noch nach Sicherheiten sucht, um seine eigene Kaufentscheidung zu bestätigen – nach dem Motto: „Glaube ja nicht alles, was du hörst!" Das geschriebene Wort hat eben mehr Gewicht als das gesprochene – wir sind „Augentiere": Was wir mit eigenen Augen sehen, erscheint uns glaubhafter als das, was wir „nur" mit unseren Ohren wahrnehmen.

Fazit: Mit einem Referenzschreiben „verkaufen" Sie Ihre Präsentation und damit Ihr Angebot noch einmal – durch einen Dritten, Ihren Stammkunden!

Die Referenzkunden-Liste

Eine Alternative zum Referenzschreiben ist, Stammkunden mit ihren vollen Namen und Geschäftsdressen inklusive Kommunikationsverbindungen (Telefon, Fax, E-Mail) sowie Funktion bzw. Position innerhalb des Unternehmens (je höherrangig der Entscheider, desto „wertvoller" die Referenz!) in eine Referenzkunden-Liste aufzunehmen. Selbstverständlich sollten Sie Ihre Stammkunden auch für diese Form der Referenz nach ihrem Einverständnis fragen. Der neue Hardseller bekommt dieses Einverständnis leicht, denn seine Kunden sind ja stolz, mit ihm zusammenzuarbeiten!

Legen Sie diese Liste im Verkaufsgespräch vor und bieten Sie Ihrem Gesprächspartner an, dass dieser gleich mit einem der auf der Liste erwähnten Kunden über dessen Erfahrungen mit dem eigenen Unternehmen spricht. So beschleunigen Sie den Verkaufsprozess, um den Abschluss hier und heute herbeizuführen. In den meisten Fällen genügt schon die bloße Erwähnung eines (Stammkunden-)Namens, vor allem wenn es sich um ein zumindest in der Branche bekanntes Unternehmen handelt, besser noch: wenn es sich um einen in der breiten Öffentlichkeit bekannten Markennamen handelt!

Das Spannende daran ist, dass fast kein Gesprächspartner tatsächlich von der Möglichkeit Gebrauch macht, den Referenzkunden anzurufen – wenn er aber doch zum Hörer greift, dann haben Sie Ihre Referenzkunden vorab darüber informiert, dass ein solcher Informationsanruf anstehen könnte. In so einem Anruf erhält der interessierte Gesprächspartner eine objektive und ehrliche „Zeugenaussage" über Ihr Unternehmen, Ihre Produkte/Dienstleistungen und vor allem über Sie selbst! Die Wahrscheinlichkeit, dass bei einem solchen Anruf „der Schuss nach hinten losgeht", ist praktisch gleich Null: Denn warum sollte sich einer Ihrer zufriedenen Stammkunden als Referenzkunde zur Verfügung stellen, wenn er Ihnen „ans Bein pinkeln" wollte? Dieser Zeuge fühlt sich ganz im Gegenteil geehrt und freut sich, dass Sie – und der Anrufer – so großen Wert auf seine Meinung legen! Deshalb wird er von seinen neuen Kunden, größeren Umsätzen und seiner Zufriedenheit mit Ihnen erzählen! Machen Sie also Ihre

Stamm-/Bestandskunden zu begeisterten Helfern und lassen Sie diese als „Zeugen" für sich sprechen und verkaufen!

> **Expertentipp**
>
> Fragen Sie Ihre neuen Kunden, was Ihre Referenzkunden über Sie als Verkäufer und Ihr Unternehmen sagen! Sie erfahren dadurch, welche „wahren" Motive Ihre Stamm-/Bestandskunden wirklich bewegen, bei Ihnen zu kaufen – und bei Ihnen zu bleiben!

Anderes „Beweismaterial"

Wir erleben es täglich: Schriftliches genießt eine größere Glaubwürdigkeit als das gesprochene Wort. Das gilt auch für Zeitungs-/Zeitschriftenartikel, Untersuchungen und Tests in der Fachpresse etc., die ebenso als „Beweismaterial" funktionieren. Sammeln Sie also alles, was Ihnen an Gedrucktem in Ihrer Verkaufsargumentation weiterhilft. Lösen Sie sich dabei von der irrigen Vorstellung, Ihre Kunden wüssten ja schon alles! Untersuchungen zeigen vielmehr, dass Kunden nur noch circa 20 Prozent von dem, was Ihnen der Verkäufer sagt, beim nächsten Gespräch wissen. Durchschnittverkäufer wiederholen wichtige Themen und Aspekte einfach nicht mehr, weil sie der Meinung sind, ihre Kunden würden sich ja aus dem letzten Gespräch noch daran erinnern oder hätten sich über andere Quellen informiert. Wiederholen Sie dagegen wichtige Informationen aus Ihrem Erstbesuch in einer anderen Verpackung, unterstützt durch weiteres „Beweismaterial", am besten eine komplette Zeitung/Zeitschrift oder zumindest eine 1A-Kopie inklusive Erscheinungsdatum, um keinen Zweifel an der Authentizität Ihres „Beweisstücks" zu lassen.

The brand called you: Wie Sie sich als Experte positionieren

Die Art und Weise, wie Sie Ihren Expertenstatus in Ihrer Branche und in Ihrer Zielgruppe vorverkaufen, hat mindestens genauso viel Einfluss auf Ihren Verkaufserfolg wie Ihre Präsentationen und Ihre Angebote selbst.

Eine wirkungsvolle und schnell umsetzbare Maßnahme, mit der Sie Ihren Expertenstatus vorverkaufen, ist der so genannte Vorvertrauensbrief: Sie ergänzen den Brief, mit dem Sie Ihrem (potenziellen) Kunden den Termin für den zweiten Besuch bestätigen (siehe Seite 153 f.), um einen kurzen Passus, in dem Sie sich auf die Referenzen zufriedener Stammkunden beziehen:

> „Damit Sie sich schon vor unserem Folgetermin selbst einen Eindruck von unserer Arbeit verschaffen, haben wir einige Stammkunden gebeten, Ihnen bei Interesse für eine kurzes Telefoninterview zur Verfügung zu stehen, Kunden, die schon seit einiger Zeit unser Produkt/unsere Dienstleistung nutzen:
>
> Vorname, Name, Geschäftsadresse, Kommunikationsverbindungen (Telefonnummer mit Durchwahl, Faxnummer; E-Mail-Adresse)
>
> Vorname, Name, Geschäftsadresse, Kommunikationsverbindungen (Telefonnummer mit Durchwahl, Faxnummer. E-Mail-Adresse)
>
> Diese Kollegen freuen sich, von Ihnen zu hören und über Ihre Erfahrungen mit unserem Unternehmen zu berichten."

Natürlich sollten Sie die angegebenen Kunden entsprechend briefen, ohne diesen allerdings Worte in den Mund zu legen, denn das wäre eine Beleidigung für Kunden, die ja Ihre Stammkunden sind, weil sie zufrieden oder begeistert von Ihnen, Ihren Produkten und Dienstleistungen und Ihrem Unternehmen sind – und wenn dies dem entspricht, dann reicht es, diese Kunden zu fragen, ob sie bereit sind, bei einem eventuellen Anruf Ihres Interessenten Auskunft zu geben. Die Abschlusswahrscheinlichkeit beträgt in so einem Fall 100 Prozent, denn Ihre Bestandskunden verkaufen Sie, Ihre Leistungen und Ihr Unternehmen. Von solchen Zeugen träumen Tina Farblos und Olaf Grauemaus – Sie besitzen sie!

Was heißt „den Expertenstatus vorverkaufen" nun genau? Wie funktioniert das?

Angesichts der Informationsflut, die täglich über uns hinwegrollt, ist das Image, der Ruf, der Name eines Produkts oder eines Menschen wie ein Anker, der Halt gibt. Haben Sie sich schon einen Namen gemacht? Sind Sie, ist Ihr Name eine Marke?

Coca-Cola, Nike, Rolex, Tempo, Aspirin, Red Bull – warum geben wir für Markenprodukte mehr Geld aus als für einen der zahllosen qualitativ gleichwertigen Nachahmer? Markenprodukte sind gefragt, weil sie sich einen Namen gemacht haben – ihre Namen erzeugen Bilder, eine Mischung aus Informationen und Emotionen, die auf uns wirken, ob wir nun wollen oder nicht. Kurz: Name bedeutet Einfluss.

Nutzen Sie die Macht Ihres Namens! Für Ihren beruflichen Erfolg ist es unabdingbar, dass Sie einen Namen in Ihrer Branche und in Ihrer Zielgruppe haben. So sagt auch Nikolaus B. Enkelmann: Sie sind weniger für Ihre fachliche Qualifikation bekannt als vielmehr für den Namen, den Sie sich gemacht haben, und den Ruf, der Ihnen vorauseilt!

Sich einen Namen machen – auch ohne teure PR- und Werbeagenturen

Wie sprechen Sie eigentlich Ihren Namen aus? Ist er etwas länger, nuscheln Sie ihn möglicherweise zum Ende so dahin, oder ist er eher kurz, und Sie schießen ihn vielleicht raus wie ein Projektil? Dabei sollten Sie es anderen so leicht wie möglich machen, Ihren Namen zu verstehen! Sprechen Sie ihn bei der ersten Vorstellung nicht nur langsam, laut und deutlich aus, sondern auch wirkungsvoll – der berühmteste Agent der Filmgeschichte macht's immer wieder vor: „Mein Name ist Bond, James Bond." So geben Sie als neuer Hardseller Ihrem Gesprächspartner die Chance, Ihren Namen zweimal zu hören, und verschaffen sich zusätzlich einen Sympathiebonus, weil er auch Ihren Vornamen kennt – persönlicher geht's kaum ... Auf diese Weise behandeln Sie Ihren eigenen Namen mit Achtung und Respekt – und folglich tun dies auch Ihre Gesprächspartner!

Woran sollen Menschen spontan denken, wenn sie Ihren Namen hören? Ihre Positionierung als Experte bestimmt Ihr Image und beginnt mit Ihrem Namen. Konzentrieren Sie sich bei Ihrer Spezialisierung auf Ihre Stärken! Das Abstellen von Schwächen führt nicht etwa zum Auf- und Ausbau von Stärken, denn Stärken haben ihre ganz eigenen Muster.

Haben Sie sich erst einmal einen Expertenstatus erarbeitet und die Zielgruppe, der Sie Ihren spezifischen Kundennutzen bieten, eindeutig definiert, wissen auch Ihre zufriedenen Stammkunden, welcher von ihren Kollegen, Geschäftspartnern, Verwandten und Bekannten von Ihrer Leistung profitiert – und empfehlen Sie weiter. Entscheidend ist dabei, dass möglichst viele Menschen von Ihnen und Ihrer Arbeit erfahren und immer wieder Gutes von Ihnen hören und lesen:

▶ Durch Mitgliedschaften in Verbänden und Vereinen Ihres Fachgebiets können Sie möglichst viele Kontakte knüpfen, die Ihren Namen weiter kommunizieren.

▶ Halten Sie Vorträge über Ihr Spezialgebiet und veröffentlichen Sie regelmäßig Artikel in Fachzeitschriften, zunächst in einer der vielen tausend Publikationen wie kleinen Zeitungen, Unternehmenszeitschriften etc. – Medien mit größerer Reichweite folgen dann von ganz allein!

▶ Schicken Sie regelmäßig Presseveröffentlichungen von Ihnen, über Sie und Ihr Unternehmen an Ihre Stammkunden – diese sehen sich in ihrer Einschätzung bestätigt, dass Sie anerkannter Experte sind, und nutzen die nächste Gelegenheit, von sich aus über Sie zu sprechen bzw. Sie weiterzuempfehlen!

▶ Engagieren Sie sich in sozialen Initiativen – und folgen Sie dem Motto „Tue Gutes und sprich darüber!"

▶ Betreiben Sie Mund-zu-Mund-Propaganda – aktivieren Sie Ihre zufriedenen Kunden, Sie bei jeder Gelegenheit weiterzuempfehlen. Auch hier gilt: Je sichtbarer und nachdrücklicher Ihr Expertenstatus ist, desto größer ist die Bereitschaft Ihrer Kunden, Sie für ihre eigenen Selbstdarstellungszwecke einzuspannen – nutzen Sie den Drang vieler Menschen, mit guten Kontakten zu „protzen" („Ich hab' da einen Klasse-Verkäufer an der Hand, der ist echt eine Koryphäe auf seinem Gebiet – den kenn' ich schon, seit er als Frischling angefangen hat …").

Expertentipp: „Stammtisch-Test"

Um die Anziehungskraft Ihres Namens und die Wirkung Ihres Expertenstatus zu überprüfen, stellen Sie sich doch einmal folgende Situation vor:

Sie sind Finanzdienstleister und haben einen Termin mit einem neuen Interessenten vereinbart. Dieser Interessent trifft sich abends mit Geschäftsfreunden am Unternehmerstammtisch in seinem Lieblingsrestaurant, wo sie sich über Branchennews austauschen. Irgendwann im Lauf des Abends kommt das Gespräch auf Verkäufer im Allgemeinen. Da sagt einer der „Stammtischbrüder": „Wisst ihr was, heute hat mich ein wirklich pfiffiger Verkäufer angerufen und mit mir einen Termin vereinbart. Der war so gut, ich konnte und wollte nicht ‚Nein' sagen!"

„Was macht der?"

„Er ist Finanzdienstleister und will mit mir über betriebliche Altersvorsorge sprechen."

„War das Kurt Kompetenz?"

„Ja, warum?"

Nun kann sich das Gespräch in drei Richtungen weiterentwickeln:

1. „Um Gottes willen, den kannst du vergessen! Dessen Finanzkonzepte taugen überhaupt nichts!"

Wie werden Ihre Verkaufschancen bei diesem Interessenten jetzt aussehen? Richtig: Sie sind gleich Null.

2. „Der war auch bei mir, war ganz ok ... der hat bei mir festgestellt, dass meine Absicherung in Ordnung ist, aber hör' dir ruhig einmal an, was der zusagen hat."

Ihre Verkaufschancen? Schon besser: 50:50.

3. „Hast du ein Glück, der war auch bei mir! Das ist der in der Stadt bekannteste und beste Finanzdienstleister, den ich überhaupt bisher erlebt habe. Wann kommt der zu dir?"

„In zwei Wochen."

„Wie hast du denn das geschafft? Normalerweise wartest du mindestens vier Wochen auf einen Termin bei dem!"

Die Frage nach Ihren Verkaufschancen nach diesem Gespräch können Sie sich selbst beantworten ...

Sie denken, ich übertreibe? Dann haben Sie spätestens jetzt erkannt, was Sie noch an Ihrem Expertenstatus und für Ihren Marken-Namen tun müssen, um ein neuer Hardseller zu werden!

Wie konnte ich wissen, was du meintest, als ich hörte, was du sagtest ...

Wenn Sie eine gute Präsentations-Performance abliefern, dann müssen Sie irgendwann mit Nachfragen und Zwischenbemerkungen Ihres Gesprächspartners rechnen – fassen Sie diese Einwürfe nicht etwa als Störung auf, sondern deuten Sie sie richtigerweise als Beweis dafür, dass Ihre Präsentation spannend und begeisternd ist – insofern sind vor allem Fragen eine willkommene Gelegenheit, das Interesse mit Angebotsdetails und (weiteren) Storys zu vertiefen, denn Fragen sind klare Kaufsignale!.

Allerdings tun sich gerade begeisterte Zuhörer oft schwer, andere Gesprächsteilnehmer ausreden zu lassen, genau hinzuhören und in den eigenen Gesprächsbeiträgen auf die Ausführungen des jeweiligen Gesprächspartners einzugehen. So entstehen häufig Missverständnisse, die erst spät erkannt werden und in ihrer Klärung wertvolle Zeit kosten. Dabei, diese Bemerkungen für Ihre Nutzenargumentation optimal zu verwerten, hilft Ihnen die Technik des kontrollierten Dialogs. Sie unterstützt Sie dabei,

- zu prüfen, ob Sie die Nachfragen und Zwischenbemerkungen Ihrer Zuhörer richtig verstanden haben,
- komplizierte Sachverhalte, die sich aus dem Produkt/der Dienstleistung ergeben, zu klären (zum Beispiel, wenn Ihre Zuhörer Verständnisfragen haben),
- Dauerredner zu disziplinieren
- und so die Gesprächsführung zu behalten, solange Sie die volle Aufmerksamkeit Ihres Gesprächspartner haben, um alles klar zu machen.

Lassen Sie sich auch nicht von kritischen Bemerkungen aus dem Konzept bringen. Wir sind darauf konditioniert, auf Tadel mit Rechtfertigung und Verteidigung zu reagieren. Leider haben die meisten Gesprächspartner uneingeschränkte Zustimmung zu unserem Angebot „verlernt" oder fürchten, sich durch zu viel Anerkennung in eine schlechte Verhandlungsposition zu bringen.

Auf Kommentare wie „Ihr System gefällt mir recht gut, aber es scheint mir einfach zu groß" reagieren Tina Farblos und Olaf Grauemaus zumeist damit, zu argumentieren, die Größe zu rechtfertigen und damit die negativen Gedanken des Kunden zu verstärken. Beim neuen Hardselling sollten Sie hingegen nie mit uneingeschränktem Lob seitens Ihres Gesprächspart-

> **Die vier Prinzipien des kontrollierten Dialogs**
>
> ▶ Lassen Sie Ihren Gesprächspartner aussprechen und hören Sie dabei aktiv hin!
>
> ▶ Konzentrieren Sie sich ausschließlich auf das, was Ihr Gesprächspartner gerade sagt – lassen Sie sich von nichts anderem ablenken.
>
> ▶ Wiederholen Sie die Ausführungen Ihres Gesprächspartners in eigenen Worten und in verkürzter Form – nutzen Sie dabei Formulierungen wie
>
> – „Sie sind der Meinung, dass ..."
> – „Hab' ich Sie richtig verstanden, dass ..."
> – „Sie suchen eine Lösung für ..."
> – „Ich habe Sie so verstanden ..."
> – „Sie stellten fest ..."
> – „Wenn ich Sie richtig verstanden haben, möchten Sie wissen ..."
>
> Warten Sie darauf, dass Ihr Gesprächspartner Ihre Zusammenfassung positiv bestätigt, bevor Sie einen eigenen Beitrag/eine eigene Antwort zum Thema formulieren.
>
> Beherrsche die Sache, dann folgen die Worte!

ners rechnen – seien Sie sich bewusst, dass die Botschaft aus zwei Teilen besteht: Konzentrieren Sie sich auf den positiven Teil („Ihr System gefällt mir recht gut ..."), lassen Sie den negativen („ ... aber es scheint mir einfach zu groß") hinter sich und fragen Sie nach: „Was genau gefällt Ihnen denn so gut?". Effekt: Ihr Gesprächspartner ruft sich noch einmal die für ihn positiven Aspekte ins Gedächtnis und wiederholt sie. Es gibt kein Gesetz der Welt, das uns verbietet, nur auf den positiven Teil einer Aussage einzugehen! Auf elegante Art und Weise bringen Sie so Ihren Gesprächspartner dazu, die eigene positive Einstellung zum Angebot und damit die Kaufbereitschaft zu verstärken.

Handelt es sich bei der zweiten Hälfte der genannten kritischen Bemerkung tatsächlich um einen „echten" Einwand, so kommt Ihr Gesprächspartner sicherlich von selbst noch einmal darauf zurück – dann haben Sie schon einen konkreten Punkt, an dem Sie in Ihrer Argumentation „einhaken"!

Die Gesprächsergebnisse schriftlich fixieren

Eine uralte kommunikationspsychologische Weisheit besagt, dass der letzte Eindruck einer verbalen oder nonverbalen Äußerung am stärksten beim Gesprächspartner haften bleibt. Als neuer Hardseller stellen Sie deshalb direkt nach einer gelungenen Präsentation – wenn Sie aufgrund der Aussagen Ihres Gesprächspartners sowie seiner Gestik und Mimik zu dem Schluss gekommen sind, dass er „reif" dafür ist – die Abschlussfrage. Zögert Ihr Gesprächspartner allerdings noch, lassen Sie sich von ihm jeden erledigten Punkt bestätigen und bekräftigen das, indem Sie zum Beispiel auf einem Flipchart mit einem grünen Marker „Ok" hinter die besprochenen Themen schreiben. So isolieren Sie durch geschickte Nachfragen den Punkt, der den Entscheider noch zögern lässt, und überzeugen ihn letztlich durch entsprechende Einwandbehandlung und Abschlusstechniken. Die Abschlussfrage nach der Präsentation ist also zumindest ein Thermometer für die „Abschlusstemperatur" des Gesprächspartners.

Manchmal ist es allerdings schwierig, eine sofortige Entscheidung herbeizuführen, insbesondere bei einer Gruppe von Gesprächspartnern. In so einer Situation können Sie auf eine hypothetische Frage zurückgreifen: „Nur mal angenommen, meine Damen und Herren, Sie treffen heute einen Kollegen, der leider unsere Präsentation verpasst hat. Dieser Kollege fragt Sie nun: ‚Wie war denn die Präsentation?' Wie würden Sie spontan auf diese Frage antworten?" Auch mit dieser Frage erhalten Sie zumindest den einen oder anderen Hinweis, wo Sie noch nacharbeiten müssen, wo noch Informationsbedarf bei Ihren Gesprächspartnern besteht, welche Kaufimpulse Sie noch geben müssen, um sie zu einer Entscheidung zu bringen. Bekommen Sie von allen ein klares „Ja", dann steuern Sie mit Vollgas ins Ziel und auf das Siegertreppchen!

Wenn Ihre Präsentation so überzeugend und begeisternd war, dass Sie Ihren Gesprächpartner direkt zum Abschluss führen, dann sollten Sie natürlich sofort Ihre Auftragsformulare zur Hand haben, um „Nägel mit Köpfen zu machen". Ein Verkäufer, der nicht die entsprechenden Unterlagen direkt greifbar oder möglicherweise überhaupt nicht mit in den Termin genommen hat, outet sich als unprofessioneller Anfänger.

Als neuer Hardseller hingegen legen Sie schon zu Beginn des Folgetermins das Auftragsformular gut sichtbar für Ihren Gesprächspartner auf den Tisch (der *alte* Hardseller überzieht hier völlig – er hat das Formular schon ausgefüllt ...) und signalisieren ihm damit: „Lieber Kunde, ich bin heute hier, um dich zu überzeugen, damit du überzeugt ‚Ja' sagen kannst!" Behalten Sie Ihr Ziel immer vor Augen und nehmen Sie stets den direkten Weg, dann sind Sie auch allzeit für den Abschluss vorbereitet!

Stellen Sie nach der Präsentation fest, dass Ihr Gesprächspartner noch eine höhere Drehzahl braucht, dann halten Sie auf jeden Fall die bisherigen Gesprächsergebnisse schriftlich und gut sichtbar für den Entscheider (zum Beispiel auf einem Flipchart) fest – und sei es „nur" ein Zwischenstand, sozusagen eine Drehzahlmessung. Damit erinnern Sie Ihren Gesprächspartner immer wieder daran, wie weit Sie schon in Ihrer Arbeit an einer gemeinsamen Lösung speziell für Ihren Kunden vorangekommen sind – denn Sie wissen ja: Schriftlich Fixiertes (denken Sie an die Wirkung von Referenzschreiben oder anderem Beweismaterial!) hat mehr Gewicht als das gesprochene Wort.

Als neuer Hardseller bleiben Sie dran, solange der Motor Ihres Kunden noch warm und auf Touren ist – bis zum Abschluss! Getreu dem Leitspruch: Hier bin ich, hier bleib' ich, hier schreib' ich!

> Gib alles, dann bekommst du alles zurück, denn der neue Hardseller ist die kleinste Nummer im Markt – die Nummer 1!

Aus „Nein" mach' „Ja":
Die Einwandbehandlung

> Das große Geheimnis wirklicher Verkaufserfolge besteht darin,
> herauszufinden, was der Kunde will,
> und ihm dann zu helfen,
> sich diesen Wunsch zu erfüllen.
> *Henry Ford*

Einwände sind Wegweiser zum Abschluss

Was haben Silvester und Einwände gemeinsam? Sie sind so sicher wie das Amen in der Kirche! Es gibt nur eine Handvoll typischer Einwände – und deshalb sollten Sie für diese genauso optimal gewappnet sein wie für den letzten Tag (und Abend) des Jahres.

In meinen Seminaren stelle ich immer wieder fest, dass die wenigsten Verkäufer auf diese immer wiederkehrenden Einwände vorbereitet sind. Dabei sind Einwände und ihre engsten Verwandten – Vorwände und Bedingungen – doch ihre ständigen Begleiter! In jedem Verkaufsgespräch, insbesondere in der Neukundenakquise begegnen Verkäufer ihnen: im Terminvereinbarungsgespräch, in der Bedarfs- und Motivermittlung, während der Präsentation, in der Abschlussphase. Erst, wenn Ihr Kunde sein Autogramm auf Ihren Auftragsblock gesetzt hat, war Ihre Einwandbehandlung ein hundertprozentiger Erfolg!

Warum lassen sich Durchschnittsverkäufer wie Tina Farblos und Olaf Grauemaus dennoch immer wieder von den Gegenargumenten ihrer Kunden aus der Bahn werfen, obwohl ihnen erfahrungsgemäß doch stets die gleichen Einwände begegnen und sie sich darauf einstellen könnten? Tina Farblos und Olaf Grauemaus sehen Widerstände ihres Kunden mit den falschen Augen:

▶ als lästige Hindernisse auf dem Weg zum Abschluss, die es möglichst schnell aus dem Weg zu räumen gibt – nicht als Meilensteine zu ihrem Verkaufserfolg!

▶ als meterdicke (Ein-)Wände, vor denen sie kapitulieren müssen – nicht als Türen, für deren Schlösser sie die passenden Schlüssel in der Hand halten!

Auch hier macht wie so oft die innere Einstellung den Unterschied. Als neuer Hardseller freuen Sie sich über die Argumente Ihres Gesprächspartners, schließlich können Sie jetzt Ihre rhetorischen, gestischen und mimischen Fähigkeiten so richtig unter Beweis stellen – ohne zum Showman zu mutieren, denn Sie sollten stets authentisch und glaubwürdig für Ihre Kunden bleiben.

Betrachten Sie Einwände einerseits als das Salz in der Suppe des Verkaufsgesprächs, andererseits als einen Gradmesser für das Interesse Ihrer Gesprächspartner an Ihrem Angebot. Seien Sie sich bewusst: Ein Kunde, der keine Einwände hat, wird nichts kaufen. Ein Einwand ist für Sie deshalb ein positives Kaufsignal!

Mit Einwänden fragen Ihre Gesprächspartner Sie, warum sie ausgerechnet mit Ihnen für Ihr Produkt/Ihre Dienstleistung den Abschluss machen sollen. Insofern sind Einwände manchmal auch nur Testläufe, mit denen Ihre Kunden herausfinden wollen, wie Sie als Verkäufer zu Ihrem eigenen Angebot stehen, wie sehr Sie überzeugt von Ihrem Produkt/Ihrer Dienstleistung, von Ihrem Unternehmen – und von sich selbst sind!

Einwände sind ideale Ansatzpunkte für neue Gesprächsideen und Verkaufsargumente, schließlich geben sie Ihnen Auskunft über die Bedenken und individuellen Anforderungen Ihrer Kunden – sie zeigen Ihnen, wie Sie Ihren Kunden die entscheidenden Kaufimpulse geben. Chancen findet der, der Chancen sucht!

Von Einwänden, Vorwänden und Bedingungen: Wie Sie die Gegenargumente Ihrer Kunden richtig einschätzen

Um situationsgerecht und abschlussorientiert auf die (Gegen-)Argumente Ihrer Gesprächspartner zu reagieren, ist es unabdingbar, diese Argumente genau zu identifizieren, denn Ihre Kunden selbst unterscheiden nicht zwischen Bedingungen, Vorwänden oder Einwänden.

Bedingungen sind objektive, das heißt plausible, nachvollziehbare, messbare Ansprüche, die ein Angebot einfach nicht erfüllt. Ein solches sachlich gerechtfertigtes Gegenargument sollten Sie zunächst auf seine Stichhaltigkeit prüfen. Trifft es tatsächlich zu, bleibt Ihnen nur die Möglichkeit, die momentan rationale Gefühlsebene zu verlassen und diesen objektiven Nachteil durch Vorteile auf der Gefühlsebene Ihres Kunden auszugleichen: Sprechen Sie seine emotionalen Bedürfnisse verstärkt an, zum Beispiel, indem Sie ihm einen individuellen, konkreten Nutzen Ihres Angebots visualisieren, „ausmalen": „Stellen Sie sich mal vor ..."

> **Beispiel:**
>
> Will ein Kunde partout seine alte Vinyl-Plattensammlung reaktivieren, dann hilft Ihnen als Elektrofachverkäufer Ihre breite Auswahl an CD- und MP3-Playern in allen Preisklassen und Ausstattungsvarianten auch nichts. Sie könnten höchstens versuchen, ihm „Gefühls-Argumente" zu liefern, indem Sie ihm zum Beispiel den rauschfreien Hörgenuss vermitteln, den die digitalisierten Fassungen der Lieblingssongs seiner Jugend liefern – schwelgt er in den Erinnerungen an seine ersten Hobbykellerparties und Kussversuche, haben Sie eine gute Chance, diesen Interessenten doch noch als Kunden zu gewinnen. Nicht umsonst raten Ihnen die Verkäufer in Elektrogroßmärkten und Hifi-Fachgeschäften, für Hörproben doch Ihre Lieblingsmusik mitzunehmen ...

Erkennen Sie aber, dass das Argument Ihres Kunden eine unüberwindbare Bedingung darstellt, bringt Sie eine lange Diskussion darüber nicht weiter. Sie sollten also herausfinden, ob es sich beim Argument Ihres Kunden tatsächlich um eine unverrückbare Bedingung handelt, der Sie sich beugen müssen, weil Ihr Produkt oder Ihre Dienstleistung den objektiven Bedarf Ihrer Kunden nicht bedient, oder vielleicht doch nur um einen Vorwand, den Sie als Verkäufer – emotional – bearbeiten können.

Vorwände sind Wände, hinter denen sich Ihre Kunden verstecken. Psychologisch gesehen handelt es sich um Fluchtversuche, auf jeden Fall aber um rein emotionale Reaktionen, die häufig aus Angst oder (falsch verstandener Höflichkeit) entstehen. Vorwände lassen sich daher auch nicht mit rationalen Argumenten behandeln: Sie müssen mit heftigen Abwehrreaktionen und schwer aufzulösenden Gesprächsblockaden rechnen, wenn Sie Ihrem Kunden „auf den Kopf zusagen", was sich tatsächlich hinter seinen Vor-Wänden verbirgt. Eventuell kennen Sie das unangenehme Gefühl, bei einer (Not-)Lüge ertappt und so unter Rechtfertigungsdruck gesetzt zu werden – beweisen Sie also Ihr verkäuferisches Fingerspitzengefühl, wenn Sie den Eindruck haben, dass Ihr Kunde mit vorgeschobenen Gründen argumentiert!

Einwände sind subjektive Argumente gegen Ihr Angebot, die manchmal auf fehlenden oder missverständlichen Informationen beruhen – aber aus der Sicht Ihres Gesprächspartners objektives Gewicht haben. Auf jeden Fall handelt es sich um Kaufsignale, an die Sie für Ihre Einwandbehandlung anknüpfen, denn Ihr Kunde sagt Ihnen damit letztlich: „Ich *will* überzeugt werden!". Mit der entsprechenden Antwortstrategie nehmen Sie Ihren Gesprächspartner an die Hand und führen ihn zum sicheren Abschluss!

Auch Ängste bestimmen Einwände und Vorwände

▶ *Angst vor Manipulation*: Wir alle lehnen die Vorstellung ab, von massiven Werbeaussagen, übereifrigen Verkäufern und zu vielen positiven Aussagen zu Entscheidungen gedrängt zu werden, die wir nicht treffen wollen – üben Sie zu viel Druck auf Ihren Kunden aus, sind Ihre Strategien, seine Kaufentscheidung zu beeinflussen, zu offensichtlich, blockt er ab, denn: Ihr Kunde will das Gefühl haben, zu kaufen, und nicht, dass ihm etwas verkauft wird. Genau das macht der neue Hardseller: Er lädt seine Kunden zum Kaufen ein!

▶ Stressfaktoren wie Ärger, schlechte Stimmung, Zeitnot und Sorgen lassen bei Ihren Kunden die *Angst* entstehen, zu einem *falschen Zeitpunkt* eine wichtige Entscheidung zu treffen – stattdessen wollen sie auf bessere Zeiten warten ... Geben Sie Ihrem Kunden zum Beispiel durch die Darstellung Ihrer intensiven After-Sales-Betreuung die Sicherheit, dass er sehr gut bei Ihnen aufgehoben ist, wenn er sich *jetzt* entscheidet!

▶ Hat Ihr Kunde *Angst vor Ihrem Angebot*, dann war Ihre Bedarfs- und Motivanalyse nicht detailliert genug und Sie konnten die Merkmale und Vorteile Ihres Produkts/Ihrer Dienstleistung nicht ausreichend zu einem passenden, weil individuell zugeschnittenen Angebot verdichten. Hier gilt: Vergeuden Sie nicht unnötig Zeit und Energie, indem Sie wie Sisyphos die schweren Vor- und Einwandsbrocken Ihres Gesprächspartners immer wieder von Neuem den Berg hochrollen, sondern kehren Sie lieber noch einmal zur Bedarfs- und Motivanalyse zurück, um die liegen gelassenen Steine zu einem schönen Angebotsmosaik zusammenzufügen!

▶ „Protzen" Sie niemals mit Ihrem Fach-Know-how und Ihren Branchenkenntnissen – Ihr Kunde „bestraft" Sie sonst mit seiner *Angst vor* Ihrer *Kompetenz*, davor, Sie könnten ihn „über den Tisch ziehen"! Andererseits muss Ihr Kunde auch spüren, wie souverän Sie sich in der Materie bewegen, damit er sich bei Ihnen gut „aufgehoben" fühlt.

▶ Gerade bei langfristigen Entscheidungen, insbesondere im Investitionsgüterbereich, quält Ihren Kunden die *Angst vor möglichen späteren Folgekosten*, weil unbekannte Faktoren und nicht absehbare Entwicklungen hundertprozentig sichere Voraussagen unmöglich machen.

▶ *Angst vor Veränderungen* zeigt sich nicht nur im Beruf, sondern in allen Lebensbereichen: Wir haben alle eine mehr oder weniger große Furcht davor, Vertrautes aufzugeben und uns mit Neuem auseinander zu setzen, das wir nicht kennen. So vermeidet Ihr Kunde es beispielsweise, seinen Lieferanten zu wechseln, weil er befürchtet, die „Sicherheit", die ihm dieser hinsichtlich Lieferkonditionen, Service etc. bietet, zu verlieren. Hier bieten sich beispielsweise Referenzen an, die Ihre Zuverlässigkeit und Termintreue loben.

▶ Hat Ihr Kunde mit einem früheren Anbieterwechsel schlechte Erfahrungen gemacht, hält er nun – trotz der objektiven Vorteile, die Sie ihm mit Ihrem Angebot bieten – an seinem momentanen Lieferanten fest. Aus *Angst vor* weiteren *Enttäuschungen* versucht er also, vergleichbare Situationen zu vermeiden. Testberichte und andere positive Veröffentlichungen in der (Fach-)Presse geben Ihrem Gesprächspartner auch in solch einer Situation die Sicherheit, die er sich von Ihnen wünscht.

Die Ängste Ihres Kunden sind stark mit seinen Motiven verknüpft: Rationale Argumente bringen Sie daher in solchen Situationen kein Stück weiter. Vielmehr müssen Sie die positiven Emotionen Ihres Kunden wecken, indem Sie eine Verbindung zwischen seinen Motiven und Sicherheitsbedürfnissen einerseits und den Vorteilen Ihres Produkts/Ihrer Dienstleistung herstellen. Wenn Sie also seine Ängste „fühlen", respektieren und verstehen, wenden Sie diese ins Positive und übersetzen Sie sie in individuelle Nutzenargumente. Denken Sie immer an folgendes Motto: Du musst den Erfolg einladen, damit er kommt!

Vorwände enttarnen

Bevor Sie nach dem Gießkannenprinzip die Gegenargumente Ihres Kunden „ersäufen", machen Sie sich besser die Mühe, herauszufinden, welcher Art diese Gegenargumente sind, um dann mit einem gezielten Strahl aus dem Gartenschlauch darauf zu antworten. Hier gilt: Zwei Schritte zurück bringen Sie oft drei Schritte näher an Ihr Ziel. Es lohnt sich, die Gegenargumente Ihres Gesprächpartners genau zu identifizieren, weil Sie dann „freie Fahrt" für Ihre Einwandbehandlung haben!

Mit der Ihnen schon bekannten hypothetischen Frage identifizieren Sie das Argument Ihres Gesprächpartners als Vorwand oder Einwand, um ihm dann mit einer passenden Reaktionsstrategie die Sicherheit zu geben, bei Ihnen die richtige Kaufentscheidung zu treffen. Als kleine Hilfestellung zeigt Ihnen der folgende Beispieldialog, wie wichtig es ist, in der Frage keinesfalls zusätzliche Lösungsvorschläge anzubieten:

> **Beispiel:**
>
> *Kunde:* „Ich kann dieses Kopier- und Drucksystem nicht kaufen, dazu fehlt mir das Geld."
>
> *Neuer Hardseller:* „Nehmen wir einmal an, Ihnen stehen die finanziellen Mittel zur Verfügung ..."
>
> *Kunde:* „Genau genommen würde ich auch nicht Ihr System kaufen."
>
> *Neuer Hardseller:* „Dann gibt es noch einen weiteren Grund?" (alternativ: „Was brauchen Sie noch für Ihre Entscheidung?")

Fragen Sie Ihren Gesprächpartner ganz direkt, ohne Filter, nach dem „wahren" Grund seines Zögerns (zum Beispiel wie Tina Farblos und Olaf Grauemaus mit „Und was stört Sie jetzt wirklich an unserem Angebot?"

oder, noch schlimmer: „Dann war Ihr knappes Budget also nur vorgeschoben?"), setzen Sie Ihren Kunden unter Rechtfertigungsdruck. Auf diese Bloßstellung kann er nur mit einem „Fluchtversuch" reagieren – bevor er flieht, versperrt er Ihnen noch den Weg zu seinem „wahren" Motiv (zum Beispiel Angst vor Ihrem Angebot). So werden Sie ihn kaum noch einholen und aus seinem Versteck „locken"!

Mit einer offenen Frage hingegen signalisieren Sie echtes Interesse an den Vorbehalten Ihres Gesprächspartners, sodass er sich Ihnen öffnet, anvertraut und schließlich von selbst mit der „Wahrheit rausrückt": „Ihr Kopier- und Drucksystem wurde in der aktuellen Fachpresse nicht optimal beurteilt."

Auf diese Weise treten Sie hinter die Vor-Wand des knappen Budgets und nutzen die Kenntnis des „echten" Einwands, um Ihren Gesprächspartner zum Beispiel mit Probeausdrucken und der einfachen Bedienung Punkt für Punkt zu überzeugen.

Übung: Hypothesen für die Einwandidentifizierung formulieren

Überlegen Sie sich eigene Hypothesen zu den (produkt- und branchenspezifischen) Vorwänden, die Ihnen immer wieder in Ihren Verkaufsgesprächen begegnen, und verinnerlichen Sie diese Formulierungen, um sie auch situationsgerecht einzusetzen.

Hypothesen zur Einwandidentifizierung – Formulierungsansätze

- ▶ „Angenommen ..."
- ▶ „Nur mal eine Annahme ..."
- ▶ „Setzen wir einmal voraus ..."
- ▶ „Stellen Sie sich einmal vor ..."
- ▶ „Malen Sie sich einmal aus ..."
- ▶ „Führen Sie sich einmal vor Augen ..."
- ▶ „Gesetzt den Fall, dass ..."
- ▶ „Nehmen Sie einmal an ..."
- ▶ „Legen Sie einmal zu Grunde ..."
- ▶ „Nur ein Gedanke ...."
- ▶ „Nur eine Annahme .."
- ▶ „Nur so eine Idee ..."
- ▶ „Nur ein Planspiel ..."

Das „Nein" als echte Herausforderung im neuen Hardselling

Ein „Nein" Ihres Gesprächspartners ist meist keine endgültige Entscheidung, sondern sein stärkster Einwand, den Sie als neuer Hardseller für sich selbst mit „Ich bin noch nicht überzeugt" übersetzen. Manchmal ist Ihr Kunde einfach auch nicht in der Lage, seinen Einwand genau zu erfassen und somit auch zu formulieren – dazu benötigt er Ihre Hilfe! Ein anderer Grund für seine Ablehnung könnte seine Unlust sein, sich intensiver mit Ihrem Angebot auseinander zu setzen. Zu welchem Ergebnis Sie selbst auch kommen – entscheidend ist, dass Sie Ihrem Gesprächspartner mit Respekt begegnen und ihm echtes Interesse entgegenbringen. Versuchen Sie deshalb erst gar nicht, sein „Nein" argumentativ zu widerlegen und Ihrem Gesprächspartner die Unsinnigkeit seiner Ablehnung zu beweisen. Von seinem eigenen Standpunkt aus hat das „Nein" Ihres Gesprächspartners absolut seine Berechtigung, daher ist es klüger, ihm dabei zu helfen, sich selbst von den Vorteilen Ihres Angebots zu überzeugen – denn der Meister aller Klassen weiß oft aus einem „Nein" ein „Ja" zu machen!

Lassen Sie es nach Möglichkeit gar nicht erst zu einem „Nein" kommen. Achten Sie während des gesamten Verkaufsgespräches bzw. -prozesses, insbesondere während der Präsentation darauf, immer wieder die Zustimmung Ihrer Gesprächspartner zu den offensichtlichen Vorteilen Ihres Angebots, zum individuellen Nutzen der gemeinsam erarbeiteten Lösung einzuholen, sodass ihnen ein „Nein" schwer fällt und sie stattdessen (sachliche) Einwände vorbringen, die Sie entsprechend rational bearbeiten. Zwischendurch betonen Sie regelmäßig, dass beide Seiten ja an einem Strang ziehen – schließlich verfolgen Sie gemeinsam ein Ziel: eine Lösung, von der beide profitieren. Ebenso hilfreich ist es, von Zeit zu Zeit die Punkte zu wiederholen, über die ja schon Einigkeit besteht – heben Sie also immer wieder mal hervor, welche Wegstrecke beide Seiten ja schon zurückgelegt haben. Ihre konstruktive Haltung überträgt sich positiv auf die Gesprächsatmosphäre, in der Verkäufer und Kunden um eine Lösung ringen – aber nicht miteinander, sondern gemeinsam!

Kontrollieren Sie sich selbst und das Gespräch

Selbst wenn das „Nein" wider Erwarten doch kommt – behalten Sie Ihre Emotionen im Griff. Gerade in Gesprächsphasen, in denen Sie mit einem „Nein" oder anderen Einwänden rechnen müssen, ist es besonders wichtig, zwischen Inhalts- und Gefühlsebene zu unterscheiden. Begegnen Sie dem „Nein" Ihres Gesprächspartners auf der Gefühlsebene, laufen Sie Gefahr, emotional „zurückzuschießen" und so den Kunden zu treffen.

Im neuen Hardselling bedeutet ein „Nein" nichts anderes, als dass Sie Ihren Gesprächspartner mit einem zusätzlichen Kaufimpuls „anschubsen" müssen. Verkaufen beginnt im Grunde erst dann, wenn der Kunde „Nein" sagt – alles andere ist nur Verteilen. Betrachten Sie daher ein „Nein" oder einen anderen Einwand immer als berechtigte Frage, als noch fehlende Information oder als Ausdruck dessen, dass Ihr Angebot (noch) nicht ganz mit dem Bedarf und den Kaufmotiven Ihres Kunden zusammenpasst. So verhindern Sie, dass Sie sich persönlich angegriffen fühlen, und sind in der Lage, sachlich zu reagieren und das Gespräch ohne emotionalen Ballast Ihrerseits weiterzuführen. Das gilt insbesondere für folgende Einwandarten:

Einen *subjektiven*, vom Standpunkt Ihres Gesprächspartners aus *gerechtfertigten Einwand* sollten Sie bestätigen, ohne auch nur einmal „Ja" zu sagen – machen Sie stattdessen aktive Hinhörlaute wie „aha", „hmmm ..", „ok", „verstehe .." etc. Beispiel: „Herr Kunde, verstehe ... Wie wichtig ist Ihnen denn ...?" Mit einer offenen Frage führen Sie Ihren Gesprächspartner wieder zu positiven Argumenten zurück, die für Ihr Angebot sprechen.

Ein *durch Dritte geprägter Einwand* ist als Vorurteil gegenüber Ihrem Unternehmen, Ihrem Produkt, Ihrer Dienstleistung oder gar gegenüber Ihrer Person nicht rational zu bearbeiten. Stellen Sie daher einen solchen Einwand am besten zurück und entwickeln Sie dezent Ihre eigene Argumentation weiter: „Herr Kunde, wenn Sie sich jetzt noch einmal den ersten Punkt anschauen ..."

Mit einem *unsachlichen Einwand* will Sie Ihr Kunde in die Enge treiben – vermutlich, weil zu viele Missverständnisse aufgetreten sind. Versuchen Sie deshalb, das Gespräch neu aufzurollen, streiten Sie nicht, sondern korrigieren Sie sich selbst (Ihr Gesprächspartner will immer recht behalten – geben Sie ihm dieses „Recht", ohne dies allerdings explizit auszusprechen!), und suchen Sie nach neuen und positiven Ansatzpunkten.

Der *Geltungseinwand* wird meist von arroganten Besserwissern oder schulmeisternden Kunden vorgebracht: Betrachten Sie die Äußerung als Belebung, lächeln Sie leicht, nehmen Sie die „Argumente" mit Humor, steigen Sie aber auf keinen Fall in die Diskussion ein, die Ihr Kunde jetzt anzetteln möchte. Geben Sie in für Sie unwichtigen Fragen nach, verhalten Sie sich großzügig und diplomatisch, entsprechend der Situation!

Durch aktives Hinhören signalisieren Sie gerade in der Einwandbehandlung, dass Sie die Argumente Ihres Gesprächspartners ernst nehmen:

- Lassen Sie ihn aussprechen, halten Sie Blickkontakt und machen Sie sich Notizen, um weitere Informationen für Ihre Antwort bzw. Ihr Angebot zu sammeln.

- Achten Sie auf die Stimme und den Blick Ihres Gesprächspartners bei der Einwandformulierung, um auch daraus Schlüsse für Ihre weitere Argumentation zu ziehen: Weicht er Ihrem Blick aus oder schaut er Ihnen fest in die Augen? Spricht er klar und deutlich oder eher leise? Schnell und hastig? Oder ist sein Sprechtempo seinem Anliegen angemessen?

- Mit der Technik des kontrollierten Dialogs (siehe Seite 169) fassen Sie die Ausführungen Ihres Gesprächspartners in eigene Worte und Sie lassen sich bestätigen, dass Sie dessen Einwand richtig verstanden haben – um daraufhin mit eigenen Argumenten zu antworten.

- Nutzen Sie positive Sie-Formulierungen, um „gute Gefühle" bei Ihrem Gesprächspartner hervorzurufen und so eine Gesprächsatmosphäre zu schaffen, die Ihren Kunden dazu animiert, von sich aus (auch) über den Nutzen des Angebots zu sprechen.

Die DAF-Formel

Mit der DAF-Formel bringen Sie Ihren Gesprächspartner dazu, dass er seinen Einwand selbst entkräftet. Wichtig: Lassen Sie sich nicht reizen, sondern führen Sie Ihren Kunden freundlich und bestimmt durch diese Gesprächssituation, wie ein neuer Hardseller es tut.

DEA	Werten Sie Ihren Gesprächspartner zunächst dezent auf, um die Situation zu entspannen.	*Kunde:* „Das neue System ist mir zu laut." *Neuer Hardseller:* „OK, verstehe, Herr Kunde.
Aussage bzw. **A**ntwort	Formulieren Sie anschließend eine kurze und präzise Antwort oder Aussage.	Gerade die Laufsicherheit ist bei der Herstellung des Systems ein wichtiger Punkt.
Frage	Stellen Sie Ihrem Gesprächspartner möglichst eine offene Frage.	Welche Vorteile sind für Sie beim Einsatz eines robusten Systems wichtig?"

Ihr Kunde wird Ihnen nun einen Vorteil nennen, den er bei einem starken Partner(unternehmen) sucht – eine bessere Gelegenheit können Sie sich gar nicht schaffen, um eines Ihrer Nutzenargumente ins Spiel zu bringen!

Mit dieser Methode verkauft sich Ihr Gesprächspartner seinen Einwand selbst – und Sie führen ihn in die Gesprächsrichtung zurück, in der Sie weiter „marschieren" wollen!

Beispiel:

Kunde: „Sie sind aber hartnäckig!"

Neuer Hardseller: „Danke für das Kompliment! So, wie ich mich jetzt dafür einsetze, Sie als neuen Kunden zu gewinnen, so werde ich auch immer für Sie da sein, wenn Sie mich brauchen! Was bedeutet es für Sie, mit einem starken Partner an Ihrer Seite zu arbeiten?"

Übung	
Formulieren Sie eigene Antworten auf typische Einwände mit der DAF-Formel	
Einwände Ihres Gesprächspartners	**Ihre Antworten nach der DAF-Formel**
	D A F
	D A F
	D A F

Kontrollieren Sie sich selbst und das Gespräch

Fazit: Als neuer Hardseller lassen Sie sich von einem „Nein" und emotional aufgeladenen Einwänden Ihres Gesprächspartner nicht einschüchtern, sondern Sie haben das Selbstvertrauen und den Mumm, für Ihr Produkt zu kämpfen, denn Sie wissen ja: Einwände sind wie Raubkatzen: Wenn Sie unsicher sind, springen sie Sie an!

Typische Einwände

Nachfolgend sind clevere Reaktions- und Antwortstrategien für die gebräuchlichsten Einwände kurz skizziert, die Sie entsprechend den Gegebenheiten in Ihrer Branche, dem Image Ihres Unternehmens, Ihren Produkten und Dienstleistungen und natürlich auch Ihrer individuellen Verkäuferpersönlichkeit situativ anpassen. Bleiben Sie in diesen Gesprächssituationen standfest und konsequent, aber immer ruhig, freundlich und bestimmend.

„Sie wollen ja nur verkaufen!"

Tina Farblos und Olaf Grauemaus sind keine Sieger. Sie drucksen herum und winden sich, wenn ihr Gesprächspartner ihnen auf den Kopf zusagt, was völlig gerechtfertigt ist – dass sie etwas verkaufen wollen: „Nein nein, ich will Sie nur beraten ..."

Natürlich wollen Sie als Verkäufer verkaufen, denn das ist schließlich Ihr Beruf und kein Grund, um den heißen Brei herumzureden! Als neuer Hardseller machen Sie keinen Hehl aus Ihrem Selbstverständnis als Verkäufer – ganz im Gegenteil, Ihre Kunden spüren Ihren Stolz und Ihre Begeisterung für Ihre Beruf-ung: „Richtig, Herr Kunde, ich bin Verkäufer und will Ihnen etwas verkaufen. Und ich bin schon lange genug im Geschäft, um zu wissen, dass Sie nur kaufen werden, wenn Sie absolut überzeugt sind!" Sie werden sehen: Ihre Kunden schätzen diese Offenheit und Ehrlichkeit und honorieren sie mit Vertrauen, denn Sie verhandeln auf gleicher Augenhöhe mit ihnen. Als absolut gleichwertiger Partner genießen Sie den Respekt Ihrer Kunden – darum drucksen Sie bei diesem Einwand auch nicht herum, sondern stimmen zu und arbeiten auf Empfehlungen bei Geschäftspartnern, Kollegen, Freunden und Bekannten Ihres Kunden hin!

Sie werden sehen: Ihr Gesprächspartner mag zunächst vor Überraschung stutzen und Sie möglicherweise kritisch mustern – wenn Sie seinem Blick standhalten und ihm gerade und freundlich in die Augen schauen, werden Sie schnell die Achtung spüren, die er Ihnen entgegenbringt. Auch Ihre Kunden wollen mit Siegern zusammenarbeiten!

„Warum soll ich bei Ihnen kaufen?"

> **So macht's der *alte* Hardseller**
>
> „Weil wir nur das beste Produkt für Sie haben! Also warum sollte das Produkt ausgerechnet für Sie nichts sein, wo wir doch so viele zufriedene Kunden haben? Bitte beantworten Sie mir diese Frage!"

Achtung: Ihr Kunde ist sehr interessiert! Er möchte noch weitere Argumente hören, die für Ihr Angebot sprechen – er will von Ihnen überzeugt werden! Also tun Sie ihm doch den Gefallen und nennen Sie ihm drei (weitere) wesentliche Vorteile. Als neuer Hardseller behalten Sie die absoluten Knüller-Argumente für Ihr Angebot gern für die Einwandbehandlung und Abschlussphase in der Hinterhand, um sie in entscheidenden Gesprächssituationen „aus dem Hut zu zaubern". Zählen Sie diese Vorteile nicht einfach nüchtern auf, sondern malen Sie Ihrem Gesprächspartner seinen individuellen Nutzen mit Storys in den schönsten Farben aus ...

Eine andere Strategie, wie Sie diesem Einwand charmant begegnen, nenne ich den „Ricola-Trick". Sie kennen doch die bekannten braunen Kräuterbonbons aus der Schweiz?

Stellen Sie sich folgende Situation vor: Ein Verkäufer (ein erfahrener neuer Hardseller) sitzt mit drei Gesprächspartnern eines potenziellen Kundenunternehmens am Verhandlungstisch: der technische Leiter, der Einkaufsleiter und ein Einkaufssachbearbeiter. Das Verkaufsgespräch ist bisher gut gelaufen und es geht in die entscheidende Phase: Jetzt kommt einer der drei mit der Frage „Warum sollen wir bei Ihnen kaufen?" Das signalisiert dem Verkäufer die Kaufbereitschaft seiner Gesprächpartner, die noch einen kleinen „Schubser" brauchen.

Der neue Hardseller gibt also dem Einkaufssachbearbeiter eine Tüte mit Ricola-Bonbons und bittet die beiden anderen, so zu tun, also hätten sie noch nie ein Ricola-Bonbon probiert. Den Einkaufssachbearbeiter bittet er nun, diesen beiden anhand der Zutaten, die auf der Tüte abgedruckt sind, zu erklären, wie Ricola eigentlich schmeckt. Der Einkaufssachbearbeiter beginnt, sämtliche Ricola-Zutaten aufzulisten – ohne seinen beiden Kollegen auch nur annäherungsweise zu vermitteln, was den besonderen Geschmack der Bonbons ausmacht. Der Verkäufer wendet sich also an den technischen Leiter und den Einkaufsleiter: „Mal Hand auf's Herz: Wissen Sie jetzt, wie Ricola-Kräuterbonbons schmecken?" Die Antwort ist natürlich „Nein" – wie sollte sie auch anders lauten?

„Sehen Sie", erklärt dann der neue Hardseller, „genauso geht es mir mit der Frage, warum Sie bei mir kaufen sollen. Ich kann Ihnen darauf nur antworten: Das müssen Sie selbst erleben – dann wissen Sie, warum unsere Kunden unsere Kunden sind! Wann sollen wir mit der ersten Probelieferung starten?"

Selbstverständlich können Sie diesen Trick auch mit jeder anderen Bonbonpackung oder anderen Geschmackserlebnissen durchführen. Entscheidend ist, dass Sie zwei oder mehr Ihrer Gesprächspartner dabei aktivieren und die Gesprächsatmosphäre auflockern – mal ganz abgesehen davon, dass Sie mit der Frage nach dem Zeitpunkt der Probelieferung eine Art Vorabschluss durchführen: Sie testen, wie groß die Kaufbereitschaft direkt nach Ihrer „Lockerungsübung" tatsächlich ist und wie weit Sie noch vom tatsächlichen Abschluss entfernt sind.

„Ich habe schon schlechte Erfahrungen mit Ihrem Unternehmen gemacht!"

Der Durchschnittsverkäufer macht sich bei diesem Einwand selbst zum Zeugen und solidarisiert sich scheinbar mit seinem Gesprächspartner in dessen Ärger über das eigene Unternehmen:

Kunde: „Ihre Lieferung kam zu spät, das ist wirklich ärgerlich!"

Durchschnittsverkäufer: „Ich bin Ihrer Meinung und habe mich genau wie Sie geärgert ... Ich bin zum Vertriebsleiter gegangen und habe ihm gesagt, dass das so nicht geht ..."

Als neuer Hardseller werden Sie nie Ihr eigenes Unternehmen oder Ihre Kollegen in einem schlechten Licht erscheinen lassen. Das wirkt in höchstem Maße unglaubwürdig, weil Sie damit die Identifikation mit Ihrem Unternehmen und damit auch Ihren Produkten und Dienstleistungen selbst in Frage stellen würden! Stattdessen nehmen Sie diesen Einwand sehr ernst: Sie notieren detailliert die Beschwerden (zum Beispiel unpünktliche

Lieferung) Ihres Gesprächspartners, überzeugen ihn davon, dass Sie dessen Hinweisen nachgehen und dafür sorgen werden, dass diese abgestellt werden. Dieses geschickte Vorgehen toppen Sie dann nur noch mit folgender Frage: „Herr Kunde, mal angenommen, Sie wären an unserer Stelle gewesen: Wie hätten Sie die Lieferschwierigkeiten gelöst?" Welcher Kunde wird nicht gern nach seiner Meinung gefragt? „Herr Kunde, vielen Dank für Ihre Hinweise, wir werden dies bei Ihrer nächsten Lieferung umsetzen!" Welcher Kunde fühlt sich nicht gebauchpinselt, wenn er Ihnen helfen kann?

„Ich muss es mir noch einmal überlegen!"

> **So macht's der *alte* Hardseller**
>
> „An sich müssen Sie sich doch nur noch überlegen, wie Sie das Produkt finanzieren können. Warum setzen Sie sich nicht kurz hin, trinken einen Kaffee und durchdenken noch einmal Ihre finanzielle Situation. Ich werde in einer Minute zurück sein und erwarte dann Ihre Entscheidung."

Tina Farblos und Olaf Grauemaus setzen ihren Gesprächspartner zwar nicht wie der alte Hardseller unter Druck – ganz im Gegenteil: Sie sind viel zu lasch und argumentieren wachsweich: „Herr Kunde, das kann ich gut verstehen. Wichtige Entscheidungen müssen gut überdacht sein. Wann soll ich Sie denn wieder anrufen? Was meinen Sie, wann Sie soweit sind?"

Hinter diesem Einwand stehen häufig Überlegungen Ihres Kunden, wie er Ihr Angebot finanzieren soll – seine Kaufbereitschaft ist also vorhanden, allein sein (fehlendes) Budget verhindert, dass er ohne Einschränkung „Ja" sagt. Sprechen Sie ihn direkt darauf an und rechnen Sie ihm vor, wie schnell sich Ihr Produkt/Ihre Dienstleistung amortisiert und sich die anfängliche, scheinbar unbezahlbare Investition in einen geldwerten Vorteil verwandelt. Nutzen Sie auch hier den psychologischen Mechanismus der Hypothese: „Stellen Sie sich vor, das Produkt arbeitet bereits für Sie ... der Nutzen liegt für Sie auf der Hand: 1. ..., 2. ...., 3. ..."

„Wir haben bereits einen Lieferanten"

Loben Sie Ihren Gesprächspartner für seine Loyalität, die heute auch im B2B-Bereich wirklich keine Selbstverständlichkeit mehr ist – allerdings sollten Sie gleichzeitig seinen Ehrgeiz, mit Ihnen einen besseren Lieferanten zu bekommen, gezielt ansprechen: „Ihre Treue Ihrem jetzigen Lieferanten gegenüber spricht nur für Sie. Dann sehen Sie sicher auch den Vorteil, einen weiteren Partner zu haben, auf den Sie sich in den Spitzenzeiten Ihrer Produktion verlassen können, und mit dessen Hilfe Sie prüfen, ob Sie bereits die besten Materialien am Markt nutzen ...."

Ein Durchschnittsverkäufer würde hier antworten: „Ja, aber wir haben doch ... Wir könnten doch als Zusatzlieferant für Sie vielleicht interessant sein ..." Mal abgesehen von den Konjunktivformulierungen („könnten", „vielleicht"), die dem Gesprächspartner Unsicherheit verraten, übersieht der Durchschnittsverkäufer hier, dass es die Pflicht von Entscheidern, insbesondere von Einkäufern, ist, ständig neue Angebote zu sondieren und einzuholen sowie bestehende Lieferantenbeziehungen laufend zu überprüfen, um die beste Qualität und das beste Preis-Leistungsverhältnis für ihr Unternehmen zu sichern, getreu dem Motto von Henry Ford: „Ich prüfe jedes, jedes Angebot, denn es könnte das Angebot meines Lebens sein!"

EVA – Einwand vorwegnehmende Aktion

Als aufmerksamer Verkäufer wissen Sie, welche Argumente und Einwände in Ihren Verkaufsgesprächen und Verhandlungen häufig genannt werden. Auf diese Einwände, meist drei, sollten Sie sich besonders gut vorbereiten und sie in der entsprechenden Gesprächssituation in drei Schritten ganz offensiv selbst einbringen:

„Sie haben sich sicher schon die eine oder andere Frage gestellt."

„Eine Frage könnte sein, ... Eine andere Überlegung könnte ... oder ... betreffen?" (An dieser Stelle bauen Sie die drei Einwände, die von Ihren Kunden üblicherweise vorgebracht werden, positiv formuliert ein. Nutzen Sie dabei körpersprachliche Signale, indem Sie nacheinander Ihren kleinen Finger, den Ringfinger und den Mittelfinger spreizen. Vorteil: Diese für uns ungewohnte Art des „Finger-Mitzählens" begünstigt eine offene, von Ihrem Gesprächspartner als positiv aufgenommene Handhaltung. Denn beginnen Sie beim Mitzählen mit dem Daumen, bleibt Ihre Hand erst mal geschlossen. Der Körpersprache-Guru Samy Molcho spricht daher auch vom „egoistischen Daumen".

„Herr Kunde, welche dieser drei Fragen ist für Sie zunächst die entscheidende?"

Mit dieser Methode entscheiden Sie selbst, wann diese Einwände zur Sprache kommen, und Sie behalten somit die Gesprächsführung unter Kontrolle, denn: Wer fragt, der führt! Ganz abgesehen davon verschaffen Sie sich zusätzliches Vertrauen bei Ihrem Kunden, weil Sie ja schon von selbst dessen Bedenken aufgreifen.

Prüfen und aktualisieren Sie laufend die Einwände Ihrer Kunden mit der EVA-Technik, um nicht unprofessionell zu erscheinen, wenn Sie Einwände vorwegnehmen, die für Ihre Kunden schon längst nicht mehr von entscheidender Bedeutung sind.

Smarte Antwortstrategien für die Einwandbehandlung

Manchmal fällt es einfach schwer nachzuvollziehen, wie Ihr Gesprächspartner zu einem bestimmten Einwand kommt. Hier hilft die *Korkenzieher*-Methode, das Kaufmotiv herauszufinden, das hinter diesem Einwand verborgen liegt: „Aus welchem Grund ist genau dieser Punkt so wichtig für Sie?"

Vor allem bei komplexeren Themen ist es wichtig, dass Sie die Argumente und Einwände Ihres Gesprächspartners *paraphrasieren*, um sicherzustellen, dass Sie genau den Punkt beantworten, der ihm noch wichtig ist. Mit der positiv formulierten Wiederholung von Kundenaussagen – insbesondere der Wiederholung überzogener Einwände in sachlichen Worten – vermeiden Sie darüber hinaus Missverständnisse, die Sie ansonsten erst spät oder gar nicht erkennen und deren Klärung wertvolle Zeit kostet.

> **So macht's der *alte* Hardseller**
>
> Mit der Technik des *steten Tropfens* wiederholt der alte Hardseller mehrmals sein Argument durch zusätzliche Behauptungen, bis sein Gesprächspartner bereit ist, dieses Argument zu akzeptieren – ein „klassisches" Beispiel für *Überreden statt Überzeugen*!

> **Beispiel für die positive (Um-)Formulierung eines negativen Einwandes**
>
> *Kunde:* „Das Zinsrisiko ist mir zu hoch."
>
> *Neuer Hardseller:* „Wenn ich Sie richtig verstehe, Herr Kunde, wollen Sie eine sichere Anlage?"

Tina Farblos und Olaf Grauemaus machen an dieser Stelle gern den Fehler, den Einwand ihres Gesprächspartners eins zu eins zu wiederholen: „Ihnen ist also das Zinsrisiko zu hoch." Damit verstärken sie nur die negative Wirkung des Einwands und damit die Haltung ihres Gesprächspartners. Dieser fühlt sich in seiner Ablehnung bestätigt, statt mit einer positiven Umformulierung seines Einwands zu den positiven Aspekten des Angebots gelenkt zu werden.

Auf jeden Fall sollten Sie in der Einwandbehandlung direkten *Widerspruch vermeiden*, denn dadurch üben Sie Rechtfertigungsdruck auf Ihren Gesprächspartner aus, der sich dann in Ärger Luft macht. Greifen Sie lieber auf Lobformulierungen nach der DEA-Technik zurück.

> **So macht's der *alte* Hardseller**
>
> Die *Ja-aber-Technik* gehörte früher zum Standardrepertoire der Einwandbehandlung und wird auch heute noch genutzt, obwohl unsere zunehmend kritischeren Kunden diese Methode mittlerweile als plumpe Überrumpelungstechnik einstufen. Ein – aus der Sicht des Kunden absolut gerechtfertigter – Einwand wird kurz bestätigt, das darauf folgende „aber" relativiert allerdings diese Zustimmung sofort wieder und stellt letztlich nichts anderes als ein „überzuckertes" Nein dar: „Ich verstehe Ihren Ärger, Herr Kunde, aber ..."
>
> Nicht nur der alte Hardseller, auch Tina Farblos und Olaf Grauemaus greifen immer wieder auf die Ja-aber-Technik zurück – kein Wunder, dass sie damit immer wieder auf Kundengranit beißen!

Untersuchungen haben gezeigt, dass wir alle für einen ausgeglichenen psychischen Haushalt im Schnitt sechs Streicheleinheiten pro Tag benötigen. *Lob und Anerkennung* kommen aber gerade im Berufsleben meist viel zu kurz. Überraschen Sie Ihren Gesprächspartner, indem Sie seinen Einwand mit positiver Anerkennung quittieren und so für ein positives Gesprächsklima sorgen: „Sie sprechen einen wichtigen Punkt an ...", „Sie kennen sich gut mit dem Thema aus ..."

Ein enger „Verwandter" der DEA-Technik ist die so genannte *Antwort auf Federn*, bei der Sie Verständnis für die Emotionen Ihres Gesprächspartners zeigen und ihm Ihre Hilfe anbieten: „Ich verstehe, was Sie sagen, Herr Kunde, was kann ich also tun, um ...?", „Wie wichtig ist Ihnen ...?"

Mit der *Wertefrage* erreichen Sie, dass Ihnen Ihr Gesprächspartner von selbst die Punkte nennt, auf die es ihm (noch) ankommt. Diese Punkte greifen Sie anschließend für Ihre Einwandbehandlung auf. So erreichen Sie, dass Ihr Gesprächspartner seine eigene Meinung in Ihrer Argumentation wiederfindet.

> **Beispiel:**
>
> *Kunde:* „Die letzte Mikrochip-Produktion hatte viele Anfangsschwierigkeiten."
>
> *Neuer Hardseller:* „Herr Kunde, worauf legen Sie besonderen Wert, damit in Zukunft die Produktion von Anfang an die gewünschten Ergebnisse liefert?"

Indem Sie Ihre Antwort aus den Aussagen Ihres Gesprächspartners formen, steigern Sie den Erfolg Ihrer eigenen Argumentation. Sie stellen sicher, dass Sie den Vorstellungen Ihres Kunden möglichst nahe kommen – und diesem fällt es nun leicht, seinen bisherigen Standpunkt positiv zu ändern: Auf diese Weise aktivieren Sie ihn zum Selbstkauf! Setzen Sie zusätzlich Storys ein, die fesseln!

Lassen Sie – soweit möglich – Ihren Kunden praktische Versuche mit Ihrem Produkt durchführen, lassen Sie ihn Ihr *Produkt begreifen*, damit er sich selbst vom Wahrheitsgehalt Ihres Angebots überzeugen kann – begreifen kommt schließlich von „greifen"! Nach demselben Prinzip funktioniert die *Berechnungsmethode*, bei der sich Ihr Gesprächspartner anhand von selbst durchgeführten Beispielrechnungen die Vorteile Ihres Angebots vergegenwärtigt. So beugen Sie seinem – nicht ausgesprochenen – Einwand vor, nicht alles zu glauben, was einem erzählt wird. Vielmehr kann er sich selbst sagen: „Ich habe es selbst gesehen. Ich habe es selbst ausgerechnet."

Mit dem *Schlüssel-Schloss-Prinzip* formen Sie aus dem Einwand Ihres Gesprächspartners einen Vorteil oder sogar einen individuellen Nutzen. Mit dieser auch Umkehrmethode genannten Vorgehensweise haben Sie den Überraschungsmoment auf Ihrer Seite und wecken so die Neugier von Kunden, die Sie mit klassischen „Totschlagargumenten" (kein Interesse, keine Zeit, kein Bedarf, kein Geld, Lieferant schon vorhanden etc.) abblocken wollen.

Beispiel:

Kunde: „Das Geschäft läuft schlecht. ich habe kein Geld, und das Lager ist noch voll."

Neuer Hardseller: „Danke, dass Sie so offen über Ihre Situation sprechen. Genau deshalb bin ich hier: Damit Sie mit Ihrem neuen Produkt in Zukunft mehr Geld verdienen und sich Ihr Lagerbestand schnell dreht."

So macht's der *alte* Hardseller

Eine Variation der Ja-aber-Technik (siehe oben) ist so genannte *Überspring-Methode*, nach der der alte Hardseller den Einwand seines Gesprächspartners zwar kurz bestätigt, aber unbearbeitet „links liegen lässt", um einfach zum nächsten Vorteil überzugehen: „Ich sehe Ihren Punkt, Herr Kunde, aber betrachten Sie doch einmal genauer diesen Vorteil ..."

Vor allem in Preisverhandlungen bewährt sich die Technik der *Nutzenmaximierung* immer wieder: Zählen Sie die individuellen Vorteile Ihres Produkts/Ihrer Dienstleistung für Ihren Gesprächspartner auf und lassen sich jeden einzelnen von ihm bestätigen. Durch diese Zustimmung entsteht eine Mehrwert-Kette, die den Einwand Ihres Kunden deutlich abschwächt und ihm das klare „Übergewicht" seines Nutzens noch einmal verdeutlicht.

Mit der *Nein-Ja-Technik* klären Sie ab, ob Sie Ihren Gesprächspartner unter veränderten Rahmenbedingungen und mit der Aussicht auf Nutzen doch noch für sich gewinnen können.

Beispiel:

Kunde: „Rentenfonds sind nichts für mich."

Neuer Hardseller: „Sagen Sie generell ‚Nein'? Oder sagen Sie ‚Ja', wenn Sie sicher sind, dass Sie damit eine entsprechende Rendite erzielen und Ihre Altersvorsorge gesichert ist?"

So macht's der *alte* Hardseller

„Angenommen, Rentenfonds sind wirklich nichts für Sie – das würde bedeuten, dass Sie

- sich erstens keine Gedanken um Ihre private Altersvorsorge machen,
- zweitens nicht daran denken, dass Ihre Familie versorgt ist, wenn Ihnen was passieren sollte,
- drittens nicht an hervorragenden Renditemöglichkeiten interessiert sind.

Nein, Nein, das kann nicht sein! Sie wollten nur testen, wie ich auf solch einen Einwand reagiere, stimmt's?"

Mit der so genannten *Unsinnigkeitsmethode* will der alte Hardseller den Einwand seines Gesprächspartners ad absurdum führen – und zeigt damit, dass er diesen Einwand nicht ernst nimmt. Zudem feuert er eine volle Breitseite auf das schlechte Gewissen und die finanzielle „Ahnungslosigkeit" seines Gesprächspartners ab – kein halbwegs kritischer und mündiger Kaufinteressent würde sich heute derart vorführen lassen!

Die *Joker-Frage* und die *Schwarz-auf-weiß-Technik* sind im neuen Hardselling das „Dream Team" bei Gesprächspartnern, die Sie mit immer wieder neuen Einwänden „triezen".

So macht's der *alte* Hardseller

Durch wiederholtes Nachfragen schwächt er die Einwände seines Gesprächspartners nach und nach ab, sodass sie sich quasi von selbst erledigen. Bevor sich bei seinem Kunden das Gefühl einstellt, sein Anliegen sei nicht verstanden oder gar ernst genommen worden, schiebt der alte Hardseller immer wieder Vorteile nach, um kritischen Nachfragen seines Gesprächspartners vorzubeugen.

Mit der Joker-Frage stellen Sie zunächst fest, ob Ihr Kunde pokert oder ob er es wirklich ernst meint, ihm aber noch der letzte, entscheidende „Kick" für seine Kaufentscheidung fehlt: „Herr Kunde, nehmen wir an, Sie werden sich gleich selbst überzeugen, dass wir alle Ihre Fragen beantworten und eine speziell auf Sie abgestimmte Lösung finden, kann ich Sie dann zu meinen Kunden zählen?" (alternativ: ... „machen wir dann Nägel mit

Köpfen?" ... habe ich Sie dann als Kunden gewonnen?"). Anschließend nehmen Sie ein Blatt Papier und notieren alle Fragen und Einwände, die für Ihren Gesprächspartner erfüllt sein müssen, damit dieser eine Entscheidung trifft. Punkt für Punkt bearbeiten Sie diese Fragen und Einwände und schreiben hinter jeden gemeinsam zur Zufriedenheit des Kunden geklärten Punkt mit einem grünen Stift „ok". Dieser sieht „schwarz auf weiß", dass die Liste noch offener Fragen und Einwände immer kürzer, die der bearbeiteten und beantworteten dagegen immer länger wird – Sie wissen ja: Dem geschriebenen Wort glauben wir eben oft mehr als dem gesprochenen!

Meist haben Sie es in der entscheidenden Gesprächsphase mit mehreren Gesprächspartnern zu tun. Suchen Sie sich einen Verbündeten in dieser Runde – jemanden, der durch seine Fragen und Aussagen sowie durch seine Körpersprache Wohlwollen für Ihr Angebot signalisiert. Aktivieren Sie diesen „Freund" als Ihren *Fürsprecher*, der Ihnen dabei hilft, seine Kollegen zu überzeugen und Ihnen damit jede Menge Überzeugungsarbeit abnimmt – schließlich glauben Sie doch auch eher einem Kollegen oder Freund als einem Fremden, oder?

Lassen Sie *neutrale oder „virtuelle" Zeugen* sprechen! Manchen Kunden fällt es schwer, Ihr Angebot als „Wahrheit" zu akzeptieren.

So macht's der *alte* Hardseller

Kunde: „Ihr Wettbewerber bietet grundsätzlich einen höheren Preisnachlass als Sie!"

Alter Hardseller: „Es ist allgemein bekannt, dass in unserer Branche höhere Nachlässe nur noch um den Preis minderer Produktqualität möglich sind. Bei uns hingegen wird nicht mit verdeckten Karten gespielt!"

Der Verkäufer stellt in dieser Argumentation eine unbewiesene Behauptung auf, die er aber als allgemein bekannte „Wahrheit" verkauft. Darüber hinaus unterstellt er den Wettbewerbsunternehmen, ihre Kunden zu übervorteilen, weil sie ja mit verdeckten Karten spielen würden ...

Untermauern Sie Ihre Lösung besser mit einem „neutralen Zeugen", der sich in einer vergleichbaren Situation wie Ihr Gesprächspartner für Ihr Angebot entschieden hat: Damit geben Sie Ihrem Kunden das Gefühl, sich in „guter Gesellschaft" zu befinden: „Herr Kunde, die gleiche Situation stellte sich uns ... und wurde folgendermaßen gelöst ..." (mehr zu Referenzen auf Seite 174 ff.).

Nur wer sein Ziel klar fokussiert, wird es erreichen!

Geiz ist geil? Souverän durchs Preisgespräch

> Wir Deutschen sind viel zu arm,
> um uns etwas Billiges zu leisten.
> *Konrad Adenauer*

Zwischen Schnäppchenjagd und Luxus: Die Bedeutung des Preises im Hyper-Wettbewerb

Wo wir auch gehen und stehen – ob Verbraucher oder Verkäufer, ob B2C oder B2B, ob privat oder geschäftlich – (Ver-)Kaufen scheint sich heute auf zwei Fragen reduzieren zu lassen: Wo kaufe ich am billigsten? Wie kann ich mein Produkt, meine Dienstleistung günstiger als der Wettbewerb anbieten? Bis in unsere Wohnzimmer reichen die Botschaften der allein selig machenden Wirkung vom geilen Geiz, schließlich sind wir ja nicht blöd ...

Keine Frage: Der Markt für Schnäppchenjäger wächst und wächst, und Billiganbieter reagieren auf diese Nachfrage mit der entsprechend einfachen Strategie: Kleines Sortiment und wenig Service. Viele Verkäufern kommen fast zwangsläufig zu dem Schluss, sie könnten heute nur noch über den Preis verkaufen – in ihrem Unterbewusstsein macht sich eine verhängnisvolle, weil falsche Ursache-Wirkung-Verknüpfung zwischen Preis und Verkaufserfolg breit: Preis runter – Verkauf hoch, Preis hoch – Verkauf unmöglich! Nach dieser Logik kann nur das billigste Produkt zum niedrigsten Preis Verkaufserfolg bringen.

Billiger ist nicht einfacher!

Die Annahme, Billiganbieter würden sich heute leichter tun als Anbieter hochwertiger und höher preisiger Produkte, ist also schlichtweg falsch.

Schnäppchenjäger bleiben nicht dem Lieferanten und seinem Verkäufer treu, sondern nur dem niedrigen Preis: Ohne mit der Wimper zu zucken, wechseln sie Anbieter wie ihre Unterwäsche. Der billigste Kunde ist dem Billigsten treu, der begeisterte Kunde der Beziehung zum Unternehmen und dessen Verkäufer! Billigsein ist demnach ein Marktzwang – der Zwang, billig zu bleiben und vor allem, immer billiger werden zu müssen. So gesehen, ist „billig sein" nicht nur ein einfallsloses, sondern auch ein erfolgs- und (im wahrsten Sinne des Wortes!) wertloses Verkaufsprinzip – es sei denn, Sie sind in Ihrer Branche der Preisführer oder Discounter. Aber: Es gibt immer mehr Kunden, insbesondere im Konsumgüterbereich, die sehr wohl höchste Ansprüche an das Produkt bzw. die Dienstleistungen und den Service „drum herum" stellen und bereit sind, dafür auch die entsprechenden Preise zu zahlen. Der mittlerweile weit verbreitete Käufertypus des Smart Shoppers beispielsweise ist kein Schnäppchenjäger, der stets auf der Suche nach dem absolut niedrigsten Preis ist. Den Smart Shopper interessiert vor allem das beste Preis-Leistungs-Verhältnis, und wenn dies in seinen Augen „passt", macht er sein Portemonnaie gern auch mal weiter auf.

Die Märkte verlangen heute sowohl die Billig- als auch die Premium-Strategie – wie ist es sonst zu erklären, dass beispielsweise VW den Fox, aber auch den 12-Zylinder-Touareg in seinem „Sortiment" hat? Anbieter, die nach wie vor allein auf das mittlere Preissegment setzen, werden es angesichts günstigerer No-Name-Produkte und zunehmend schnellerer Innovationszyklen zukünftig immer schwerer haben, sich im Markt zu halten.

Für einen Verkäufer, dessen Unternehmen auf Mehr-Werte, umfangreichen Service und intensive Kundenbetreuung setzt, stellt sich die anspruchsvolle Aufgabe, den aus dieser höherwertigen Einkaufs- und Verkaufskultur resultierenden höheren Preis überzeugend bei seinem Kunden „rüberzubringen":

▶ dem Kunden zu vermitteln, dass dieser ihm sein Vertrauen schenken kann;

▶ dem Kunden eine intensive Beratung zu geben, die seinen spezifischen Bedarf und seine individuellen Kaufmotive wirklich kennt und berücksichtigt;

▶ dem Kunden jederzeit ein aufmerksamer und hilfsbereiter Partner für Service, Wartung, Tipps etc. zu sein; und

▶ dem Kunden das Gefühl zu geben, jederzeit willkommen zu sein.

Die Einstellung macht's: Vom Wert des eigenen Preises überzeugt sein

Pessimisten und Durchschnittsverkäufer sind der Meinung, sie hätten keinen Einfluss auf den Preis: Er sei eben von ihrem Unternehmen festgelegt oder der Kunde diktiere ihn, daran könne man eben nichts ändern ...

Selbst bei festen Preisen haben Sie als neuer Hardseller mehr Einfluss, als der Durchschnittsverkäufer glauben mag – über das Produkt, für das sich der Kunden entscheidet, beeinflussen Sie auch den Preis, den Ihr Kunde bezahlt!

Preiswert heißt: Das Angebot ist seinen Preis wert

Viele Verkäufer gehen mit der Einstellung in das Preisgespräch, dass die Preise ihrer Produkte und Dienstleistungen ohnehin viel zu hoch liegen. Wie wollen es diese Verkäufer schaffen, ihre Kunden davon zu überzeugen, dass ihre Produkte und Dienstleistungen diese Preise auch wert sind? Denn die innere Haltung eines Verkäufers bestimmt auch den Preis, den er aushandelt: Nur, wenn er von seinem Angebot und dem dazugehörigen Preis überzeugt ist, kann er diesen Preis auch durchsetzen – ohne Selbstvertrauen und Überzeugung dagegen ist er leichte Beute für Profieinkäufer. Nimmt Ihr Kunde Ihre Unsicherheit wahr, spürt er, dass Ihnen das Preisgespräch unangenehm ist, und wird diese Schwäche gnadenlos ausnutzen!

Gehen Sie also ganz selbstverständlich und selbstbewusst mit Ihrem Angebot und dem dazugehörigen Preis um. Nur wenn Sie davon überzeugt sind, dass Ihr Angebot Preis-wert ist und Sie dies Ihrem Gesprächspartner deutlich kommunizieren, bekommt es soviel Attraktivität, dass der Preis für ihn zur Nebensache wird. Ihre Aufgabe ist es, die Leistung und die persönlichen Nutzen für Ihren Kunden herauszustellen, denn entscheidend für die Kraft Ihrer Aussage ist Ihre Überzeugung.

Beispiel:

Neuer Hardseller: „Herr Kunde, es stimmt, dass wir ein hohes Niveau haben, dafür bekommen Sie auch etwas wirklich Ausgezeichnetes und Wertvolles. Wie wichtig ist Ihnen ein hohes Leistungsniveau?"

(Unabhängig davon, was Ihr Kunde jetzt erwidert, fahren Sie fort)

Neuer Hardseller: „Dafür erhalten Sie ..." oder „Ja, richtig, Herr Kunde, der Wert, den Sie dafür bekommen ..." oder „Ja richtig, Herr Kunde, es ist sehr wertvoll und bringt Ihnen ...", „Richtig, es ist nicht billig, denn Sie erhalten dafür ..." (Jetzt folgt die Darstellung Ihrer kundenspezifischen Lösung, des individuellen Nutzens Ihres Angebots für Ihren Kunden – lesen Sie mehr zur MONA-Technik auf Seite 170 ff.)

Die Höhe des Preises für ein Produkt oder eine Dienstleistung ist also vor allem eine Frage Ihrer persönlichen Vor- und Einstellung, das hätte Ihnen auch Arthur Schopenhauer bestätigt: „Nicht wie die Dinge wirklich sind, sondern wie sie in unserer Einstellung und Vorstellung sind, macht uns unzufrieden oder zufrieden."

Deswegen ist auch für Sie selbst als Verkäufer die Bedarfs- und Motivanalyse so eminent wichtig: Denn nur wenn Sie auf dieser Basis eine stichhaltige Nutzenargumentation entwickeln, treten Sie Ihrem Kunden hier überzeugt entgegen. Und je überzeugter Sie von Ihrem Preis sind, desto leichter geht er Ihnen über die Lippen. Betrachten Sie ein „Zu teuer" Ihres Kunden als sportliche Disziplin – nehmen Sie halt einen zweiten Anlauf, wenn es beim ersten Mal nicht geklappt hat: Haben Ihre Verkaufsargumente noch nicht ins Schwarze getroffen, weil Sie Ihrem Kunden den individuellen Nutzen Ihres Angebots für ihn noch nicht anschaulich genug dargestellt haben? Lassen Sie sich keinesfalls im Preis drücken, sondern setzen Sie an einem anderen Punkt an: bei der Qualität, beim Zusatzservice, beim Preis-Leistungs-Verhältnis.

Bauen Sie Ihre Verkaufsargumentation auf die „wahren" Kaufmotive Ihres Gesprächspartners auf – den Preis sollten Sie dagegen als höchstens untergeordnetes Kaufmotiv betrachten.

Der neue Hardseller ist eine Persönlichkeit, die zu ihrem Preis steht. Sein Leitspruch für Preisgespräche ist: „Alles in der Welt hat seinen Preis. Meine Leistung hat einen Wert!"

Der Preis ist nur ein Thema unter vielen

Der Preis ist nur ein Thema unter vielen im Verkaufsgespräch, keinesfalls aber ein zentraler Faktor – er bekommt nur dann so eine große Bedeutung, wenn der Verkäufer Angst vor der Nennung des Preises und den nachfolgenden Preisverhandlungen hat. Sein Kunde nutzt in dieser Situation den Preis als „Argument", um den Verkäufer in die Defensive zu drängen.

Für den Verkäufer im neuen Hardselling ist der Preis eine Selbstverständlichkeit, denn er gehört zum Produkt wie das Dach zum Haus. Es ist das gute Recht des Kunden, über den Preis sprechen zu wollen – warum also Theater darum machen, warum zögern und Entschuldigungen stammeln, warum so viel Verkrampfung? Mit der selbstverständlichen Nennung des Preises vermitteln Sie Ihrem Kunden Preisstabilität – dieser empfindet den Preis, den Sie nennen, ebenso als Selbstverständlichkeit.

Ihr Kunde braucht Vorteile: Machen Sie ihm klar, was er versäumt, wenn er auf den Faktor Preis fixiert ist und dabei die Vorteile Ihres Angebots, seinen individuellen Nutzen aus den Augen verliert. Konzentrieren Sie sich als Verkäufer zu sehr auf den Preis, bekommen Sie einen Tunnelblick, der Sie die Wirkung anderer Verkaufstechniken völlig vergessen lässt: Glauben Sie nur an den Preis, verkaufen Sie auch nur über den Preis – und damit auch nur über Preisnachlässe!

Stellen Sie den Preis nicht in den Mittelpunkt des Verkaufsgespräches – beginnen Sie nicht zu früh, über den Preis zu reden, sondern nennen Sie ihn erst, nachdem Sie Ihre Angebotsvorteile und den individuellen Kundennutzen verdeutlich haben. Frühe Fragen Ihres Gesprächspartners nach dem Preis stellen Sie höflich und bestimmt zurück: „Herr Kunde, damit wir für Sie den richtigen Preis kalkulieren, der auch wirklich Ihrem Bedarf entspricht, lassen Sie uns zunächst klären, was Sie brauchen." Bleibt Ihr Gesprächspartner hartnäckig, fragen Sie konkret, ob Sie hier und heute mit dem Auftrag rechnen können, wenn sich beide Seiten einigen. Ihre Preisdevise sollte lauten: Es gibt keine zu hohen Preise, sondern nur eine unpassende Preisargumentation!

Wie Sie die Preisvorstellungen Ihres Kunden unbemerkt beeinflussen

Als neuer Hardseller lassen Sie sich von Ihrem Kunden nicht den Zeitpunkt der Nennung Ihres Preises diktieren. Stattdessen bringen Sie den Preis erst ins Spiel, wenn Sie den spezifischen Nutzen, den Mehrwert Ihres Angebots für diesen Kunden als schwergewichtiges und nachhaltiges Argument in die Preisverhandlung eingebracht haben.

So weit, so gut. Aber diese scheinbare Verzögerung – die ja vor allem das Ziel hat, dass der Kunde den Preis untrennbar mit diesem Mehrwert verknüpft – birgt noch einen anderen Vorteil: Nutzen Sie diese Zeit, um den Preis Ihres Angebots schon von vornherein zu Ihren Gunsten zu beeinflussen – selbst wenn Sie noch nicht die (Maximal-)Preisvorstellungen Ihres Kunden kennen. Wie das gehen soll, fragen Sie?

Dabei hilft Ihnen ein psychologischer Mechanismus, der als „Ankereffekt" bekannt ist. Marketingforscher haben in den letzten Jahren herausgefunden, dass vorab genannte hohe Zahlen Käufer dazu verleiten, auch nachfolgend genannte höhere Verkaufspreise zu akzeptieren, weil diese hohen Zahlen als Anker wirken, soll heißen: weil sie (für den Kunden unbewusst) zum Ausgangspunkt der nachfolgenden Preisnennungen und -verhandlungen werden.

Preisvorstellungen von Käufern und Verkäufern liegen in der Regel weit auseinander – letztere wollen hohe Preise durchsetzen, ohne ihre Kunden im Vorfeld abzuschrecken, diese wiederum wollen den Preis drücken. Das ist eine banale Beobachtung, die Sie jeden Tag selbst machen. In Experimenten wurden Käufern und Verkäufern willkürlich ausgewählte Zahlen präsentiert, worauf beide Gruppen ihre jeweiligen Mindestverkaufspreise bzw. ihre Maximalkaufpreise nennen sollten. Das Ergebnis war so einfach wie verblüffend: Zufallszahlen im Vorfeld von Preisnennungen wirken. Sie beeinflussen (unbewusste) Preisfestlegungen sehr oft, wenn auch nicht immer. Der Ankereffekt verursacht durch die Nennung von vorab genannten Zahlen, sogar willkürlich ausgewählten, Preisdifferenzen von bis zu 30 Prozent!

Dabei werden Maximalkaufpreise sehr viel stärker beeinflusst als Mindestverkaufspreise. Das führen die Marketingforscher darauf zurück, dass Kaufentscheidungen komplexer und deshalb mit mehr Unsicherheit verbunden sind als *Ver*kaufsentscheidungen. Anders formuliert: Verkäufer sind quasi immun gegen Beeinflussungsversuche von Kunden. Verkäufer lassen sich deutlich weniger von niedrigen Zahlen beeindrucken, mit denen Käufer sie vor der Preisfestlegung konfrontieren.

Das bedeutet für Sie als Verkäufer: Ihr Kunde ist durch den Ankereffekt stärker zu beeinflussen als Sie selbst. Sie verfügen über weit mehr Beeinflussungsspielräume hinsichtlich der Preisgestaltung als Ihr Kunde. Kurz: Als Verkäufer können Sie den Ankereffekt hervorragend für Ihre eigenen Ziele nutzen!

Wie nun setzen Sie als neuer Hardseller diese Erkenntnis in Ihrer Verkaufspraxis um? Stellen Sie vor oder unmittelbar zu Beginn der eigentlichen Preisverhandlungen eine oder mehrere hohe Zahlen in den Raum, selbst wenn diese Zahlen mit Ihrem Angebot bzw. Ihrem Produkt rein gar nichts zu tun haben! Es ist auch unerheblich, ob die Zahlen eher ausdrücklich präsentiert werden oder ob Sie sie eher beiläufig erwähnen. Entscheidend ist vielmehr, dass diese hohen Zahlen in Ihrem Kunden einen (unbewussten) Prozess der Preisfestlegung auslösen und dieser Preis dann zum Ausgangspunkt der nachfolgenden Verhandlungen wird. So sind beispielsweise brancheninterne Umsatzzahlen hervorragende Anknüpfungspunkte für die nun folgenden Verhandlungen über Ihren eigenen Preis. Auf diese Weise verschaffen Sie sich eine sehr gute Verhandlungsposition.

> **Beispiel:**
>
> *Neuer Hardseller*: „Das jährliche Umsatzvolumen unserer Druckmaschinen beträgt weltweit ca. 3,6 Milliarden Euro. (Der neue Hardseller macht eine Pause, um die Zahl wirken zu lassen.) Durch den Einsatz Ihrer Maschine aus unserem Haus haben Sie zukünftig in nur einer Schicht Ihre Zeitungsauflage von 125 000 Exemplaren auf 250 000 Exemplare gesteigert ..."
>
> *Kunde:* „So viel? Und das jeden Tag? Das wären ja pro Jahr knapp 37 Millionen Exemplare mehr ..."
>
> *Neuer Hardseller*: „Für diese Steigerung und den Mehrerlös, den Sie dadurch erzielen, investieren Sie in diese Druckmaschine Baujahr 1990 nur Eins-Vier im Monat (Anmerkung: Machen Sie Ihren Preis klein, hier also statt 1 400 Euro Eins-Vier – siehe auch Seite 221). Wenn Sie jetzt ‚Ja' sagen, ist sie innerhalb der nächsten sechs Wochen einsatzbereit. Welche weiteren Vorteile sehen Sie darin, dass Sie jetzt Ihre Zeitungsauflage innerhalb nur einer Schicht verdoppeln?"

> **Expertentipp**
>
> Nutzen Sie eine dritte Person, zum Beispiel einen Kollegen, der Sie zu den entscheidenden (Preis-)Verhandlungen begleitet, als Stichwortgeber, der per (vorab vereinbartem) Zuruf eine oder mehrere hohe Zahlen in den Raum wirft, um Ihren Kunden in der Festlegung seines Maximalkaufpreises zu beeinflussen. So können Sie quasi aus einem ganz entspannten Dreiergespräch heraus die Preisverhandlungen in eine für Sie günstige Richtung lenken!

Exkurs: Preis-Psychologie

Wie in allen Phasen des Verkaufsprozesses spielt die Körpersprache auch im Preisgespräch eine bedeutende Rolle. Hier ist Ihre Fähigkeit, die Reaktionen Ihres Gesprächspartners in Mimik, Gestik und Körperhaltung, Blickrichtung, Stimmlage/-farbe möglichst exakt zu deuten, besonders gefragt. Andererseits müssen Sie sich Ihrer eigenen Wirkung bewusst sein: Ihr Gesprächspartner muss von Ihren körpersprachlichen Signalen auf Ihre Motivation, Aufrichtigkeit, Glaubwürdigkeit, Entschlossenheit, Ihren Abschlusswillen schließen können:

▶ Suchen Sie schon durch Ihre Sitzposition den Schulterschluss mit Ihrem Gesprächspartner: Setzen Sie sich ihm nie frontal gegenüber, sondern möglichst neben oder schräg neben (zum Beispiel an einer Ecke des Tisches) ihn.

▶ Bleiben Sie ruhig sitzen: Wippen Sie mit Ihren Fußspitzen, signalisiert das Ihrem Gesprächpartner, dass Sie bereits aufgegeben haben oder im Grunde nicht am Auftrag nicht interessiert sind!

▶ Spielen Sie nicht mit Ihrem Kugelschreiber, sonst überträgt sich Ihre damit dokumentierte Nervosität oder Langeweile auf Ihren Gesprächspartner. Denn er schließt daraus, dass Sie nur wegen des Auftrags gekommen sind, ohne wirklich an seinen Wünschen interessiert zu sein.

Sitzen Sie gerade, zeigen Sie offene Hände, hören Sie bei den Ausführungen Ihres Gesprächspartners konzentriert hin, nicken Sie dabei immer wieder mit dem Kopf und schauen Sie Ihrem Gesprächspartner gerade bei wichtigen Aussagen offen und gerade ins Gesicht, um Ihre Sicherheit „rüberzubringen". Bei dieser Körpersprache weiß Ihr Gesprächspartner, dass er in Ihnen einen aufrichtigen Gesprächspartner vor sich hat, der von seiner Sache überzeugt ist!

Da der Preis für Sie ganz selbstverständlicher Bestandteil Ihres Angebots ist, bauen Sie ihn mit fester Stimme, in einem warmen und verbindlichen Tonfall ganz ohne Aufhebens in das Gespräch ein: Blicken Sie Ihren Gesprächspartner dabei freundlich und direkt an, schlagen Sie aber keinesfalls die Augen nieder oder lassen Sie Ihren Blick abschweifen, zum Beispiel, indem Sie zur Tür oder zum Fenster hinausschauen. Lächeln Sie leicht – setzen Sie aber keine Siegermiene auf! –, nicken Sie dabei unmerklich, um Ihre Überzeugung hinsichtlich Ihres Angebots und Preises zu signalisieren und um Ihren Gesprächspartner unmerklich zu einem „Ja" aufzufordern.

> **Expertentipp**
>
> Wählen Sie kleinere Preiseinheiten, die von Ihrem Gesprächspartner besser „verkraftet" werden, denn große Preise lösen zunächst einen großen Schreck aus – verdeutlichen Sie zum Beispiel die geringen Preisunterschiede gegenüber einem Wettbewerberangebot.
>
> Ist Ihr Kunde sehr stark auf den Preis fokussiert, sollten Sie ihm ein Preisspektrum von ... bis ... bieten, herunter gebrochen auf die kleinste Preiseinheit.
>
> *Beispiel für Reiseverkehrsfachleute:*
>
> „Herr Kunde, Sie haben die Möglichkeit, in unterschiedlichen Hotelkategorien auf den Bahamas zu buchen. Da gibt's Hotelsuiten für 750 $ und Strandhotelzimmer mit Meerblick für 105 $ die Nacht. Damit Sie sich in Ihrem Urlaub auch wohl fühlen – was erwarten Sie von einem guten Hotelzimmer?"
>
> Damit signalisieren Sie Ihrem Gesprächspartner, dass Sie keine Angst haben, Ihren Preis zu nennen, denn Ihr Angebot ist es ihm schließlich wert!
>
> Weiterhin helfen Sie noch ein wenig nach, wenn Sie den Preis „weich" aussprechen: Sagen Sie „Sechszehnhundert" oder „Einssechs" statt „Eintausendsechshundert", klingt das hand-

> licher, kleiner, weniger abschreckend, weil die Nullen sprachlich wegfallen. Optimieren Sie diesen psychologischen Effekt mit Sie- und nutzenorientierten Formulierungen: „Sie bekommen das Angebot für einssechs!" Das Wörtchen „bekommen" macht den Preis zum Zugewinn, klingt rund und angenehm und nimmt der Preisaussage ihre Härte.

„Zu teuer"! Zu teuer?

Viele Durchschnittsverkäufer kapitulieren viel zu früh vor diesem Einwand. Sie verteidigen ihn mit rationalen Argumenten und stoßen damit sehr schnell an ihre Grenzen. Warum? Sie versäumen es, gezielt die Emotionen ihres Gesprächspartners anzusprechen.

Preise clever argumentieren

▶ Legen Sie den Anschaffungspreis für Ihr Angebot auf seine lange Lebens-/Nutzungsdauer oder auf die Produktionskosten Ihres Kunden um: Durch die Nennung des Aufwandes für eine kleine Zeiteinheit oder eine Produktionseinheit (Stückpreis) verkleinern Sie den Preis psychologisch.

▶ Lassen Sie Ihren Gesprächspartner unbedingt selbst Wirtschaftlichkeitsberechnungen ausführen, da er die entsprechenden Ergebnisse viel eher akzeptiert, als wenn Sie ihm fertige Modellrechnungen vorlegen. Auch hier bietet es sich an, die Wirtschaftlichkeit des eigenen Angebots auf die Zeit oder das Einzelstück zu projizieren. Nutzen Sie dafür die Alleinstellungsmerkmale Ihres Angebots und die Vorteile, die sich daraus für Ihren Kunden ergeben:
- schnellere Lieferung und bessere Logistik   geringere Lagerhaltung und Kapitalbindung
- längere Wartungsintervalle → weniger Stillstand, geringere Investitionen
- optimale Energienutzung → geringerer Energieverbrauch (Strom, Öl, Benzin etc.)
- höhere Präzision → weniger Ausschuss
- stabilere Bauart → längere Lebensdauer
- hohe Qualität → hoher Wiederverkaufswert

Machen Sie sich bewusst: Ist der Wunsch Ihres Gesprächspartners, Ihr Produkt oder Ihre Dienstleistung zu besitzen, groß genug, wird er den Preis akzeptieren und sich diesen im Nachhinein mit einer rationalen Begründung selbst „verkaufen"! Um diesen Besitzwunsch zu wecken und „anzuheizen", visualisieren Sie den individuellen Kundennutzen, indem Sie ein in die Wunsch- und Vorstellungswelt Ihres Kunden passendes Bild als Beispiel setzen und als Hypothese formulieren („Nehmen wir mal an ...", „Nur mal als Beispiel ...", „Nur so ein Planspiel ..."). Ihr Kunde wird Ihnen zusätzliche wichtige Informationen zu seinen Wünschen und Vorstellungen preisgeben – nutzen Sie diese Informationen, indem Sie diese Wünsche so intensivieren, dass Ihrem Gesprächspartner nur Ihr Angebot als optimale Lösung erscheint!

Entscheidend bei der Bearbeitung des Einwands „Zu teuer" ist, dass Sie immer wieder die „Kurve kriegen" und stets eine Verbindung zwischen dem Preis Ihres Angebots einerseits und den Vorteilen bzw. dem individuellen Kundennutzen Ihres Produkts/Ihrer Dienstleistung andererseits schaffen. Lassen Sie sich nicht auf Versuche Ihres Gesprächspartners ein, isoliert über den Preis zu verhandeln, sondern nennen Sie ihn immer zusammen mit dem Mehrwert Ihres Angebots. Ihr Ziel während des Preisgesprächs muss es sein, Preis und Mehrwert im Kopf Ihres Kunden zu „verknoten"!

Betonen Sie die besondere Individualität Ihres Angebots für den persönlichen Nutzen Ihres Kunden. Wenn Sie die Einzigartigkeit Ihres Produkts oder Ihrer Dienstleistung hervorheben, schaffen Sie sofort die erwähnte Verbindung zwischen Ihrem Preis und der Qualität und Leistung Ihres Angebots und bauen so den Preisdruck ab, den Ihr Kunde auf Sie ausübt!

Beispiel:

Kunde: „Qualität und Leistung stimmen bei Ihren Wettbewerbern aber auch."

Neuer Hardseller: „Herr Kunde, sehen Sie das im Bezug auf ... oder auf ...?"

(Hier nennt der neue Hardseller zwei persönliche Vorteile seines Angebots für seinen Kunden, wobei er den anschaulicheren, den „spektakuläreren" für den Schluss aufhebt.)

Neuer Hardseller: „Herr Kunde, welcher der beiden Punkte trifft für Sie den Nagel auf den Kopf?"

Verhandlungsprofis unter den Einkäufern wollen Sie oftmals nur testen. Eigentlich vom Angebot – und vom Preis! – überzeugt, wollen sie Ihre Standfestigkeit prüfen: Fallen Sie also nicht um, wenn Ihr Kunde Preisdruck auf Sie ausübt! Sonst setzt ein hemmungsloses Feilschen ein, bei dem Sie letztlich nur verlieren. Auch hier gilt: Stehen Sie zu Ihrem Preis, indem Sie immer wieder auf den Mehrwert Ihres Angebots für Ihren Kunden hinweisen, schaffen Sie eine Verbindung zwischen Preis, Qualität und Leistung Ihres Produkts oder Ihrer Dienstleistung.

Keine Panik auf der Titanic! Tipps für kühle Köpfe

▶ Lassen Sie sich nicht aus der Bahn werfen: Bleiben Sie ruhig und analysieren Sie die möglichen Gründe für das „Zu teuer" Ihres Gesprächpartners und versuchen Sie, herauszufinden, welche Vorstellungen er vom Gegenwert des Preises hat.

▶ „Zu teuer" bedeutet meist, dass Ihrem Kunden noch einige Informationen fehlen und/oder er noch nicht den individuellen Nutzen für sich erfasst hat – ergänzen Sie für sich das „Zu teuer" um das kleine Wörtchen „noch": „Das Produkt ist ihm noch zu teuer!"

▶ Resignieren Sie nicht! Ein „Zu teuer" bedeutet nicht, dass Ihr Kunde woanders billiger kaufen kann – ein Preisnachlass ist die falsche Antwort! Bleiben Sie dran und begründen Sie Ihren Preis mit den Vorteilen Ihres Angebots und seinem individuellen Kundennutzen. Machen Sie es nicht wie Tina Farblos und Olaf Grauemaus, die selbst die Rabattschlacht eröffnen, wenn sie dem Drängen ihres Gesprächspartners nachgeben: „Welche Preisvorstellungen haben Sie denn?"

▶ Freuen Sie sich über den Einwand! Hätte Ihr Gesprächspartner mit „Ich kaufe nichts" geantwortet, fände Ihr Verkaufsgespräch keine Fortsetzung!

▶ Zeigen Sie Verständnis für die Haltung Ihres Kunden, aber bestätigen Sie keinesfalls eine konkrete Preisforderung!

Beispiel:

„Herr Kunde, eine Entscheidung ist nur dann eine gute Entscheidung, wenn die Investition im richtigen Verhältnis zu Qualität und Leistung steht. Wie wichtig ist Ihnen die Qualität?"

„Dafür bekommen Sie ..." (Hier führt er den Nutzen für seinen Kunden auf.)

So macht's der *alte* Hardseller

Gegenfragen wie

- „Teuer? Im Verhältnis wozu?"
- „Kennen Sie ein Produkt, das Ihnen zu diesem Preis mehr Vorteile bietet?"
- „Auf welches Angebot bezieht sich Ihr Vergleich?"
- „Womit vergleichen Sie den Preis unseres Produkts?"

waren unter Verkäufern lange Zeit eine beliebte Gesprächstechnik für Preisverhandlungen – heute ist sie überholt. Unsere zunehmend kritischeren Kunden reagieren auf diese Versuche, sie „festzunageln" und in Zugzwang zu bringen, äußerst empfindlich – zu Recht, denn wer lässt sich schon gern bloßstellen?

Ist Ihr Gesprächspartner auch nach den skizzierten Argumentationstechniken immer noch der Meinung, Ihr Angebot sei zu teuer, greifen Sie zu Analogien, die Sie in kleine Storys verpacken, um sofort das „Bauchgefühl" Ihres Gesprächspartners anzusprechen:

Beispiel:

„Stellen Sie sich einmal Folgendes vor – mir ist klar, jedes Beispiel hinkt ... Nur mal als Idee ... Sie gehen in den Supermarkt und wollen unter anderem einen guten Orangensaft mit viel Vitamin C kaufen. Sie kommen also zum Regal, in dem die Safttüten mit dem Orangensaft aus Konzentrat stehen, und legen sich gleich mehrere in den Einkaufswagen. Nach ein paar Metern kommen Sie ans Kühlregal und sehen darin frisch gepressten Orangensaft. Beim genauen Vergleich stellen Sie fest, dass sich beide Packungen stark ähneln, aber beim Preis ein großer Unterschied festzustellen ist: Der vitaminreiche, frisch gepresste Saft hat eben seinen Preis. Sie zögern einen Moment – mal ganz ehrlich: Welchen Orangensaft trinken Sie lieber?

> Herr Kunde, diese kleine Geschichte ist vergleichbar mit vielen Situationen in unserem Leben, stimmt's? Wie in unserer Geschichte verhält es sich auch mit … . Es ist verdammt schwer, auf Anhieb zu erkennen, wer der ehrliche Partner ist und Ihnen das richtige Preis-Leistungsverhältnis bietet. Denn wir alle wissen: Das Gesetz der Wirtschaft verbietet es, viel Qualität und Leistung für wenig Geld zu bekommen."

Selbstverständlich bieten sich für dieses Vorgehen auch andere Analogien an: Eier aus der Legebatterie oder von glücklichen, frei laufenden Hühnern, ein Pullover aus Acryl oder einer aus Kashmir, ein Hotelzimmer mit Aussicht auf die Baustelle nebenan oder eins mit Blick auf Strand und Meer etc. Formulieren Sie Ihre eigenen Beispiele! Entscheidend ist, dass Sie Ihrem Gesprächspartner die Botschaft vermitteln: Ihr Angebot ist seinen *Preis mehr* als *wert*!

Alles schon gehört: Wie Sie Preisdrückerstrategien entspannt begegnen

Warum versuchen Kunden, meist Profi-Einkäufer, aber auch „normale" Kunden, den Preis zu drücken? Bevor Sie sich wie Durchschnittsverkäufer wie Tina Farblos und Olaf Grauemaus voreilig auf eine Preisdiskussion einlassen oder gar Bereitschaft für einen Nachlass signalisieren, ist es enorm wichtig, herauszufinden, aus welchen Gründen Ihr Gesprächspartner den Nachlass fordert – denken Sie immer daran: Verkaufen ist ein emotionaler Vorgang!

Bearbeiten Sie demnach auch – und gerade – Preiseinwände nicht unter rationalen Gesichtspunkten. Bedenken Sie immer, dass Ihr Käufer „aus dem Bauch" heraus seine Kaufentscheidung trifft und erst anschließend sein Verstand eine logische Begründung für diese Entscheidung sucht – und findet!

Welche Motive stecken hinter Preisdrückerei?

▸ Ihr Kunde will günstiger als seine Wettbewerber einkaufen.

▸ Ihr Kunde will andere Ziele (zum Beispiel sofortige Lieferung) oder Wünsche durchsetzen.

▸ Ihr Kunde braucht einen Verhandlungserfolg, um sein Standing im Unternehmen zu festigen bzw. zu verbessern.

▸ Ihr Kunde befürchtet, von Ihnen übervorteilt zu werden.

▸ Ihr Kunde testet Ihr Stehvermögen als Verkäufer und damit die Ernsthaftigkeit Ihres Angebots.

▸ Ihr Kunde hat bei Durchschnittsverkäufern die Erfahrung gemacht, dass sich Feilschen um den Preis durchaus lohnt.

▸ Ihr Kunde verbirgt Einwände und Kritikpunkte hinter dem Preis.

▸ Ihr Kunde will Sie besiegen – handelt er einen Preisnachlass aus, ist das gut für sein „Ego".

▸ Ihr Kunde hält den Preis im Verhältnis zum Wert Ihres Angebots tatsächlich für zu hoch.

▸ Ihre Kunde will den vermeintlich echten Preis ermitteln.

▸ Ihr Kunde will Ihr Angebot bei einem Wettbewerber als Druckmittel einsetzen.

▸ Ihr Kunde braucht Ihr Angebot nur als Alibi – er hat sich schon längst gegen Sie entschieden, braucht aber wegen unternehmensinterner Richtlinien zur Ausschreibung mehrere Angebote.

Überraschen Sie Ihren Kunden – verunsichern Sie ihn in seiner Taktik!

Das haben Sie sicher schon selbst erlebt: Die Behauptung, einer Ihrer Wettbewerber könne günstigere Preise als Ihr eigenes Unternehmen anbieten, ist ein alter Hut.

Überraschen Sie Ihren Kunden doch mit einer offensiven Vorgehensweise: Zeigen Sie sich nicht etwa erschrocken oder geschockt, wie es Ihr Kunde in dieser Situation erwartet oder sich erhofft, sondern bekunden

Sie ehrliches Interesse und Engagement! Bringen Sie Ihren Gesprächspartner zum Beispiel dazu, den Wettbewerberpreis doch einmal mit Ihnen gemeinsam genauer anzuschauen, um herauszufinden, wie dieses günstigere Angebot wohl zustande kommt: „Herr Kunde, lassen Sie uns doch mal Butter bei die Fische geben ..." Ihr Gesprächspartner muss jetzt Farbe bekennen und konkrete Zahlen und/oder Namen nennen. Wehrt er Ihren Vorschlag ab, übergehen Sie sein Täuschungsmanöver großzügig, um ihn nicht als Lügner zu entlarven, denn ein bloßgestellter Gesprächpartner blockt aus Angst vor einer weiteren Blamage die Fortsetzung des Verkaufsgespräches ab. Liegt ihm tatsächlich ein günstigeres Angebot vor, nutzen Sie die Chance herauszufinden, wie dieses zustande kommt, und betonen Sie die Vorteile Ihres Produkts oder Ihrer Dienstleistung – am besten das Alleinstellungsmerkmal Ihres Angebots! – gegenüber dem Wettbewerberangebot.

So macht's der *alte* Hardseller

Kunde: „Ich habe andere Angebote, die deutlich unter Ihrem Preis liegen!"

Alter Hardseller: „Würden Sie sich von einem zweitklassigen Herzchirurgen operieren lassen, nur weil er billiger ist?"

Selbstbewusstes Auftreten gegenüber seinen Kunden ist für einen Verkäufer ohne Frage sehr wichtig – aber der neue Hardseller hat ein untrügliches Gespür dafür, wann er die Schwelle zur Arroganz überschreitet. Mit Sprüchen wie in diesem Beispiel konnte der alte Hardseller vielleicht früher seine Kunden beeindrucken, heute haben diese Kunden genug Selbstbewusstsein, um ihn „hinaus zu komplimentieren" oder sich schlichtweg umzudrehen und ihn stehen zu lassen.

Werten Sie den Kunden und Ihr Angebot auf!

Diese offensive Strategie bietet sich auch an, wenn Ihnen Ihr Gesprächspartner damit droht, zum Wettbewerb „überzulaufen": Loben Sie sein Branchen-Know-how und bestätigen Sie ihm, dass es sein gutes Recht, ja sogar seine Pflicht als Entscheider sei, sich auf dem Markt stets nach dem besten Preis-Leistungsverhältnis umzuschauen. Wichtig ist, dass Sie im Vorfeld der Verkaufsgespräche bzw. der Preisverhandlungen die Alleinstellung Ihres Produkts bzw. Ihrer Dienstleistung im Markt geprüft haben, um herauszufinden, ob Ihr Kunde überhaupt eine (echte) Alternative zu

Ihrem Angebot hat: In welchen Punkten ist das Angebot der Wettbewerber Ihrem unterlegen? Welche eigenen Vorteile stellen Sie heraus, um eventuelle Preisunterschiede zu begründen? Wenn Sie feststellen, dass der Wettbewerb keine wirkliche „Bedrohung" darstellt, haben Sie erst recht keine Schwierigkeiten damit, Ihr Produkt bzw. Ihre Dienstleistung mit dem Wettbewerb zu vergleichen. Sollten konkurrenzfähige Angebote existieren, machen Sie Ihrem Gesprächspartner den Vorschlag, diese Angebote für ihn zu sondieren und mit dem eigenen zu vergleichen. Mit einem derart selbstbewussten Auftreten signalisieren Sie Ihrem Kunden: „Ich bin von meinem Produkt/meiner Dienstleistung so überzeugt, dass ich keine Angst habe, dass du zum Wettbewerb abwanderst." Damit werten Sie Ihr eigenes Angebot enorm auf und Ihr Gesprächspartner kommt zu dem Schluss, dass ja an dem Angebot was dran sein muss, wenn der Verkäufer ihn auffordert, sich über den Wettbewerb zu informieren ...

> **Expertentipp**
>
> Achten Sie beim Vergleich mit Wettbewerberangeboten darauf, nicht den eigenen, eventuell höheren *Komplett*preis Ihres Angebots zu begründen, sondern erklären Sie lediglich die kleinere Preis*differenz* – natürlich immer in Verbindung mit den Vorteilen Ihres Produktes bzw. Ihrer Dienstleistung gegenüber dem der Wettbewerber. Diese Differenz spielt im Unterbewusstsein Ihres Gesprächspartners eine wesentliche Rolle, ist sie doch handlicher, greifbarer, kleiner und vernachlässigbarer als der zunächst monströse Gesamtpreis Ihres kompletten Angebots!

Behalten Sie die Initiative – lassen Sie sich nicht in die Defensive drängen oder ein schlechtes Gewissen einreden

Eine beliebte Preisdrückertaktik von Kunden ist es, Verkäufer zu verunsichern, indem sie mit (gespielter) Empörung oder beißender Ironie auf den genannten Preis regieren:

- „Ihre Preise hätten wir auch gern!"
- „Dieser Preis ist völlig aus der Luft gegriffen!"

- „Ich wollte nicht Ihr ganzes Unternehmen kaufen ..."
- „Das ist völlig am Markt vorbei!"

Ignorieren Sie zunächst diese Preisattacke, sonst würden Sie den unqualifizierten Angriff ja noch aufwerten – verteidigen Sie den Preis, setzen Sie sich dem Verdacht aus, ein schlechtes Gewissen zu haben! Bleiben Sie daher ruhig: Schauen Sie Ihren Kunden zweifelnd an, schweigen Sie dabei und beobachten Sie seine Mimik und Gestik, um herauszufinden, ob es sich um bloße Taktiererei handelt oder ob er es mit seinem Vorwurf tatsächlich ernst meint. Reagiert er auf Ihr Schweigen verlegen, wissen Sie, dass sein Vorstoß tatsächlich nur ein Test für Ihr Stehvermögen war. Spüren Sie hingegen echte Verärgerung, müssen Sie die Initiative übernehmen: Heben Sie seine gute Branchenkenntnisse und seine Erfahrungen als Einkäufer bzw. Entscheider hervor, die ihm ja sagen, dass sich die Investition für ein Qualitätsangebot langfristig mehr als auszahlt. Auf diese Weise schlagen Sie über die dezente Anerkennung Ihres Kunden den Bogen wieder zu seinem individuellen Nutzen – und der ist seinen Preis wert!

Von Mehrwerten und Preisbaguettes – der Handel um den fairen Preis

Wir alle wissen: Unser Kunde kauft nicht das Produkt oder die Dienstleistung, sondern nur seine persönliche Lösung – er kauft nicht den Staubsauger, sondern den sauberen Teppich!

Bei einem Baguette bekommen wir die Wurst eingepackt zwischen den schmackhaften Zutaten – die Wurst allein kann nie so gut schmecken wie das gesamte Baguette. Genauso wenig schmeckt unserem Kunden der „nackte" Preis – deshalb verpacken wir den Preis zwischen seinen Kaufmotiven, Vorteilen und dem individuellen Nutzen für unseren Kunden. Wie die Wurst beim Baguette legen wir den Preis in die Mitte und den wichtigsten persönlichen Nutzen für unseren Kunden nennen wir am Ende – der neue Hardseller krönt sein Preisbaguette mit einer abschlussorientierten Frage, die vom Preis wegführt.

Sie mögen keine Baguettes? Dann stellen Sie doch ein komplettes Preismenü zusammen! In der richtigen Menüzusammenstellung liegt die Kunst – wie bei einem richtigen Menü mit Vor-, Haupt- und Nachspeise kreieren

Sie Ihr Preismenü ganz individuell für Ihren Kunden – ganz nach seinem Geschmack:

Aperitif	erster persönlicher Nutzen	„Die Rufweiterschaltung ins Festnetz
Zwischengericht	zweiter persönlicher Nutzen, Übergang zum Hauptgang	und den Einzelgesprächsnachweis eingeschlossen, investieren Sie für Ihre Erreichbarkeit
Hauptgang	Preis	nur ... Euro pro Monat.
Nachtisch	dritter persönlicher Nutzen	Darin enthalten ist die Bereitstellung der Mailbox mit Faxfunktion.
Espresso	Abschlussfrage	Welche Vorteile sehen Sie darüber hinaus darin, dass Sie Ihre jetzige Rufnummer auch noch mitnehmen?"

Vermeiden Sie im Zwischengericht – in der Überleitung zum Hauptgang – Worte wie „Kosten", „kostet", „Preis", „inklusive" und wählen Sie stattdessen Formulierungen, die den individuellen Nutzen für Ihren Kunden in der Vordergrund schieben: statt „... kostet 325 Euro pro Stück" zum Beispiel „... bekommen Sie für 325 Euro pro Stück".

Ihr Kunde will und braucht Nutzen: Er will Ihr Produkt bzw. Ihre Dienstleistung in Gewinn umsetzen, er will Kosten senken, Schwierigkeiten in seinem Unternehmen anpacken, Vorteile erzielen, von Ihrem Service profitieren und und und ...: Verpacken Sie Ihrem Kunden den „bitteren" Preis in leckere Nutzen, Vorteile und Gewinne! Wenn's um die Wurst geht, werden viele Verkäufer jedoch zu Vegetariern!

Betrachten Sie es als eine Herausforderung, Ihrem Gesprächspartner den individuellen Nutzen Ihres Angebots so anschaulich und nachrechenbar zu vermitteln, dass dieser durch den Erwerb Ihres Produkts bzw. Ihrer Dienstleistung mehr Vorteile sieht als dadurch, dass er sein Geld an der falschen Stelle spart. Argumentieren und handeln Sie nach der Devise: Nicht auf den Preis, auf den Wert kommt es an. Niemand auf der Welt kann günstiger als ich sein, wenn mein Kunde den gesamten Wert meiner Leistung sieht!

Während Ihr Gesprächspartner glaubt, den Preis auszuhandeln, sind Sie dabei, ihm ein Wertgefühl zu vermitteln, denn erst, wenn Ihr Kunde ein Bewusstsein für den Wert des Angebots entwickelt, kann er das Preis-Leistungs-Verhältnis richtig einschätzen. Helfen Sie Ihrem Gesprächspartner, seine wirklichen Vorteile zu erkennen – lassen Sie Ihren Kunden „gewinnen", aber zu Ihrem eigenen Preis!

Den Preis durch Aufwertung des Kunden absichern

Um Ihren Gesprächspartner ein wenig in seiner „Preisverhandlungswut" zu bremsen und ihn aus seiner Fixierung auf den Preis zu lösen, empfiehlt es sich, auf die DEA-Technik zurückzugreifen und immer wieder einmal dezente Lobformulierungen einzustreuen, am besten in Verbindung mit einem Nutzenargument: „Herr Kunde, an Ihrer konsequenten Verhandlungsweise kann ich erkennen, dass Sie fest davon überzeugt sind, hier ein Produkt mit für Sie wichtigen und hervorragenden Eigenschaften zu bekommen. Sonst würden Sie ja nicht mehr mit mir sprechen!" Damit betonen Sie die Gemeinsamkeiten zwischen Ihnen und Ihrem Kunden: Sie sind beide am Abschluss interessiert, denn jeder profitiert davon!

Die Mehrwert-Kette

Die Mehrwert-Kette ist eine Argumentationstechnik, mit der Sie Produktvorteile, individuellen Kundennutzen und Preis miteinander verknüpfen – ohne allerdings den Preis zu nennen, sondern, indem Sie den Mehrwert für Ihren Kunden hervorheben:

1. Schritt: „Dieses Angebot beinhaltet/
In diesem Angebot sind eingeschlossen:
a) ...
b) ...
c) ...
(Zählen Sie drei Produkteigenschaften auf, die Ihr Gesprächspartner bereits zuvor als wichtig bezeichnet hat.)

2. Schritt: Das bedeutet für Sie/Das bringt Ihnen ...
(Jetzt formulieren Sie den persönlichen Nutzen für Ihren Kunden.)

3. Schritt: Und dies zusammengenommen ist Ihnen doch sicher etwas *mehr wert*, stimmt's?"

Beispiel für eine PR-Agentur:

Kunde: „Sie haben aber einen ganz schön hohen Paketpreis."

„Herr Kunde, dieses Angebot beinhaltet für Sie

a) die Erstellung aktueller Presseartikel,
b) den Versand an die Hochkaräter unter den Presseleuten und
c) die Marktbeobachtung Ihrer Branche durch uns.

Das bedeutet für Sie, mit den richtigen Themen in den richtigen Medien in den für Sie entscheidenden Zielgruppen auch wirklich gelesen zu werden, ohne dafür selbst Zeit zu investieren und zusätzlich neue Kosten zu generieren.

Und dies zusammengenommen ist Ihnen doch sicher etwas mehr wert, stimmt's?"

Übung
Formulieren Sie drei Beispiele für Ihre Produkte/Dienstleistungen
1. ...
2. ...
3. ...

Keine Leistung ohne Gegenleistung!

Kurzfristig betrachtet, verhilft Ihnen ein einseitiger Preisnachlass zum Auftrag, doch auf lange Sicht tun Sie sich damit keinen Gefallen – ganz im Gegenteil, Sie schaden sich nur selbst. Gewähren Sie nur einmal einen einseitigen Preisnachlass – das heißt, ohne Gegenleistung –, haben Sie die „Rabattgier" Ihres Kunden geweckt. Sie werden mit ihm zukünftig kein Verkaufsgespräch mehr führen, ohne dass er alles versucht, Ihren Preis zu drücken. Nach den fünf Prozent beim ersten Auftrag lässt sich beim nächsten Mal bestimmt mehr rausholen ... und da ist mit Sicherheit noch viel mehr drin ... Rabatte sind der Startschuss für den Konkurs!

Sind Sie also erst einmal in dieser gefährlichen Preisspirale, wird Ihr Kunde immer mehr verlangen – fordern Sie keine Gegenleistung, dann werfen Sie bares Geld zum Fenster raus! Ganz abgesehen davon betrachtet Ihr Kunde Ihr Nachgeben als Eingeständnis, dass Ihr ursprünglicher Preis überhöht war und Sie ihn übervorteilen wollten – es folgen Retouren und Reklamationen! Denken Sie immer daran: Alles, was Sie an Nachlass geben, muss schon verdammt gut verkauft sein!

Nachlässe ohne Gegenleistungen Ihres Kunden zerstören sein Vertrauen! Beherzigen Sie deshalb den Grundsatz des neuen Hardsellers: Ich akzeptiere keine pure Preisdrückerei – für jeden Nachlass gibt es eine Gegenleistung durch meine Kunden! Sie können auf die Frage Ihres Kunden, welchen Nachlass Sie ihm geben, so plump antworten wie der *alte* Hardseller: „Wieso, Herr Kunde? Ist irgendjemand gestorben?" Den Erfolg dieser Aussage können Sie sich sicher vorstellen ...

Sie fahren besser, wenn Sie Ihren Gesprächspartner zu einem Zugeständnis bewegen, auch, um den Wert Ihres Angebots nicht in Frage zu stellen. Erinnern Sie zum Beispiel Ihren Kunde/Wiederverkäufer an seine Schwierigkeiten, seine Produkte und Dienstleistungen zu einem „gerechten", angemessenen Preis auf dem Markt durchzusetzen. Als Gegenleistung bieten sich insbesondere modifizierte Lieferkonditionen wie Selbstabholung und -montage, kurze Zahlungsziele, Übernahme der Transportversicherung durch den Kunden, größere Serviceintervalle etc. an. Erstellen Sie im Vorfeld des Preisgespräches einer Liste von Vorschlägen, mit denen Ihnen Ihr Gesprächspartner bei einem Preisnachlass entgegenkommen kann. Seien Sie bei Kleinigkeiten, die Ihrem Kunden wichtig, für Sie selbst aber von nachgeordneter Bedeutung sind, großzügig. Vorteil: So behalten Sie die Initiative im Preisgespräch in der Hand!

Lassen Sie Ihre Kreativität spielen! Außer Lieferkonditionen gibt es noch eine ganze Menge anderer Dinge, die Sie Ihrem Kunden als Entgegenkommen vorschlagen können, zum Beispiel konkrete Empfehlungen:

- *Kunde:* „Wenn Sie mir drei Prozent Nachlass einräumen, kaufe ich!"

- *Neuer Hardseller:* „Ich freue mich, dass Sie kaufen wollen, Herr Kunde. Sie wissen ja aus eigener Erfahrung, dass wir alle unsere Preise sehr knapp kalkulieren müssen und Nachlässe nicht mehr drin sind. Wenn Sie mir entgegenkommen, haben wir beide etwas von einem Partnerbonus ..."

- *Kunde:* „Und was stellen Sie sich da vor?"

▶ *Neuer Hardseller:* „Empfehlen Sie mich weiter! Sie haben sich von den Vorteilen unserer Dienstleistung überzeugt, dafür begeistert – wieso sollten nicht auch Ihre Geschäftspartner, Kollegen und Freunde davon profitieren? Lassen Sie uns doch eine kleine Liste mit Personen erstellen, denen Sie eine Freude machen wollen! An wen denken Sie da konkret? Und welchen von Ihren Kunden würden Sie als erstes anrufen?"

Ein cleverer Schachzug. Klüger werden Sie Ihren Gesprächpartner nicht zum Abschluss führen: Zum einen ringen Sie ihm eine Gegenleistung für den Nachlass ab, zum anderen appellieren Sie an seine Großzügigkeit und seinen Stolz, seinen Geschäftspartnern, Kollegen, Freunden etc. einen Gefallen zu tun und diesen zu beweisen, was für einen tollen Deal er doch an Land gezogen hat ...

> **Expertentipp**
>
> Wichtig! Dies kann nicht oft genug betont werden: Bei Preisverhandlungen keine Leistung ohne Gegenleistung! Wenn Sie Ihrem Kunden entgegenkommen, muss auch er Ihnen entgegenkommen. Außer Empfehlungen wie im Beispiel bieten sich auch höhere Abnahmemengen, eine längere Vertragslaufzeit, die Inanspruchnahme von Zusatzdienstleistungen etc. an.

Verzicht auf Nutzen – oder Preis akzeptieren!

Eine andere Möglichkeit, einen einseitigen Preisnachlass zu vermeiden, ist, den Kunden zum Verzicht auf bestimmte Produktmerkmale, Produktvorteile oder Zusatznutzen zu bewegen. Diese Technik sollten Sie nur einsetzen, wenn sich Ihr Produkt dafür anbietet und Sie die Möglichkeit deutlich sehen, einen Erstauftrag zu platzieren, um den Kunden von Ihrer Leistungsfähigkeit zu überzeugen. Seien Sie aber vorsichtig bei Kunden, die Sie offensichtlich mit einem für Sie so günstigen Auftrag locken wollen und nicht an einer langfristigen, fairen Partnerschaft interessiert sind.

Beispiel: Service und/oder Kundenbetreuung

Kunde: „Ist ja ganz interessant, Ihr Angebot, aber damit Sie mich als Kunden gewinnen, muss schon ein Nachlass rausspringen – ich denke da an zehn Prozent Rabatt."

Neuer Hardseller: „Das lässt sich schon machen, Herr Kunde. Dann erhalten Sie natürlich auch zehn Prozent weniger Leistung. Lassen Sie uns gemeinsam schauen, was wir an meinem Angebot abspecken sollen."

So macht's der alte Hardseller

„Rabatt? Rabatt? Das ist doch eine Stadt in Marokko, stimmt's? Wenn ich Ihnen Rabatt auf den Preis gebe, geben Sie mir einen auf Qualität und Leistung?"

Schlagfertig, gewiss – aber mal ehrlich: Bringt Sie das im Verkaufsgespräch weiter, wenn Sie Ihren Gesprächspartner vor den Kopf stoßen?

Fragen Sie also Ihren Kunden, worauf er verzichtet, damit Sie ihm ein *neues* Angebot mit einem *neuen* Preis machen können – neu deshalb, weil Sie ja den Wert Ihres ursprünglichen Angebots nicht in Frage stellen wollen! Dieses ursprüngliche Angebot existiert ja weiterhin: Entschließt sich Ihr Gesprächspartner dazu, den Leistungsumfang dieses Angebots doch noch voll zu nutzen, greifen Sie einfach darauf zurück – zu Ihrem „alten" Preis!

Auch für diese Gegenleistung-für-Preisnachlass-Variante sollten Sie sich gezielt mit einer Vorschlagsliste vorbereiten, in der Produktmerkmale bzw. -vorteile sowie Zusatznutzen aufgeführt sind, die für Ihren Kunden unter Umständen vernachlässigbare Größen sind, zum Beispiel Wegfall der kostenlosen Wartung oder Schulung etc.

Geht Ihr Gesprächspartner auf Ihren Vorschlag ein, verliert Ihr Produkt bzw. Ihre Dienstleistung nicht an Wert, da Sie ja einen neuen Preis für ein neues Angebot ausgehandelt haben. Wehrt er hingegen Ihren Vorschlag ab, weil er nicht auf die entsprechende Leistung verzichten will, setzen Sie an diesem Punkt mit Ihrer Nutzenargumentation an: „Malen" Sie Ihrem Gesprächspartner noch einmal die persönlichen Vorteile Ihres ursprünglichen Angebots aus und arbeiten Sie auf den Abschluss hin – zeigen Sie Ihrem Gesprächspartner auf diese Weise, dass Sie nicht bereit sind, einen Preisnachlass ohne Gegenleistung zu akzeptieren, und zu Ihrem Angebot und dem entsprechenden Preis stehen!

Der neue Hardseller argumentiert und handelt nach dem Grundsatz: Einseitige, nicht gerechtfertige Preisnachlässe zeigen einen Mangel an zielgerichteter Preisargumentation beim Verkäufer! Schon Oscar Wilde wusste: „Ein Zyniker ist ein Mensch, der von allem den Preis kennt und von nichts den Wert."

> Der vermeintlich einfache Sieg im Preisgespräch enttäuscht Ihren Kunden!

Auch die Führung muss raus auf die Straße

Wenn Sie das neue Hardselling zur Chefsache erklärt haben, haben Sie großen Spaß daran, mit Ihren Verkäufern raus zum Kunden zu gehen. Nicht um ihnen die Show zu stehlen, sondern um qualifiziert Feedback zu geben, zu schulen und überhaupt zu sehen, was draußen im Markt los ist. Machen Sie regelmäßig Doppelbesuche mit Ihren Leuten, und beachten Sie die Spielregeln für das Doppel.

Hardseller sind gerne an der Front. Das ist auch wichtig für Sie als Führungskraft, um nicht die Tuchfühlung zu verlieren. Und damit Ihre Verkäufer Sie ernst nehmen und Ihnen nicht unterstellen, dass Sie gar keine Ahnung haben, was da draußen los ist. Seien Sie für Ihr Team da, wenn es um Unterstützung beim Verkaufen und Abschließen bittet. Und Achtung: Es geht nicht ums Bessermachen, sondern ums Unterstützen Ihrer Verkäufer.

Dennoch ist die Situation des „Take over" durch den Vorgesetzten ein sensibler Moment. Achten Sie darauf, Ihren Verkäufer nicht herabzusetzen oder als unfähig darzustellen. Sonst fragt sich der Kunde, warum er überhaupt noch mit dem Verkäufer verhandeln soll. Konzentrieren Sie sich darauf, an welchen Punkten noch Fragen des Kunden offen sind und welche Techniken ergänzend zum Geschäftsabschluss eingesetzt werden können. Nur wenn offensichtlich ist, dass Ihr Mann nicht wirklich bei der Sache ist, können Sie beherzter einschreiten: Schließlich wollen Sie das Geschäft abschließen. Und an diesem Punkt ist es nicht so wichtig, wenn

Ihr Mitarbeiter sich beleidigt fühlt durch Ihre Dominanz und Kompetenz. Sie sind schließlich nicht beim Kunden dabei, um friedlich zuzusehen, wie Ihnen ein guter Abschluss durch die Lappen geht. Auf jeden Fall ist nach einem brenzligen „Take over" ein Feedbackgespräch notwendig. Einerseits, um den Verkäufer wieder aufzubauen und zu motivieren, andererseits, um die Situation direkt für die weitere Schulung zu nutzen.

In folgenden Situationen sollten Sie in den Verkaufsprozess einsteigen:

- wenn Sie merken, dass Ihr Mitarbeiter den Kunden verliert,
- wenn Sie den Kunden selber schon gut kennen,
- wenn Sie etwas richtigstellen müssen, das faktisch nicht richtig ist,
- wenn Sie spüren, dass Sie ein größeres Umsatzziel realisieren können als Ihr Verkäufer,
- wenn Ihr Mitarbeiter Sie verbal oder nonverbal um Unterstützung bittet.

Und hier sollten Sie sich tunlichst zurückhalten:

- wenn der Prozess gut läuft und offensichtlich keine Unterstützung benötigt wird,
- wenn der Kunde gerade in einer kurzen Bedenkzeit ist, um die Entscheidung zu treffen,
- wenn Sie selber nicht gut vorbereitet sind oder Fehler bei der Absprache über das gemeinsame Vorgehen unterlaufen sind,
- wenn es sinnvoller ist, den Auftrag sogar zu verlieren, damit der Verkäufer einen Lerneffekt hat.

Expertentipp für Führungskräfte

▶ Lassen Sie sich immer erklären, warum der Verkäufer Ihre Unterstützung sucht. Hat er sich im Preis vergaloppiert oder zu hoch gepokert? Das ist eine Situation, in der er nicht zurückrudern kann, ohne das Gesicht zu verlieren. Oder der Auftrag wird viel größer als zunächst gedacht, und das Volumen überschreitet seine Kompetenzen. Manchmal ist es auch aus strategischen Gründen wichtig, weil der Gegenüber signalisiert, dass er nur mit der obersten Vertriebsspitze verhandeln will.

▶ Wenn Sie zusammen beim Kunden sind, arbeiten Sie nach der „Starsky & Hutch-Methode". In der beliebten Fernsehserie haben die beiden Polizisten vor jedem Verhör eine Münze geworfen, um zu bestimmen, wer den „bad guy" und wer den „good guy" mimt. Lassen Sie Ihren Verkäufer vor dem Gespräch festlegen, in welcher Rolle Sie als Führungskraft dabei sein sollen, um den Abschluss zu machen.

Der Abschluss: Dem Kunden zur richtigen Entscheidung verhelfen

> Wer sich ohne Auftrag vom Kunden verabschiedet,
> arbeitet automatisch für den Wettbewerb.
> *Peter Troczynski*

Keine Angst vor dem Abschluss: Motivation statt Frustration

Der neue Hardseller versteht sich eher als Verkäufer denn als Berater. Denn was hilft es ihm, Bedarf und Motive seines Gesprächspartners in einer aufwändigen Analyse zu ermitteln, dessen individuellen Kundennutzen in einer zündenden Präsentation in den schönsten Farben zu malen und allen (Preis-)Einwänden in einer souveränen Argumentation zu begegnen – um seinen Kunden zuletzt in dessen Kaufentscheidung allein zu lassen?

Aber genau diesen Fehler begehen viele Durchschnittsverkäufer in ihrer Angst vor dem „Nein" ihres Gesprächspartners. Ihre Scheu vor der Abschlussfrage beruht auf ihrer – zutiefst menschlichen – Angst vor Ablehnung, die die Entscheidung ihres Kunden zu einem schier unüberwindlichen Hindernis zu machen scheint. In ihrer Not drücken sich Tina Farblos und Olaf Grauemaus vor der Abschlussfrage, zögern sie hinaus, indem sie ihrem Gesprächspartner zum Beispiel anbieten, das Angebot noch einmal zu überschlafen – und der ist dann so frustriert, dass er sich erst recht gegen dieses Angebot entscheidet.

Statt Frustration benötigt Ihr Gesprächspartner Motivation – die Motivation für die richtige Kaufentscheidung. Beim neuen Hardselling lenken Sie Ihren Gesprächspartner ganz bewusst auf den Verkaufsabschluss hin, Sie „programmieren" ihn, indem Sie ihn vor allem während der Präsentation mit Produktinformationen füttern, seine Fantasie und Wünsche anregen und seine Vorteile in den Vordergrund schieben. Alles, was Sie seit Beginn des konkreten Kundenkontaktes, insbesondere aber im Lauf des

Verkaufsgespräches, sagen oder tun, ist im Grunde Teil des Verkaufsabschlusses, alles läuft auf diesen zu – die Frage nach dem Auftrag ist somit die logische Konsequenz Ihrer Gesprächsstrategie und der entsprechenden Bausteine. Sie ist nicht ein großer, einmaliger Kraftakt am Ende des Verkaufsgesprächs, sondern, wie es mein Freund Erich-Norbert Detroy treffend formuliert, die Folge zielgerichteter Überzeugungstechnik: Sie führen Ihren Gesprächspartner Stufe für Stufe zum Auftrag. Die letzte Stufe – das Unterzeichnen des Auftrags – ist ebenso selbstverständlicher Bestandteil des gesamten Verkaufsprozesse wie alle Schritte davor und danach. Angst hat nur der, der seine Ziele aus den Augen verliert. Übrigens: Angst heißt nichts anderes als: Annahme nicht geprüfter Situationen und Tatsachen. Also: ran an den Speck – den wohlverdienten Auftrag!

Gemeinsam entwickeln Sie mit Ihrem Gesprächspartner ein Konzept, ein Angebot, eine Lösung für seinen Bedarf – und berücksichtigen dabei seine Kaufmotive. Der Abschluss ist konsequenterweise Ihr gemeinsames Ziel, von dem Sie beide profitieren! Es geht hier nicht um Sieg oder Niederlage – Verkäufer und Kunde sind keine Gegner, Sie und der Entscheider sind Partner, die einander nicht nur respektieren, sondern wertschätzen!

Helfen Sie Ihrem Gesprächspartner, eine vernünftige Entscheidung zu treffen. Ohne den sanften, aber nötigen Nachdruck kommt Ihr Gesprächspartner ansonsten zu dem Schluss, Sie würden nicht an sich selbst und vor allem an Ihr Angebot glauben. Das kann gefährlich werden, da Ihr Kunde immer einen Rest an Zweifeln in sich trägt, die ihn zum Beispiel nach dem Abschluss Kaufreue spüren lassen. Lassen Sie es nicht soweit kommen – geben Sie Ihrem Gesprächspartner den letzten notwendigen Kick für den Auftrag!

Abschlusstechniken helfen Ihnen dabei, eine Fehlentscheidung Ihres Kunden zu verhindern, seine letzten Restzweifel aus dem Weg zu räumen. Für die Abschlussphase bieten sich Ihnen vielfältige Variationsmöglichkeiten – Sie sollten aber mehr als eine oder zwei Methoden sicher beherrschen, um Ihren Gesprächspartner zur Kaufentscheidung zu bringen. Machen Sie sich vor jedem Verkaufsgespräch intensiv Gedanken über mögliche Reaktionen Ihres Kunden auf Ihre Abschlussfragen und planen Sie entsprechende eigene Antwortstrategien.

So macht's der *alte* Hardseller

▶ „Herr Kunde, wenn Sie, wie Sie sagen, mit einer anderen Investition eine bessere Rendite erzielen können als mit meinem Produkt, dann gebe ich Ihnen 1 000 Euro – legen Sie es für mich an!"

▶ „Herr Kunde, Sie haben alle Vorteile meines Produkts gesehen, und Sie wissen, sie sind unverzichtbar für Sie – ich meine, sogar ein Blinder kann das sehen! Warum also versuchen Sie es nicht?"

Der alte Hardseller führt seinen Kunden nicht etwa zum Abschluss, er zerrt ihn dahin. Der alte Hardseller gibt seinem Kunden nicht etwa das Gefühl, mit seiner Kaufentscheidung in guten Händen zu sein, sondern schüchtert ihn ein, um ihn über die Ziellinie zu stoßen!

Auf den Punkt gebracht bedeutet dies: Beim neuen Hardselling stoßen Sie Ihren Gesprächspartner nicht, Sie helfen ihm über die „Ziellinie", treffen letztlich die Kaufentscheidung für ihn – aber aus der tiefsten inneren Überzeugung heraus, zusammen mit ihm die beste Lösung für seinen Bedarf entwickelt zu haben, ihm seine Wünsche zu erfüllen. Auf diese Weise geben Sie Ihrem Kunden das Gefühl, selbst die Entscheidung getroffen zu haben, denn: Verkaufen heißt nichts anderes, als andere zu Taten zu bewegen!

Bleiben Sie dabei locker und entspannt! Ihr selbstsicheres Auftreten folgt Ihrer tiefsten inneren Überzeugung, Ihrem Kunden nur das Beste zu bieten und ihn deshalb nicht ohne Abschluss verlassen zu wollen.

Ihr Gesprächspartner braucht Sie, um seine eigene Furcht vor dem Kauf – genauer gesagt: vor den Konsequenzen des Kaufes – zu überwinden. Aber wie sollen ihm Tina Farblos und Olaf Grauemaus dabei helfen, wenn sie selbst Angst haben, ihren Kunden zum Kauf aufzufordern? Ein gequältes und unterwürfiges „Ich würde mich freuen, wenn Sie uns den Auftrag erteilen würden" vermittelt mit seinem konjunktivischen Overkill den Eindruck, dass unsere beiden Durchschnittsverkäufer nicht im Geringsten davon überzeugt sind, den Auftrag zu bekommen.

Eine derart offensichtlich zur Schau gestellte Abhängigkeit vom Auftrag macht Tina Farblos und Olaf Grauemaus für Nachlässe erpressbar – und wenn Sie Ihrem Kunden erst einmal einen Nachlass ohne entsprechende Gegenleistung zugestanden haben, sind Sie voll in die Rabattfalle getappt!

Beispiel:

Stellen Sie sich doch einmal folgende Situation vor: Sie gehen an einem lauen Sommerabend – es dämmert schon – entspannt in einem Park spazieren und genießen die Ruhe, denn um diese Zeit ist kaum noch jemand unterwegs. Links liegt ein kleiner See, die nächsten Bäume auf der rechten Seite sind ein ganzes Stück entfernt, um Sie herum ist viel freie Fläche. Sie schlendern also gemächlich vor sich hin, bleiben aber stehen, weil Sie bemerken, dass sich in ca. 30 m Entfernung etwas Großes in Ihre Richtung bewegt. Weil es schon dämmert, erkennen Sie erst nach angestrengtem Hinsehen, dass es sich um einen Dobermann handelt! Sie bleiben angewurzelt stehen, weil Sie nicht wissen, was Sie tun sollen: Wegrennen? Selbst wenn Sie früher bei „Jugend trainiert für Olympia" bei den besten Sprintern Ihres Jahrgangs waren – das Laufduell verlieren Sie, denn auch große Dobermänner sind verdammt schnell! Ihre Chancen beim Wegrennen stehen also 1:100, zumal die Bäume auch zu weit weg sind, um darauf zu fliehen. Die andere Alternative heißt also: Stehen bleiben und den Hund anbrüllen! Das erhöht Ihre Chance zumindest auf 50:50, denn Sie reagieren ja nicht – wie es der Hund gemäß seinem Instinkt erwartet – wie ein Beutetier mit Flucht, sondern überraschen ihn mit einem Verhalten, das wir unter Menschen als „unorthodox" bezeichnen würden.

Nicht, dass ich frei herum- und auf mich zulaufenden Dobermännern wirklich so begegnen möchte – mit diesem Beispiel sollen Sie sich ein Bild davon machen, was passiert, wenn Sie bei der Abschlussfrage Ihrem Fluchtinstinkt folgen: Ihr Kunde „riecht" Ihre Unsicherheit wie der Dobermann aus dem Beispiel und wird Sie verfolgen, bis er Ihnen einen Nachlass „abgebissen" hat! Verhandeln Sie dagegen selbstbewusst – gerade dann, wenn Sie nicht die besten Karten haben! – wird Ihnen Ihr Gesprächspartner den Respekt entgegenbringen, den Sie brauchen, um ihn zum Abschluss zu führen. Denken Sie stets daran: Kunden kaufen am liebsten von Siegern!

Eine selbstsichere Haltung bedeutet nicht, dass Sie von jedem Ihrer Kunden eine positive Kaufentscheidung erwarten oder verlangen – das wäre arrogant –, sondern vielmehr, dass Sie an Ihr Angebot glauben. Ausdauer und Hartnäckigkeit zeichnen den neuen Hardseller aus: Er gibt nicht auf, bevor das Geschäft nicht abgeschlossen ist.

Die Emotionen des Kunden ansprechen – so führen Sie Ihren Gesprächspartner geschickt über die Ziellinie

Mithilfe von Hypothesen „docken" Sie mit Ihrem Angebot an die Kaufmotive und Wünsche Ihres Gesprächspartners an. Sobald er sich selbst fragt, wie er am besten von den Vorteilen Ihres Produkts bzw. Ihrer Dienstleistung profitieren kann, träumt er auch davon, wie es sein wird, wenn er Ihr Angebot ganz konkret für seinen eigenen Nutzen umsetzt:

> **Beispiel:**
>
> „Einmal angenommen, Herr ..., Ihre Verkäufer sind von dem Training absolut begeistert ... Was glauben Sie – ist die Motivation Ihrer Mitarbeiter dann gleich oder deutlich höher?"
>
> „Nur ein Planspiel – Sie hätten diesen Treppenlift schon eingebaut ... Was glauben Sie: Was verbessert sich über Ihre Lebensqualität hinaus zusätzlich?"

Mit offenen Fragen, die von Formulierungen wie „Nur mal angenommen" eingeleitet werden, beschreiben Sie die Vorstellung eines Zustandes, den sich Ihr Kunde real herbeiwünscht. Voraussetzung dafür ist natürlich, dass Sie diese Wünsche schon in der Phase der Bedarfsermittlung und Motivanalyse genau herausgearbeitet haben, um sie jetzt für den Abschluss zu nutzen.

Mit dieser Technik führen Sie Ihren Gesprächspartner schrittweise in Ihre Richtung – den Abschluss. Wichtig ist dabei, dass Sie diese Schritte klein und nachvollziehbar für Ihren Kunden machen, sonst kann er unter Umständen Ihrer Argumentation nicht mehr folgen und wird misstrauisch.

> **So macht's der *alte* Hardseller**
>
> Auch der alte Hardseller will die Emotionen seines Kunden ansprechen – aber statt ihn mit Hypothesen sanft in einen „Traumzustand" zu lotsen, schießt er lieber mit scharf gezielten Fragen:
> - „Sehen Sie das Potenzial?"
> - „Wäre es nicht schön, wenn es Ihnen gehören würde?"
> - „Können Sie sich vorstellen, wie stolz Sie darauf sein werden?"

Gerade in der Abschlussphase ist Ihre rhetorische Sensibilität gefragt. Packen Sie Ihre Verkaufsargumente „in Watte", soll heißen: Gebrauchen Sie negationsfreie, kundenorientierte (Sie-)Formulierungen, die stets den Nutzen Ihres Angebots für Ihren Kunden in den Mittelpunkt stellen (siehe auch „Patzke" und „Vaiola", Seite 129 f.), um Ihrem Gesprächspartner positive Gefühle zu vermitteln, wie das folgende Beispiel zeigt:

Beispiel:

„Herr Kunde, Sie bekommen Ihr neues Traumauto wie von Ihnen gewünscht mit ... . Darin enthalten sind auch ... für nur (hier Gesamtsumme oder Leasingrate pro Monat einfügen) ... sowie zusätzlich der von Ihnen gewünschte ... . Ich habe schon mal die Unterlagen für Sie vorbereitet, damit Sie schon bald in Ihrem Traumauto sitzen!"

Den Kunden loben

Sie fördern die positive Haltung Ihres Gesprächspartners zur Kaufentscheidung, indem Sie ihn aufwerten. Bestätigen Sie ihm wiederholt, was er doch für ein harter und konsequenter Verhandlungspartner sei, welch genauen Vorstellungen er doch von dem Nutzen habe, den er vom Produkt bzw. von der Dienstleistung erwarte, dass Sie gern mehr solcher kritisch prüfender Kunden hätten etc.

Sich mit dem Kunden solidarisieren

Eine ähnliche Wirkung wie diese Förderung seiner positiven Selbsteinschätzung hat es, sich mit dem Gesprächspartner zu solidarisieren und seine Zielen zu verstehen – aber sie nicht zu seinen eigenen zu machen! Eine entsprechende Formulierung könnte folgendermaßen beginnen: „Herr Kunde, an Ihrer Stelle wäre ich auch vorsichtig ... Wenn Sie jetzt an die Vorteile denken ..."

So macht's der *alte* Hardseller

In der so genannten Schneeball- oder Salamitechnik bringt der alte Hardseller seinen Gesprächspartner mit einer Reihe geschlossener Fragen dazu, immer nur mit „Ja" zu antworten (können). Mit so einer Fragenkette zwingt er ihm also einen Ja-Rhythmus auf, der sich dann zu dem (scheinbar) unumstößlichen Argument verdichtet, dem sich sein Gesprächspartner aus logischen Gründen nicht entziehen kann.

Alter Hardseller: „Sie wünschen sich doch ein System, das Ihnen eine größere Kapazitätsauslastung gewährleistet?"

Kunde: „Ja klar."

Alter Hardseller: „Ein System, das durch diese größere Kapazitätsauslastung Ihre Produktivität erhöht?"

Kunde: „Natürlich!"

Alter Hardseller: „Sie brauchen also ein System, das es Ihnen ermöglicht, Ihre Kunden schneller zu beliefern?"

Kunde: „Selbstverständlich!"

Alter Hardseller: „Dann verstehe ich nicht, warum Sie bei unserem hervorragenden Angebot noch zögern!"

Nicht nur Profi-Einkäufer, auch Verbraucher lassen sich nicht mehr mit dieser Form der suggestiven „Beweisführung" aufs Glatteis führen. Eine solche Vorgehensweise wird heute als plumper Manipulationsversuch gewertet und stößt auf verärgerte Ablehnung!

Fassen Sie beim neuen Hardselling auf jeden Fall alle Vorteile noch einmal in gestraffter Form zusammen, um Ihrem Gesprächspartner eine klare Entscheidung zu ermöglichen. Mit der *Plus-Minus-Methode* stellen Sie einem Vorteil auch einen (im Vergleich zu diesem Vorteil geringen) Nachteil gegenüber – ein Nachteil, der Ihrem Gesprächspartner entsteht, sollte er Ihr Angebot nicht wahrnehmen. Durch eigenes Abwägen rückt Ihr Gesprächspartner den individuellen Nutzen, den er in Ihrem Angebot erkennt, in den Mittelpunkt und erleichtert sich selbst die Kaufentscheidung. Die Vorteile treten noch deutlicher hervor, sodass sich das Gefühl des Verlustes bei einer Ablehnung des Angebots intensiviert. Entwerfen Sie ein Szenario, das sich Ihr Kunde mit Sicherheit nicht wünscht – ohne dass Sie offensichtlich Druck auf ihn ausüben.

Die Emotionen des Kunden ansprechen

> **Beispiel:**
>
> „Herr Kunde, Sie werden sich jetzt sicher denken: ‚Was für eine Investition!' Wenn Sie sehen, welchen Spaß Sie mit dem neuen Auto haben ..."

Kontroll- bzw. Klärungsfrage

Mit der Kontroll- bzw. Klärungsfrage nehmen Sie zwischendurch eine „Temperaturmessung" vor, um herauszufinden, wie weit Sie und Ihr Kunde noch vom Abschluss entfernt sind. Sie bringen ihn dazu, Stellung zu beziehen, wenn Sie sein Zögern, seine Unentschiedenheit spüren und das Verkaufsgespräch „hängt", oder wenn er immer wieder einen oder mehrere Einwände „nachschiebt": „Mal angenommen, Herr Kunde, wir werden auch diese Punkte zu Ihrer vollen Zufriedenheit klären, haben wir Sie dann hier und heute als Kunden gewonnen?" Besonders wirkungsvoll ist diese Abschlussmethode in Kombination mit der Schwarz-auf-weiß-Technik (Seite 187), bei der Sie hinter jeden gemeinsam zur Zufriedenheit Ihres Gesprächspartners geklärten Punkt mit einem grünen Stift „ok" schreiben.

Zeitlich befristete Angebote und limitierte Auflagen

Mit zeitlich befristeten Angeboten und limitierten Auflagen können Sie ebenso „sanften" Druck ausüben – Sie schaffen „künstlich" Rahmenbedingungen, die den Abschluss beschleunigen, weil Ihr Kunde nicht den Fehler begehen möchte, sich dieses (scheinbar) einmalige Angebot durch die Lappen gehen zu lassen. Nicht auszudenken, dass seine Wettbewerber zuschnappen und sich dadurch einen Vorteil verschaffen ...

> **So macht's der *alte* Hardseller**
>
> „Herr Kunde, jetzt haben Sie die einmalige Gelegenheit, mein Produkt zum allergünstigsten Preis zu bekommen. Eine solche Gelegenheit kommt bestimmt nie wieder. Sie brauchen nur etwas Geld zu investieren und es mit meinem Angebot zu versuchen – ich weiß, es wird Ihnen gefallen!"
>
> Im Gegensatz zum alten Hardseller lässt der *neue* Hardseller seine Angebotsverknappung für sich selbst sprechen – er weiß um deren Wirkung auf seinen Gesprächspartner und muss sie nicht noch explizit erwähnen!

Alternativfrage

Für Alternativfrage die brauchen Sie eine Menge Fingerspitzengefühl. Einerseits ist sie sehr gut geeignet, Ihren Kunden zum Abschluss zu bewegen, andererseits ist die Gefahr groß, ihn zu vergraulen, wenn sie zu früh gestellt oder zu direkt formuliert wird. In der Alternativfrage bieten Sie Ihrem Gesprächspartner zwei Angebotsvarianten, sodass er gar nicht mehr überlegt, ob er überhaupt kaufen soll, sondern sich für eine Ihrer beiden Alternativen entscheidet. Wichtig: Setzen Sie die von Ihnen favorisierte Variante an die letzte Stelle Ihrer Argumentation – wir merken uns stets das zuletzt Gesagte am besten! Untermauern Sie diese mit einem Vorteil, während Sie die erste nur sachlich nennen. Die Wahrscheinlichkeit, dass Ihr Gesprächspartner die zweite Variante wählt, ist dadurch deutlich größer.

Beispiel:

Durchschnittsverkäufer: „Möchten Sie nur Produkt A oder auch Produkt B?"

Neuer Hardseller: „Möchten Sie das neue System erst im August einsetzen oder schon ab Juni? Entscheiden Sie sich für den Juni, werden Sie mit der neuen Technik zügig Ihr Produktangebot für Ihre Kunden vergrößern!"

Das Bonbon-Prinzip: die Nimm-2-Technik

Mit der Nimm-2-Technik steuern Sie das Beratungs- und Verkaufsgespräch in der Abschlussphase so, dass Ihr Kunde Ihr Angebot ablehnt und damit trotzdem den Kauf bestätigt. Ein Widerspruch in sich, meinen Sie? Dann lesen Sie weiter!

Die Nimm-2-Technik basiert zwar auf demselben Prinzip wie die Alternativfrage, hat aber einen kleinen und dennoch entscheidenden Unterschied: Sie setzen die Variante, die Sie für Ihren Kunden favorisieren, an die erste Stelle, und an die zweite eine Alternative, die allein dem Zweck dient, Ihren Kunden zur einer Entscheidung zu bringen.

Dieser clevere Kniff macht sich die Erfahrung zunutze, dass es Ihrem Kunden wesentlich schwerer fällt, seine Kaufentscheidung mit einem klaren „Ja" zu bestätigen, als ein Angebot mit einem deutlichen „Nein" abzulehnen. Wenn Sie Ihrem Kunden also ein „Nein" entlocken, machen Sie es ihm leichter – und damit auch sich selbst, denn Sie motivieren ihn gleichzeitig zur Kaufentscheidung.

Die Abschlusstechnik arbeitet mit der „Nur-oder-auch"-Formel, deren Wirkungsweise anhand der Analogie zu den bekannten Fruchtbonbons klar wird:

Frage: „Möchten Sie nur eins von den Orangenbonbons, zu denen Sie besonders gern greifen? Oder auch eins mit Zitronengeschmack?"

Antwort: „Nein Danke, Zitrone ist nicht so mein Fall."

Übersetzt für Ihre Arbeit mit Kunden bedeutet dies: Vor das erste, das von Ihnen favorisierte Produkt (Orangenbonbon) setzen Sie das Wort „nur" und verkleinern dadurch diese erste Kaufoption. Vor die zweite Kaufoption (Zitronenbonbon) stellen Sie hingegen das Wort „auch" und vergrößern sie in den Augen Ihres Kunden – denn das „auch" suggeriert zusätzlichen Aufwand, zusätzliche Kosten, oder, um in der Bonbon-Analogie zu bleiben, eine ungeliebte Geschmacksvariante.

Beispiel:

„Wollen Sie jetzt nur die Basisausführung der Lackieranlage für Ihr Autowerk? Oder dazu auch das mit dem Umweltengel ausgezeichnete Filtersystem?"

In der Praxis lehnen ca. 90 Prozent aller Kunden die zweite Alternative ab – und bestätigen dadurch automatisch die erste Kaufoption. Wichtig: Betonen Sie in Ihrer Frage nicht die beiden Worte „nur" und „auch", sondern Ihre beiden Optionen! Die Nimm-2-Technik wird auf diese Weise ein indirekter und höflicher Motivationskick für die Kaufentscheidung Ihres Kunden.

Die Nimm-2-Technik eignet sich nicht nur für den Abschluss nach einem Kaufsignal, sondern auch dann, wenn Ihnen Aussagen und Körpersprache Ihres Kunden signalisieren, dass er bereit für den Abschluss ist. Sie können dabei nichts falsch machen, weil Sie die Kaufbereitschaft Ihres Kunden frühzeitig testen und gleich merken, ob Ihre Verhandlungsstrategie (noch) keine Wirkung bei ihm entfaltet.

Ein besonderer Vorteil der Nimm-2-Technik liegt daher darin, sie jederzeit wiederholen zu können. Sollte diese Abschlusstechnik wider Erwarten doch einmal an den Vorbehalten Ihres Kunden scheitern, weil er noch Fragen hat, können Sie in Ihren entsprechenden Antworten jederzeit wieder den Verkaufsabschluss mit der Nimm-2-Technik suchen. Wichtig dabei ist, dass Sie stets als zweite Variante eine andere Alternative nennen. Wenn Sie dies beachten, gibt es für die Nimm-2-Technik nahezu keine Grenzen.

Wenn sich Ihr Kunde schließlich zu einer Kaufentscheidung durchgerungen hat, müssen Sie ihm – gerade bei großen und langfristig bindenden Investitionen – alle Sicherheit geben, um zu verhindern, dass er „kalte Füße" bekommt. Damit ist die Kaufreue gemeint, die wir alle kennen, wenn wir eine große Investition getätigt haben oder zu dem Ergebnis kommen, doch eine schlechte Kaufentscheidung getroffen zu haben. Versichern Sie Ihrem Kunden daher, stets für ihn persönlich da zu sein: „Herr Kunde, für Sie werde ich mich jetzt persönlich einsetzen, sodass sich Ihre Investition in Ihr neues Produkt möglichst schnell amortisiert."

Ein wenig Rhetorik für die Abschlussphase

▶ Beantworten Sie jede Frage Ihres Gesprächspartners aufrichtig, offen, tolerant und mit viel Geduld – auch wenn er Ihnen die Frage schon zum wiederholten Male stellt, denn er braucht Ihre Sicherheit, um sich selbst sicher in seiner Kaufentscheidung zu fühlen!

▶ Sprechen Sie dabei ohne Hast, klar und deutlich, setzen Sie wirkungsvolle Pausen ein, um Ihren Worten Nachdruck zu verleihen.

▶ Versuchen Sie auch in der Abschlussphase, Ihren Redeanteil soweit wie möglich zu reduzieren – stellen Sie auch weiterhin offene Fragen, um Ihren Gesprächspartner in seiner Unschlüssigkeit aufzufangen und „weich zu betten".

▶ Bauen Sie seine Hemmungen ab, indem Sie behutsame Empfehlungen anbieten: „Versuchen Sie es doch mit dem Produkt!", „Herr Kunde, wollen wir's versuchen?", „Lassen Sie es uns probieren! Was spricht jetzt aus Ihrer Sicht für eine Zusammenarbeit?" Das kleine Wörtchen „versuchen" gibt Ihrem Gesprächspartner das Gefühl, sich nicht endgültig auf Ihr Angebot festzulegen und es nur „auszuprobieren" – das erleichtert ihm die Kaufentscheidung! Er entspannt und lockert sich, weil er sich nicht mehr allein und isoliert, sondern sicher fühlt, wenn Sie ihm die Abschlussfrage stellen: Softe Formulierungen wie „Lassen Sie uns", „wenn", „versuchen", „probieren", „wir", „uns" etc. setzen ihn nicht unter Druck, bedrängen ihn nicht – ganz im Gegensatz zu offensiven, direkten Aufforderungen wie „Warum kaufen Sie nicht?" oder „Kaufen Sie heute!"

> ▶ Die Abschlussfrage darf Ihrem Gesprächspartner keinesfalls wie eine monströse Angelegenheit erscheinen, die ihn verschreckt – er muss sich bei seiner Kaufentscheidung ruhig und sicher fühlen: Äußern Sie Ihr Verständnis deshalb nicht nur verbal („Ok, ich verstehe ..." „Gut, dass Sie das ansprechen ..." etc.) und mit Hinhörlauten („Hhhmmmm ..."), sondern auch durch Gestik (zum Beispiel offene Armhaltung und Handflächen) und Mimik (Kopfnicken, Blickkontakt, interessiertes, aufmerksames Ansehen des Kunden etc.).
>
> ▶ Wer selbst überzeugt ist, überzeugt am besten. Machen Sie Ihrem Gesprächspartner noch einmal klar, dass er eine gute Entscheidung trifft. Formulierungen wie „Gerade Sie profitieren durch den Einsatz ..." oder „Gerade Kunden in Ihrer Situation schätzen meist die Vorteile ..." oder „Wenn das System bei Ihnen installiert ist, werden Sie sehen ..." geben Ihrem Kunden den entscheidenden Impuls und machen ihm die Kaufentscheidung leichter.

Über Zeugen überzeugen

Zögert Ihr Gesprächspartner immer noch, obwohl alles geklärt scheint, präsentieren Sie ihm zusätzliche Sicherheiten wie Referenzen langjähriger Kunden, aussagefähige Tests und andere Berichte aus der Fachpresse – erzählen Sie ihm vor allem von den Erfahrungen von Kunden, die sich in einer vergleichbaren Situation wie Ihr Gesprächspartner befanden und heute glücklich über die Lösung sind, die Sie gemeinsam erarbeitet hatten. Ein anderes mögliches starkes Motiv, das Ihren Kunden – mal abgesehen von Ihrem Angebot – zu einer positiven Kaufentscheidung bewegt, ist das Vertrauen Ihres Kunden in den guten Ruf Ihres Unternehmens. Ziehen Sie in Ihrer Vorbereitung des Verkaufsgesprächs alle möglichen Beweggründe, die beim Abschluss eine Rolle für Ihren Kunden spielen könnten, ins Kalkül, um in einer „Hängepartie" weitere Asse aus dem Ärmel zu ziehen!

Vertrauensfrage

Wenn Ihr Kunde immer wieder neue Einwände ins Gespräch bringt, die auf Sie eher den Eindruck fadenscheiniger Vorwände machen, dann nutzen Sie eine der ältesten, aber wirkungsvollsten Abschlusstechniken. Mithilfe der Vertrauensfrage üben Sie zusätzlich sanften Druck aus: „Herr

Kunde, ich vertraue Ihnen – habe ich auch Ihr Vertrauen? Denn Vertrauen ist für uns in einer Zusammenarbeit sehr wichtig!" Sie unterstützen die Wirkung Ihrer Worte mit einer offenen Gestik, d.h., Ihre Handinnenflächen öffnen sich zu Ihrem Gesprächspartner hin. Schauen Sie Ihrem Kunden dabei gleichzeitig in die Augen – er wird Ihrem Blick nicht ausweichen und muss sich jetzt entscheiden. Krönen Sie diese Abschlusstechnik, indem Sie Ihrem Gesprächspartner die Hand reichen!

Wenn Ihr Gesprächspartner den Abschluss von sich aus sucht

verbale Kaufsignale

▶ Ihr Gesprächspartner stellt Ihnen Fragen zur Technik und zur Abwicklung des Auftrags, nach Lieferzeiten und Serviceleistungen – er sieht sich selbst schon als Nutzer Ihres Produkts.

▶ Mit Formulierungen wie „Das kann ich mir gut vorstellen" programmiert er sich selbst auf die positiven Aspekte Ihres Produkts bzw. Ihrer Dienstleistung.

▶ Ihr Gesprächspartner spricht die Vorteile einer Zusammenarbeit und Ihres konkreten Angebots selbst aus.

▶ Ihr Gesprächspartner denkt laut darüber nach und fragt Sie, wann der früheste Termin für Schulungen – zum Beispiel bei der Einführung eines neuen EDV-Systems – in seinem Haus möglich ist.

nonverbale Kaufsignale

▶ Alle Gesten Ihres Gesprächspartners, die vom Körper wegführen, signalisieren Ihnen Offenheit für Sie, Ihre Argumente und damit Ihr Angebot – verlieren Sie deshalb Ihren Gesprächspartner nie aus den Augen, sondern beachten Sie insbesondere seine Handbewegungen, sein Mienenspiel, wie und wohin er schaut! Gesten, die nach innen führen, Stirnrunzeln, hängende Mundwinkel, Augen, die Ihrem Blick ausweichen – all dies deutet auf Hemmungen oder Ablehnung hin!

▶ Ihr Gesprächspartner beugt sich vor und öffnet dabei die Arme und Hände – er hört Ihnen ganz genau zu, will alle Details „aufsaugen" und zeigt so sein starkes Interesse.

> - Lippen befeuchten, Hände reiben, auf dem Stuhl hin- und herrutschen, mit Haaren oder Dingen wie Kugelschreiber spielen, am Ohrläppchen zupfen – diese oder ähnliche Verhaltensweisen verraten die Nervosität Ihres Gesprächspartners, denn er will unbedingt eine Antwort oder einen Einwand loswerden.
> - Ihr Gesprächspartner nickt zustimmend mit dem Kopf, wenn Sie ihm seinen individuellen Kundennutzen darlegen.
> - Ein gelöster, freudiger Gesichtsausdruck verrät die Vorfreude Ihres Gesprächspartners auf den Einsatz Ihres Produkts bzw. Ihrer Dienstleistung.
> - Schlägt Ihr Gesprächspartner die Beine übereinander, verschränkt die Hände hinter seinem Kopf und lehnt sich entspannt in seinem Stuhl zurück – und hat dabei einen zufriedenen Gesichtsausdruck –, dann ist der „Deal" aus seiner Sicht perfekt! Verschränkt er hingegen die Arme vor seiner Brust und nimmt somit eine Abwehrhaltung ein, bereitet er sich darauf vor, Ihnen mitzuteilen, dass es nicht zum Auftrag kommt.

Schweigen

Ausdrucksvolles Schweigen ist eine Abschlusstechnik, die Übung voraussetzt – wer sie beherrscht, wird die Wirkung dieser Methode zu schätzen wissen.

In der Praxis führen Sie – je nach Situation – den Abschluss folgendermaßen herbei: Legen Sie das Auftragsformular bereits zu Beginn des Verkaufsgesprächs oder nach Ihrer Produktpräsentation auf den Tisch. Damit signalisieren Sie, dass Sie der festen Überzeugung sind, dass Ihr Gesprächspartner nach Ihrer Beratung und Präsentation kaufen will. Als Verkäufer haben Sie ja nichts zu verbergen – ganz im Gegenteil: Sie spielen mit offenen Karten, Ihr Kunde akzeptiert, dass Sie als selbstbewusster Verkäufer zu Ihrem Beruf stehen, und der heißt: Verkaufen. Während des weiteren Verkaufsgesprächs tragen Sie alle bereits geklärten Details gleich in das Formular ein, sodass es immer im Blickfeld Ihres Kunden bleibt. Schließlich schieben Sie Ihrem Gesprächspartner das fertig ausgefüllte Formular lesegerecht hin. Jetzt ist Ihr Gesprächspartner am Zug – und Ihr ausdrucksvolles Schweigen entfaltet in diesem Moment noch zusätzlich seine ganze Wirkung. Es entsteht ein Sog, dem sich nur wenige Kunden entziehen können, wenn Sie alle Details abgeklärt und den Nutzen Ihres Angebots noch einmal präsentiert haben. Probieren Sie's aus – das funktioniert auch heute noch!

> **Die Macht des Schweigens**
>
> Das bewusste Schweigen ist uralt, aber immer noch eine Geheimstrategie. Ein bewusst schweigender Mensch weiß ganz genau, was er damit sagen will! Die meisten Menschen sind sich der Macht des Schweigens nicht bewusst und nutzen sie daher nicht. Wenn der Gesprächspartner schweigt, verunsichert uns dieser Zustand und wir empfinden ein Unbehagen – aber nur solange, wie wir uns selbst noch nicht an den Gebrauch dieser Strategie gewöhnt haben! Wenn wir einmal wissen, worum es beim Schweigen geht, so fällt es uns überhaupt nicht mehr schwer, notfalls länger zu schweigen als unser Gesprächspartner.

> **Expertentipp**
>
> Wenn Sie mutig sind, schieben Sie Ihrem Gesprächspartner das fertig ausgefüllte Auftragsformular samt Kugelschreiber hin. Aber Vorsicht – gehen Sie hier sensibel vor und seien Sie nicht so forsch wie der *alte* Hardseller, der seinem Kunden den Kugelschreiber hinhält und ihm diesen quasi in die Hand drückt. Die ganz harten Hunde setzen voll auf Psychotricks und lassen den Kugelschreiber sogar über das Formular zu ihrem Gesprächspartner rollen ... Das mag dramaturgisch gesehen zwar hollywoodreif sein, hinterlässt beim Kunden aber einen sehr zwiespältigen Eindruck. Wer lässt sich schon gern so sehr unter Druck setzen?

Stempel und Briefbogen

Diese Methode eignet sich vor allem für Branchen, in denen Sie noch ein Auftragsformular auf Papier einsetzen. Sind alle inhaltlichen Punkte geklärt, haben Sie alle Einwände überzeugend bearbeitet, geht es darum, den Auftrag schriftlich zu fixieren: Dann erledigen Sie das doch für Ihren Gesprächspartner!

> **Beispiel:**
> „Herr Kunde, an dieser Stelle brauche ich kurz Ihre Hilfe. Wenn Sie mir jetzt einen Stempel und einen Ihrer Briefbögen geben, habe ich es einfacher, gleich die notwendigen Daten für Sie einzutragen und den Auftrag zu komplettieren."

Wenn Sie ein paar Seiten an den Anfang dieses Kapitels zurückblättern, dann heißt es dort, dass Sie als neuer Hardseller aus der festen Überzeugung heraus, Ihrem Kunden das optimale Angebot maßgeschneidert zu haben, diesem helfen, die richtige Kaufentscheidung zu treffen. Mit der Stempel- und Briefbogen-Technik tun Sie genau das, gerade wenn Ihr Kunde noch etwas zögert!

Letzte Chance

Arbeiten Sie hingegen nicht mehr mit Auftragsformularen in Papierform, sondern elektronisch, steht Ihnen eine andere Abschlusstechnik für zögerliche Kunden zur Verfügung: die letzte Chance. Angenommen, Ihr Gesprächspartner hat allen Ihren Verkaufsargumenten zugestimmt. Sein „Ja" bedeutet aber noch lange nicht, dass er es auch wirklich verinnerlicht hat, soll heißen: dass aus dem, zu dem sein Verstand ja sagt, tatsächlich auch seine innere Überzeugung folgt, die richtige Kaufentscheidung zu treffen. Sie haben also alle passenden Abschlusstechniken eingesetzt, um sein Zögern zu überwinden, aber er bittet sich dennoch Bedenkzeit für seine Entscheidung aus. Dann nutzen Sie folgende „Reißleine":

Neuer Hardseller: „Herr Kunde, an dieser Stelle möchte ich mich bei Ihnen entschuldigen. Nehmen Sie meine persönliche Entschuldigung an?"

Kunde: „Wofür denn?"

Neuer Hardseller: „Irgendwas ist im Verlauf unseres Gespräches schief gelaufen – bin ich Ihnen irgendwie auf die Füße getreten oder habe ich heute die falsche Krawatte um ...?"

Hat Ihnen Ihr Gesprächspartner tatsächlich einen Einwand vorenthalten, geben Sie ihm mit diesem rhetorischen Trick eine „Steilvorlage", mit der er Ihnen die „wahren" Gründe für sein Zögern offenbart. Mit höflicher Hartnäckigkeit isolieren Sie also diesen bisher versteckten Einwand, können ihn gezielt bearbeiten und so in die Abschlussgerade einbiegen!

Gratulation

Hält nicht etwa ein weiterer, bisher versteckter Einwand Ihren Gesprächspartner von der Kaufentscheidung zurück, braucht er jetzt vor allem Sicherheit. Diese sollten Sie ihm zum Beispiel geben, indem Sie ihm gratulieren: „Mensch, Herr Kunde, dann kann ich Ihnen nur noch gratulieren! Sie haben mit uns den Lieferanten an Ihrer Seite, den Sie gesucht haben!"

Columbo-Technik

Die Macht des Schweigens funktioniert auch gut zusammen mit der *Columbo-Technik*. Was der berühmte Fernsehkommissar mit Abschlusstechniken zu tun hat, fragen Sie? Er spielt seine Trümpfe erst beim Hinausgehen aus.

Stellen Sie sich folgende Situation vor: Sie und Ihr Gesprächspartner konnten sich nicht einigen. Sie packen schweigend (!) Ihre Unterlagen zusammen, sehen ihm dabei in die Augen, stehen wortlos auf und verabschieden sich mit den Worten „Überlegen Sie sich das Ganze noch mal in Ruhe" oder einer vergleichbaren Formulierung. Wenn Sie bereits auf dem Weg zur Tür sind, lenkt Ihr Gesprächspartner meist ein, bittet Sie, noch nicht zu gehen oder entschuldigt sich sogar: „So war das doch gar nicht gemeint ..." Reagiert er wider Erwarten nicht, stoppen Sie an der Tür und sagen: „Ich habe da noch eine Idee ...". Diese Technik eignet sich insbesondere für Situationen, in denen Sie noch ein echtes (!) Ass im Ärmel haben!

Das ging daneben: Typische Abschlussfehler von Durchschnittsverkäufern

Wenn Tina Farblos und Olaf Grauemaus sich dann doch zur Abschlussfrage durchringen, wollen sie den Auftrag übers Knie brechen – eine völlig kontraproduktive „Strategie", denn gerade in der Abschlussphase ist die Geduld des Verkäufers gefragt, denn auch der Kunde spürt den Druck, sich entscheiden zu müssen. Er möchte aber seine Entscheidung aus dem Gefühl der Freiheit und der Sicherheit treffen – die Freiheit der Wahl zwischen einem „Nein" und einem „Ja" zum Angebot und die Sicherheit, die richtige Wahl zu treffen. Fühlt er sich zusätzlich vom Verkäufer unter Druck gesetzt, reagiert er in der Regel mit uralten menschlichen Verhaltensmustern: Flucht, Totstellen, meist aber Gegenangriff: Er feuert Vorwände auf den Verkäufer ab, die dieser nicht rational bearbeiten kann.

Auch mit plumpen Direktfragen wie „Können wir mit dem Auftrag rechnen?" verärgern Durchschnittsverkäufer ihre Gesprächspartner. Diese sind sich ja durchaus bewusst, dass Tina Farblos und Olaf Grauemaus an ihren Verkaufserfolgen – und das sind nun mal Abschlüsse – gemessen werden, aber auf diese Weise kommen Kunden zu dem Schluss, dass den Verkäufer allein seine Provision interessiert, ihm aber seine Kunden letztlich herzlich egal sind.

Es mag heute noch alte Hardseller geben, die nach dem Verbrannte-Erde-Prinzip („Umhauen, anhauen, abhauen") arbeiten und – wenn sie heute überhaupt noch soweit kommen – das dicke Einmalgeschäft suchen. Für langfristige, auf Vertrauen und gegenseitigem Respekt basierenden Win-win-Partnerschaften über den Abschluss hinaus, wie sie das neue Hardselling stets anstrebt, oder gar Empfehlungsmarketing sind die oben genannten Taktiken völlig ungeeignet.

Stellen Tina Farblos und ihr männliches Gegenstück Olaf Grauemaus angesichts immer wieder auftauchender Einwände erst in der Abschlussphase fest, dass ihr Angebot nicht passt, dann haben die beiden ihre Hausaufgaben nicht gemacht – den Bedarf und die Kaufmotive ihres Gesprächspartners nicht oder nur unzureichend analysiert und demnach keine Nutzenargumentation entwickelt, die das Herz ihres Kunden trifft. Eine andere, noch viel offensichtlichere Erklärung ist, dass ihr Gesprächspartner nicht der Entscheider ist, der die Budgetverantwortung hat und demnach die Kompetenz besitzt, den Auftrag auszulösen. Auch das ist ein Fehler, der mit der entsprechenden Sorgfältigkeit bereits im Terminvereinbarungsgespräch hätte vermieden werden müssen. Ist es im ersten Fall – freilich mit enormem Zeitaufwand und die Geduld des Gesprächspartners vorausgesetzt – unter Umständen noch möglich, das Steuer herumzureißen, indem Tina Farblos und Olaf Grauenmaus noch einmal bei der Bedarfs- und Motivermittlung ansetzen, müssen die beiden im zweiten Fall noch einmal bei Null beginnen, denn wenn nicht von Anfang an der oder die Entscheider mit am Verhandlungstisch sitzen, bringt den beiden die fesselndste Präsentation und die beste Einwandbehandlung überhaupt nichts!

Kunden spüren sehr schnell, wenn Verkäufer ihnen nur vorspielen, sie und ihre Bedürfnisse zu verstehen, und reagieren darauf mit „Liebesentzug": Sind Sie mal nicht hundertprozentig sicher, was Ihr Gesprächspartner meint, – zum Beispiel, wenn dieser einen Einwand äußert –, dann fragen Sie lieber noch einmal höflich nach. Ihr Gesprächspartner wird diese Aufrichtigkeit zu schätzen wissen und Vertrauen fassen, weil Sie ihm das Gefühl vermitteln, seine Fragen und Einwände wirklich ernst zu nehmen. Entscheidend ist nicht, ob Sie in jedem Detail mit Ihrem Gesprächspartner übereinstimmen – viel wichtiger ist es, dass Sie seine Gefühle respektieren.

Steht der Abschluss kurz bevor, gehen Durchschnittsverkäufer der direkten Abschlussfrage aus Angst aus dem Weg und schieben die Verantwortung ihrem Kunden zu: „Überlegen Sie sich das Ganze noch einmal in Ruhe und rufen Sie mich an, wenn Sie soweit sind." Manche toppen dieses „Ausweichmanöver" damit, dass sie ihren Kunden an den Innendienst verweisen: „Wenn Sie sich entschieden haben, setzen Sie sich doch mit unserem Innendienst in Verbindung, der macht dann die Unterlagen fertig." Das frustriert den Gesprächspartner, nicht wahr? Er fragt sich: „Haben Frau Farblos und Herr Grauemaus denn den ganzen Zinnober veranstaltet, um mich jetzt im Regen stehen zu lassen?" Diese beiden geben ihrem Kunden damit nur wieder Zeit, seinen Entschluss noch einmal zu überdenken und möglicherweise andere Angebote einzuholen. Sollte er dies tatsächlich tun und gerät dabei an einen alten Hardseller, haben sie auf jeden Fall kurzfristig diesen Erstauftrag verloren und erst beim zweiten Anlauf eine Chance. Trifft ihr Kunde auf einen neuen Hardseller, haben Tina Farblos und Olaf Grauemaus diesen Auftrag langfristig verloren.

Oftmals sind es aber auch nur Kleinigkeiten, die den Kunden am Durchschnittsverkäufer, seinem Angebot und damit an der Richtigkeit des Abschlusses zweifeln lassen:

- ▶ Unzuverlässigkeit und Unpünktlichkeit signalisieren dem Kunden, dass er dem Verkäufer nicht wichtig ist.
- ▶ Fehlende Aufmerksamkeit und Konzentration: Der Kunde spürt sofort, wenn die Gedanken des Verkäufers abschweifen, und bekommt den Eindruck, dieser gebe sich ja keine Mühe und habe kein wirkliches Interesse.
- ▶ Den Wettbewerb schlecht zu machen, zeugt von mangelnder Souveränität – der Kunde fragt sich: „Warum hat es der Verkäufer nötig,

den/die Wettbewerber abzuwerten, wenn doch sein eigenes Produkt so gut ist?"

▶ Keine Monologe! Tina Farblos und Olaf Grauemaus zerreden gern den Abschluss, weil sie die Kaufsignale ihrer Gesprächspartner übersehen oder nicht richtig deuten. Gerade in der Abschlussphase ist der Dialog mit dem Kunden wichtig, damit er selbst positive Argumente und Bestätigungen für seine Entscheidung formuliert. Zudem bieten viele Worte ebensoviel Angriffsflächen für weitere Einwände. Fallen Sie Ihrem Gegenüber nicht ins Wort und überrollen Sie ihn nicht mit Produktdetails und Technoquatsch, behalten Sie lieber ein paar Argumente als Joker in der Hinterhand!

▶ Mangelnden Blickkontakt, insbesondere wenn er selbst spricht, legt der Kunde dem Verkäufer als fehlende Konzentration oder schlicht als Desinteresse aus. Suchen Sie immer wieder den Blick Ihres Kunden, nicken Sie dabei mit dem Kopf, um Ihr Verständnis und Ihre Zustimmung zu signalisieren, aber fixieren Sie Ihren Kunden nicht – Sie wissen aus eigener Erfahrung, wie unangenehm es sich anfühlt, pausenlos angestarrt zu werden.

Expertentipp

Nehmen Sie diesen Expertentipp bitte beim Wort: Wenn Sie nicht mindestens einmal pro Woche von Ihren Interessenten und Kunden hören: „Mensch, Sie gehen aber ganz schön ran" oder „Sie sind aber ganz schön tough", dann sind Sie abschlussschwach. Der neue Hardseller betrachtet dies als Kompliment und als Bestätigung seiner Verkäuferpersönlichkeit, denn mit diesen Aussagen zollt ihm sein Kunde Respekt und Anerkennung! Denn wir haben als Verkäufer alle schon mal die Erfahrung gemacht, dass wir nicht hartnäckig genug waren und von unserem Kunden hören mussten: „Sorry, ich habe mich gerade letzte Woche schon für einen Ihrer Wettbewerber entschieden!"

Hier trennt sich die Spreu vom Weizen: Entweder sind Sie Abschlusspenner oder Abschlussrenner!

Auch nach dem Shake-Hands dran bleiben: Den Kunden motivieren

Nachdem Ihr Gesprächspartner sein Autogramm unter den Auftrag gesetzt hat, sollten Sie ihn mit ebensoviel Freundlichkeit, Höflichkeit und Respekt behandeln wie beim ersten Kontakt. Ihr Kunde braucht jetzt Ihre ganze Sicherheit. Nach der Auftragsunterzeichnung sollten Sie Ihrem Kunden daher versichern, stets für ihn persönlich da zu sein:

Neuer Hardseller: „Herr Kunde, ich werde mich jetzt persönlich dafür einsetzen, dass

- ... Ihre Lieferung so schnell wie möglich veranlasst wird." *oder*
- ... Ihr Auftrag so schnell wie möglich bei uns erfasst wird." *oder*
- ... unsere Programmierer Ihr EDV-System nach Ihren Wünschen konfigurieren."

Darüber hinaus motivieren Sie Ihren Kunden zusätzlich: „Schon nach wenigen Tagen stellen Sie fest, wie gut sich das neue System einsetzen lässt. Wenn Sie sehen, wie es Ihre Produktivität erhöht, dann werden Sie nochmals zu dem Ergebnis kommen, einen guten Kauf gemacht zu haben!" Sobald Sie bei Ihrem Kunden zur Tür raus sind, gibt es nur zwei Möglichkeiten, wie er sich fühlt:

- Entweder Ihr Kunde sagt sich: „Mensch, das ging aber alles superschnell. Hab' ich da wirklich die richtige Entscheidung getroffen oder hätte ich nicht doch noch einmal eine Nacht drüber schlafen sollen?" Was ist hier passiert? Ihr Kunde fühlt sich negativ manipuliert, weil mit Ihnen die alte Hardseller-Abzocker-Mentalität durchgegangen ist.
- Oder Ihr Kunde sagt: „Mensch, super! Bei dem Verkäufer konnte ich mir genau das Produkt/die Dienstleistung aussuchen, die für mich wirklich die richtige und passende ist." Die Kunst des neuen Hardsellers ist es, seinen Kunden stets das Gefühl zu geben, sie hätten ihre Kaufentscheidung völlig selbstständig getroffen.

Gerade bei finanziell aufwändigen Angeboten sind langwierige Verkaufsverhandlungen mit mehreren Gesprächen durchaus üblich. Wenn Sie also nicht gleich beim ersten oder zweiten Anlauf erfolgreich sind, müssen Sie darauf achten, Ihren Kunden immer wieder dort abzuholen, wo er gerade steht, das heißt: Wiederholen Sie bei jedem neuen Treffen immer wieder die wichtigsten bisherigen Gesprächsergebnisse, um mit Ihrem Kunden zusammen beim letzten Verhandlungsstand anzuknüpfen. Erfragen Sie, ob er zwischenzeitig selbst neue Erkenntnisse zum Beispiel hinsichtlich seines Bedarfs oder möglicher Wettbewerberangebote hat, um dieses Wissen in Ihre (Nutzen-)Argumentation einzubauen. Bleiben Sie am Ball!

Kommt der Abschluss nicht zustande, nehmen Sie es keinesfalls persönlich, sondern bleiben Sie gelassen und halten Sie den Kontakt zu diesem Interessenten: Versorgen Sie ihn weiterhin mit Informationen, rufen Sie ihn gelegentlich an oder laden Sie ihn zu Vorführungen neuer Produkte ein. Kurz: Lassen Sie sich die Tür zum Kunden weit offen, indem Sie ihm das Gefühl zu vermitteln, dass Sie den geplatzten Auftrag bedauern, aber Kontakt halten möchten – mit Ihrer höflichen Hartnäckigkeit wird aus dem Interessenten ja vielleicht doch noch ein begeisterter Kunde!

> Wir haben viel zu viel Angst zu verlieren und zu wenig Mut zu gewinnen! Denken Sie daran: Als neuer Hardseller tragen Sie den Sieger im Herzen!

Kundenbindung ganz konkret: Der After-Sales-Service

> Gute Kunden sind ein Aktivposten, der – gut behandelt und bedient – dem Unternehmen ein lebenslanges, ansehnliches Einkommen sichert.
> *Philip Kotler*

Haben Sie überhaupt etwas mit After-Sales-Service zu tun?

„Service" ist ein englischsprachiger Begriff – doch für den neuen Hardseller ist es kein Fremdwort, denn er begreift After-Sales-Service als Maßnahmen der Kundenbindung, der Kundenbegeisterung, des Cross- und Upselling!

Unter After Sales werden allgemein alle produktbegleitenden Dienstleistungen verstanden, die ein Kunde nach Abschluss des Kaufvertrages in Anspruch nehmen kann. Ihre Mitgestaltungsmöglichkeiten als Verkäufer sind bei produktbezogenen, „traditionellen" Leistungen wie Lieferung, Montage, technischem Kundendienst, Gewährleistung, Einweisungen, Schulungen etc. naturgemäß begrenzt, Ihre Stärken können Sie ohnehin viel stärker bei der Festlegung langfristiger Strategien der individuellen Kundenbindung und im Bereich der Kundenkommunikation ausspielen. Kunden sind (auch) durch ein professionelles Beschwerdemanagement für Ihr Unternehmen zu begeistern – und begeisterte Kunden sind fleißige Empfehlungsgeber! Es ist also in Ihrem ureigensten Interesse, auch nach einem erfolgreichen Abschluss einen dauerhaften und regelmäßigen Dialog mit Ihren einmal gewonnenen Kunden zu pflegen.

Viele Anbieter und ihre Verkäufer waren gerade beim alten Hardselling kurzsichtig auf den Abschluss fixiert und übersahen, dass die Phase der Nutzung des Produkts durch den Kunden direkt in die Wiederkaufphase übergeht. Heute erkennen viele Unternehmen, dass sich Maßnahmen der Kundenbindung hauptsächlich auf die Nachkaufphase beziehen, um Zusatz- und Wiederverkäufe einzuleiten. Kundenbindung und Kundenloyalität hat für die meisten Unternehmen eine enorme ökonomische Bedeutung: Nach Schätzungen ist es fünfmal günstiger, einen bestehenden Kunden zu halten, als einen neuen zu gewinnen.

Aus Sicht von Kunden ist die Nutzung der von ihnen erworbenen Produkte letztlich die wichtigste Phase, denn hier wollen sie ihre Kauferwartungen bzw. die Verkaufsversprechungen der Unternehmen und von deren Verkäufern erfüllt sehen, um ihre eigenen Geschäftsziele zu erreichen. Unternehmen können Kundenbeziehungen über einen gezielten und individuellen After-Sales-Service während dieser (langen) Nutzungsphasen für die eigene Wertschöpfung pflegen und intensivieren.

Durch einen konsequent am Kundennutzen ausgerichteten Service verschafft sich ein Unternehmen einen entscheidenden Vorteil gegenüber seinen Wettbewerbern und deren Produkten und bindet dauerhaft Kunden an sich. So ein individueller Service hat in der Regel einen hohen Anteil an Dienstleistungen, die „einzigartig" sind und somit nur schwer vom Wettbewerb kopiert werden.

Ein weiterer Vorteil eines kundennutzenorientierten Service liegt in der Erhöhung der Kundenbindung und Kundenloyalität. Durch die Unterstützung der Kunden nach dem Kauf erhöht sich der Kundennutzen des Produkts und des sich daraus ergebenden Leistungsangebotes deutlich. Insbesondere die erfolgreiche Unterstützung in „Notfällen", zum Beispiel bei einem Maschinenstillstand mit hohen Ausfallkosten, begeistert Kunden und trägt so enorm zur Kundenloyalität bei.

Zur Erhöhung des Bekanntheitsgrades, der Kundenpräferenz für Ihr Unternehmen – seinem Markenwert – tragen auch Sie durch eine professionelle Kundenbetreuung im Verkaufsprozess und im After-Sales-Dialog bei. Nicht nur das: Sie profitieren auch selbst wieder davon, denn Kundenzufriedenheit und -begeisterung beeinflussen das Image Ihres Unternehmens. Zufriedene und begeisterte Kunden geben ihre positiven Erfahrungen gern an Geschäftspartner, Kollegen, Bekannte, Freunde weiter und werden so zu Werbeträgern, deren Effektivität jede Marketing- und PR-Maßnahme in den Schatten stellt! Durch diese einfache Mund-zu-Mund-Propaganda gewinnen Sie und Ihr Unternehmen in Form von Empfehlungen – und weil sich guter Kundenservice „rumspricht" – neue Kunden „wie von selbst".

Neben der ersten Kauferfahrung, dem Abschluss, ist also über den produktbezogenen Service hinaus die wiederholte und regelmäßige Kundenansprache ausschlaggebend für das künftige Kaufverhalten von Stamm-

und Bestandskunden – insbesondere hinsichtlich der Wiederkaufrate! Hier setzen Sie als neuer Hardseller an: Durch den Tick mehr an persönlicher Kundenbetreuung auch ohne konkretes Verkaufsziel verstärken Sie die ursprüngliche Kaufentscheidung Ihrer Kunden positiv und vertiefen die Kundenbeziehung langfristig, denn: Nach dem Abschluss ist vor dem Abschluss – dem nächsten Abschluss!

Leben Sie den Kundendienst, den Dienst am Kunden?

Jeder von uns erfüllt im Leben bestimmte Aufgaben und nimmt dazu eine bestimmte Rolle ein. Dabei kommt es oft weniger darauf an, welche Rolle wir einnehmen, sondern eher, wie wir diese Rolle ausfüllen. Wichtiger ist also, was wir daraus machen.

Welche Bedeutung hat denn die Kundenbindung

- für Ihr Unternehmen?
- für Ihre Kunden?
- für Ihre Kollegen?
- und für Sie persönlich als neuen Hardseller?

Fachkompetenz ist das Fundament, auf dem ein ganzes Haus sicher steht. Darauf baut alles andere auf. Was aber nützt große Fachkompetenz, was nützt das beste Fundament, wenn darüber kein Haus steht? Die emotionale Bindung zu Ihren Kunden, Ihr Verhalten ihnen gegenüber ist entscheidend. Der Betrachter eines Hauses urteilt zumeist nach dem, was er tatsächlich sieht, und nicht danach, wie solide das Fundament ist. So entscheidet der Kunde auch bei Ihnen nach Ihrer Wirkung auf ihn. Bei positiver Wirkung geht oft vieles leichter und einfacher – diese Erfahrung haben wir doch alle schon gemacht. Dann beantworten Sie doch einmal ganz ehrlich für sich selbst die folgenden Fragen:

- Wie werden Entscheidungen letztlich getroffen – eher rational oder emotional?
- Welche Eigenschaft ist für den neuen Hardseller wichtiger: gut reden oder aktiv hinhören?
- Was tun Sie, um Ihre Wirkung auf andere zu steigern?
- Wie antworten Sie ab jetzt nach dem Abschluss auf die folgende Frage Ihres Kunden: „Sind Sie denn in Zukunft noch für mich da?"

- ▶ Wie schaffen Sie es, auch ohne Worte, dem Gespräch mit Ihrem Kunden eine positive Atmosphäre zu geben?
- ▶ Was ist wichtiger für den erfolgreichen Umgang mit unseren Kunden? Ob Sie sich als Verkäufer dem Kunden sympathisch machen? Oder Sie sich Ihren Kunden sympathisch machen? Denken Sie an das Thema „Pluspunkte sammeln" (vergleiche auch Seite 97).
- ▶ Warum sollte sich Ihr Kunde gerade nach dem Abschluss bei Ihnen gut aufgehoben fühlen?

After Sales beginnt direkt nach dem Abschluss: Geben Sie Ihrem Kunden Sicherheit

Der Abschluss ist nicht das Ende, sondern der Beginn einer Kundenbeziehung. Auch wenn ein Kunde für ein Produkt gewonnen wurde, darf das Verkaufen nicht aufhören, um ihm nun zu beweisen, dass alles, was Sie ihm versprochen haben, auch von Ihrem Unternehmen gehalten wird!

Üblicherweise kommunizieren die meisten Unternehmen und damit auch ihre Verkäufer bis zum Abschluss sehr intensiv mit ihren Kunden – doch dann tritt allzu oft Funkstille ein. Folge: Viele Kunden fühlen sich nach dem Kauf vom Unternehmen und Verkäufer im Stich gelassen und nehmen deshalb nicht den vollen Leistungsumfang des gerade erworbenen Produkts bzw. der gerade erworbenen Dienstleistung wahr. Daraus resultiert Unzufriedenheit, weil sich die Kunden vom Produkt und Anbieter mehr erwartet haben. Bauen Sie schon in der Phase unmittelbar nach dem Abschluss einer solchen Unzufriedenheit und Kaufreue vor: Bieten Sie Ihrem Kunden nicht nur die konkrete Unterstützung beim Einsatz des Produkts zum Beispiel durch Servicetechniker Ihres Unternehmens, sondern geben Sie ihm vor allem die Bestätigung, dass er sich für das richtige Produkt und das richtige Unternehmen entschieden hat.

Tina Farblos und Olaf Grauemaus verabschieden sich üblicherweise mit einem „Dankeschön für den Auftrag". Sich für einen Auftrag beim Kunden zu bedanken, ist aber nicht das gleiche, wie den Kunden in seiner Kaufentscheidung zu bestärken – im Gegenteil: Normalerweise bedanken wir uns für ein *Geschenk*. So sind wir alle erzogen worden. Aber ist ein Auftrag ein Geschenk? Ist ein Auftrag nicht vielmehr die gemeinsam von Ihnen und Ihrem Kunden erarbeitete Lösung, ein maßgeschneidertes Angebot, das allen Ansprüchen des Kunden gerecht wird? Ist es also wirklich sinnvoll, sich für einen Auftrag zu bedanken?

Außerdem: Was denkt Ihr Kunde, wenn Sie sich überschwänglich bedanken? Antwort: Er wird misstrauisch: „Was verdient der wohl an meinem Auftrag? Wie viel Provision macht er jetzt mit mir?" Das ist der Grund, warum Sie sich für das Ihnen entgegengebrachte Vertrauen, aber nie für den Auftrag selbst bedanken sollten!

Sie kennen sicher selbst das gute Gefühl, das Richtige getan zu haben, wenn Sie in einer für Sie sehr wichtigen Kaufentscheidung von einem Freund oder Kollegen bestätigt werden. Für Sie als Verkäufer in neuen Hardselling bedeutet das: den Kunden noch einmal davon zu überzeugen, dass er die richtige Entscheidung getroffen hat. Nutzen Sie das menschliche Bedürfnis nach Bestätigung in den ersten Minuten direkt nach einem gelungenen Abschluss, indem Sie Ihren Kunden sich – bildlich gesprochen – entspannt zurücklehnen und seine soeben getroffene Kaufentscheidung von einem in der Zukunft liegenden Punkt aus betrachten lassen:

„Schon nach kurzer Zeit, *wenn Sie feststellen*, dass sich die Ausschussquote in Ihrer Produktion deutlich vermindert, *spätestens dann werden Sie* sich zu Ihrer Entscheidung für unser System selbst beglückwünschen."

Zunächst richten Sie mit „Schon nach ..." oder ähnlichen Formulierungen die Gedanken Ihres Kunden in die Zukunft. Mit der anschließenden Hypothese („ ... wenn ...") führen Sie ihm den Nutzen seiner Kaufentscheidung vor Augen, um schließlich mit „... spätestens dann werden Sie ..." ein positives Fazit vorwegzunehmen.

Überziehen Sie nicht in der Nach-Kaufmotivation! Bringen Sie nach dem Abschluss im Übereifer sogar neue Verkaufsargumente vor, so schöpft Ihr Kunde möglicherweise Verdacht, weil Sie seine Kaufentscheidung rechtfertigen, statt ihn darin wie beschrieben zu motivieren! Darüber hinaus bieten Sie mit neuen Argumenten auch neue Angriffsflächen für zusätzliche Einwände, die Sie dann erst wieder mühsam bearbeiten müssen und die den Abschluss in Frage stellen. Auf jeden Fall aber verwirren und verunsichern Sie Ihren Kunden und machen so die positive Wirkung der Kaufbestätigung zunichte.

Neben dieser Kauf-Nachmotivation versichern Sie Ihrem Kunden, dass Sie ihn auch nach dem Abschluss in jeder Hinsicht tatkräftig unterstützen und jederzeit für ihn da sein werden, zum Beispiel, indem Sie eine schnelle

Bearbeitung des Auftrages versprechen und für dringende Notfälle auch Ihre Privatnummer auf die Rückseite Ihrer Visitenkarte schreiben. Das machen echte Profis, weil sie wissen, dass ihre Kunden dieses Angebot nur sehr selten in Anspruch nehmen.

> **Beispiel:**
>
> Stellen Sie sich vor, Sie sind Verkäufer eines großen Unternehmens für Heizungs- und Sanitäranlagen und sagen Ihrem Kunden nach dem Einbau eines neuen Heizungssystems: „Herr Kunde, sollte wider Erwarten doch der Fall eintreten, dass Ihre Heizung am Wochenende oder an einem Feiertag ausfällt und Sie niemanden über die Servicerufnummer oder die Notrufnummer, die auf dem Heizkessel steht, erreichen, dann scheuen Sie sich nicht, meine Privatnummer zu wählen!" Was glauben Sie, wie vielen Nachbarn und Bekannten wird Ihr Kunde beim nächsten Straßen-, Sommer oder Grillfest davon erzählen?

Schließen Sie jedes Gespräch mit einer freundlichen Verabschiedung ab – egal, ob es Ihnen das gewünschte Ergebnis gebracht hat oder nicht. Halten Sie sich auf jeden Fall die Option offen, Ihren Kunden nochmals anzurufen. Hinterlassen Sie einen positiven Eindruck, denn: Der erste Eindruck prägt, der letzte Eindruck bleibt! Nicht nur der erste, auch der letzte Eindruck ist entscheidend für zukünftige Kundenkontakte!

Bringen Sie den Auftrag ins Rollen: Die Nachbereitung des Verkaufsgesprächs

Die Nachbereitung eines Verkaufsgesprächs ist für die dauerhafte Kundenbindung mindestens ebenso wichtig wie eine gute Besuchsvorbereitung, die optimale Gesprächsführung und der erfolgreiche Abschluss. Von Ihrer sorgfältigen und detaillierten Auswertung der Gesprächsergebnisse hängt es entscheidend ab, ob die Durchführung des Auftrags auch ganz im Sinne Ihres Kunden erfolgt. Gerade bei Neukunden führen schon kleinste Abweichungen von ihren Erwartungen hinsichtlich einer glatten Bearbeitung zu Unsicherheit, ob die Kaufentscheidung nicht doch ein Fehler gewesen sein könnte – Misstrauen, das dann mit „Engelszungen" im Reklamationsmanagement beseitigt werden muss.

Sobald Sie vom Parkplatz seines Kunden gefahren sind, können Sie schon mit der Nachbereitung beginnen: Stellen Sie Ihren Wagen ab und halten Sie in Ruhe die Ergebnisse des gerade abgeschlossenen Verkaufsgesprächs fest. Aktualisieren und ergänzen Sie die Daten, die Sie schon im Vorfeld des oder der einzelnen Besuchstermine gesammelt haben, und notieren Sie ebenso darüber hinaus persönliche Gesprächseindrücke, weil dann Details noch ganz frisch in Ihrem Gedächtnis sind. Besonders im Premiumsegment möchten die Kunden individuell und nicht wie Fließbandware behandelt werden.

Halten Sie dabei nicht nur so genannte Hardfacts wie Produktdetails, Liefertermine, Konditionen, Serviceleistungen etc. fest. Auch und gerade Softfacts, die Ihr Kundenunternehmen und die Person Ihres Gesprächspartners betreffen und die für eine individuelle Kundenansprache durch spezifische Maßnahmen der Kundenbegeisterung wichtig sind, sollten Sie berücksichtigen:

Welche Ideen habe ich jetzt schon für den nächsten Kontakt?

- Wurden zusätzliche Termine vereinbart?
- Welche Zusagen habe ich gemacht?
- Worauf legt mein Gesprächspartner und/oder sein Unternehmen beim Service besonders Wert?
- Hat mir mein Gesprächspartner wichtiges Hintergrundwissen über das Kundenunternehmen geliefert, beispielsweise über die Aufteilung der Kompetenzen oder seine Wettbewerbssituation?
- Habe ich Hinweise dafür bekommen, wie ich ihn in seinen Aufgaben unterstützen kann? Wie kann ich den Ertrag seines Unternehmens noch steigern? Wie kann ich ihn positiv überraschen/verblüffen?
- Hat mein Gesprächspartner über Persönliches wie Hobbys und Familie gesprochen? etc.

Übung

Und wie lief das Gespräch aus Ihrer Sicht?
Eine kleine Selbstanalyse

Nehmen Sie sich auch kurz Zeit, das Verkaufsgespräch noch einmal Revue passieren zu lassen: Unterziehen Sie Ihre Gesprächsführung einer selbstkritischen Prüfung, um sich beim nächsten Kontakt noch besser auf Ihren Gesprächspartner einzustellen.

❏ War ich gut genug vorbereitet? Lagen mir alle relevanten Informationen vor?

❏ Wie lief die Kommunikation mit meinem Gesprächspartner? Wie waren die Gesprächsanteile zwischen meinem Gesprächspartner und mir verteilt? Konnte ich ihn mit meinen Fragen aktivieren oder war er eher „maulfaul" und wenig bereit, Informationen zu liefern?

❏ Habe ich meine Gesprächsziele erreicht, die ich in der Vorbereitung auf den Termin festgelegt habe?

❏ Konnte der zeitliche Rahmen, den ich veranschlagt hatte, eingehalten werden? Welche Gesprächsphasen dauerten länger als geplant? Und warum?

❏ Habe ich alle Einwände meines Gesprächspartners entkräftet? Konnte ich ihm den individuellen Nutzen meines Angebots überzeugend vermitteln?

❏ Was ist gut gelungen, wo sind Fehler unterlaufen? Und wie kann ich diese Erkenntnisse für weitere Kontakte mit diesem und anderen Kunden nutzen?

Geben Sie anschließend die gewonnenen Daten, Termine und andere Informationen in Ihre Kundendatenbank (Kundenkartei, Customer Relationship Management (CRM-)System, Vertriebsdatenbank etc.) ein:

- Produkt(details)
- Liefertermine
- Konditionen
- Serviceleistungen
- eventuelle Sonderwünsche des Kunden
- Termine für Einweisung/Mitarbeiterschulungen
- Wer muss im Vertrieb bzw. im Unternehmen über die Gesprächsergebnisse informiert werden?
- Was muss für den nächsten Termin intern vorbereitet werden?
- Welche Kollegen oder Mitarbeiter müssen für den nächsten Termin eingeladen werden?
- Welche Vorbereitungen muss der Kunde treffen? (Zum Beispiel die notwendige Infrastruktur für die Montage einer Maschine)
- Wie ist das Potenzial für Zusatzverkäufe?

▶ In welche Verteiler soll der Kunden aufgenommen werden?
- Unternehmenszeitschrift, (Online-)Newsletter und andere Unternehmenspublikationen
- Seminare, Messen, Ausstellungen, Tage der offenen Tür, Hausmessen und sonstige Informationsveranstaltungen
- Stammtische, Events und andere Möglichkeiten, sich in lockerer Atmosphäre zu treffen
- Glückwunschservice: Geburtstage (auch heute noch freuen sich Kunden über diese Aufmerksamkeit!), Weihnachten, Jubiläen der erfolgreichen Zusammenarbeit etc.

Solche Daten professionell zu sammeln, auszuwerten und im Kundenkontakt im wahrsten Sinne des Wortes Gewinn bringend umzusetzen, ist gerade für Sie als Verkäufer im After-Sales und für Ihren langfristigen Verkaufserfolg unabdingbar.

Bleiben Sie auf jeden Fall – unabhängig vom Ausgang des Verkaufsgespräches – im Kontakt mit Ihren Kunden. Falls es nicht zu einem Abschluss gekommen ist, sollten Sie selbstverständlich auch in der Kundendatenbank vermerken, woran das Geschäft gescheitert ist. Ebenfalls in die Kundenkartei gehören persönliche Details über Kunden – zum Beispiel sein Geburtstag oder seine Hobbys. So können Sie ihnen gezielt Informationen zukommen lassen, um sich auf positive Weise in Erinnerung bringen. Überraschen Sie Ihre Kunden durch einen exzellenten An-ihm-dran-bleiben-Service, um so Ihren Wettbewerbern weiterhin eine Nasenlänge voraus zu sein – hartnäckige Höflichkeit und Aufmerksamkeit hilft auch hier!

Führen Sie den Auftrag zügig und kundengerecht aus und fügen Sie der Auftragsbestätigung ein persönliches Anschreiben bei – eine von vielen möglichen Maßnahmen in der Nachkaufbetreuung, mit denen Sie Ihren Kunden das Gefühl geben, dass ihre Interessen bei Ihnen und Ihrem Unternehmen gut aufgehoben sind.

Expertentipp

Eine besonders eigene Note geben Sie Ihrem persönlichen Anschreiben durch ein paar handschriftliche und mit einem Füller verfasste Zeilen – Ihr Kunde wird sich sehr über diese kleine, aber sehr wirkungsvolle Geste der Aufmerksamkeit freuen.

Fehlermanagement mit ISCA

Sollte Ihnen bei der Auftragsbearbeitung ein Fehler unterlaufen, zum Beispiel, wenn Sie die entsprechenden Daten in die Kundendatenbank eingeben oder wenn Sie vergessen haben, für Ihren Kunden etwas, was Sie versprochen haben, im vereinbarten Zeitraum zu erledigen, dann grämen Sie sich nicht. Irren ist menschlich und wir alle sind im Beruf genauso wenig vor Fehlern gefeit wie im Privatleben. Entscheidend ist doch, wie wir mit diesen Fehlern umgehen.

> **So macht's der *alte* Hardseller**
>
> Der alte Hardseller wird stets versuchen, seinem Kunden einen Fehler – zum Beispiel im Fall einer Reklamation (siehe Seite 284 ff.) – als dessen Fehler zu verkaufen, nicht als seinen eigenen. Viele Kunden reagieren verunsichert und bekommen den Eindruck, als hätten sie tatsächlich einen Fehler begangen. Ist das richtig? Sicher nicht!

Tina Farblos und Olaf Grauemaus wiederum betrachten einen Fehler als Bestätigung, dass sie eben doch Durchschnittsverkäufer sind, nicht aber als Chance, ihren Kunden durch professionelles Fehlermanagement für sich zu begeistern.

Genau das tun Sie als neuer Hardseller: Dabei hilft Ihnen ein praktisches Rezept für souveränes Fehlermanagement – ISCA. Dieses Rezept macht Fehler zwar nicht ungeschehen, aber zumindest wieder gut. ISCA steht für:

I dit it!
Sorry
Correction
Analysis

I did it! Es besteht kein Grund für Sie, Ihren Fehler zu leugnen. Stehen Sie vielmehr dazu, geben Sie ihn offen und ehrlich zu und bleiben Sie sich auf diese Weise selbst treu: Ehrlichkeit währt am längsten! Gehen Sie also so schnell wie möglich auf Ihren Kunden zu, gestehen Sie Ihren Fehler und gehen Sie auch gleich zum nächsten Schritt über:

Sorry! Eine Entschuldigung kann schwierig sein, besonders bei Kunden, die nur flüchtig bekannt sind. Aber: Mit ein bisschen Übung gehen auch Entschuldigungen gar nicht mehr so schwer über die Lippen, mit der Zeit kommen sie vielleicht sogar mit ein wenig Charme und Humor „rüber". Bleiben Sie, egal was Sie sagen, stets ruhig und höflich. Suchen Sie keine Ausflüchte, egal, wie verführerisch das sein auch mag, insbesondere dann, wenn Ihr Kunde wütend reagiert oder mit dem Abbruch der Zusammenarbeit droht. Werden Sie gar wegen Ihres Fehlers beschimpft, beenden Sie lieber das Gespräch erstmal an dieser Stelle, statt sich zu streiten – denn Sie wissen ja: Kunden wollen immer ihr „Recht" haben!

Correction: Machen Sie Ihrem Kunden ein Angebot, wie Sie Ihren Fehler wieder gut machen werden. Betonen Sie, dass Sie sich gemeinsam mit allen Beteiligten in Ihrem Unternehmen diese Lösung überlegt haben. Ihr Kunde fühlt sich auf diese Weise wirklich ernst genommen, denn er gewinnt den Eindruck, dass Ihnen ein Ausweg aus der „Geschichte" am Herzen liegt. Nimmt Ihr Kunde Ihren Vorschlag nicht an, überlegen Sie zusammen mit diesem, wie eine Lösung aussehen könnte, mit der alle Beteiligten zufrieden sind.

Analysis: Mit der Fehleranalyse lernen Sie aus Ihrem Fehler, um diesen oder einen vergleichbaren Fauxpas in Zukunft zu vermeiden. Stellen Sie sich unter anderem folgende Fragen:

- Wo begann der Weg in Richtung Fehler?
- Wie groß ist die Gefahr, dass mir ein ähnlicher Fehler ein weiteres Mal passiert?
- Ist mir dieser Fehler schon öfters passiert? Wenn ja, warum?
- Wie kann ich dem vorbeugen?
- Was lerne ich daraus für den künftigen Umgang mit Fehlern?

Wichtig ist vor allem, dass Sie sich bewusst machen, warum dieser Fehler passiert ist. Mit ISCA vermeiden Sie es, einen Fehler zweimal zu machen, und Sie lernen, Ihre Fehler vor sich und anderen zu „verkaufen". Denn wie immer im Leben ist es nicht wichtig, was wir tun, sondern wie wir zu unseren Handlungen stehen: Beim Fehlermanagement sind Ehrlichkeit und Höflichkeit das höchste Gebot!

John Templeton meinte dazu eher scherzhaft: „Wichtig ist, dass Sie öfters Recht haben, als sich zu irren. Wenn Sie Recht haben, sollten Sie sehr Recht haben, wenigstens von Zeit zu Zeit. Und wenn Sie sich irren, sollten Sie das erkennen, bevor Sie sich sehr irren!"

Bleiben Sie am Ball! Kundenvertrauen ist Kundenloyalität

Die Nachverkaufsphase ist ein ständiges Wechselspiel zwischen Besuch, Auftrag, Auftragsabwicklung, Anrufen und anderen Möglichkeiten der Kommunikation. Rufen Sie Ihren Kunden zwischendurch ruhig einmal an, um sich nach seiner Zufriedenheit mit dem neuen Produkt zu erkundigen. Melden Sie sich immer nur dann, wenn Sie einen Termin für einen Zusatzverkauf oder gar ganz neuen Produktverkauf vereinbaren wollen, verärgern Sie Ihren Kunden – er entwickelt Ihnen gegenüber eine negative Erwartungshaltung: „Der meldet sich auch nur dann bei mir, wenn er mir etwas verkaufen möchte." Ist das Kind erst mal in den Brunnen gefallen ... Gerade Neukunden sind Wackelkandidaten und reagieren sehr sensibel, wenn sie in der Nachkaufphase „vernachlässigt" werden und das Gefühl bekommen, lediglich als Geldquelle angezapft zu werden. Auf diese Weise bestätigen Sie das alte Vorurteil, Verkäufer seien nur scharf auf ihre eigene Provision.

Loyale Kunden dagegen sind Langzeitkunden, die weniger preissensibel sind, Mund-zu-Mund-Propaganda für Ihr Unternehmen machen und weniger Betreuungsaufwendungen verursachen, weil sie „erfahrene Käufer" im Umgang mit Ihrem Unternehmen sind. Kundenzufriedenheit ist nicht Kundenloyalität. Erst bei Kundenbegeisterung kommt es zu Wiederholungskäufen und hohen Wiederkaufraten – gerade in der heutigen Marktsituation, in der Kundenloyalität immer mehr schwindet, denn diese ist hauptsächlich von dem vom Kunden wahrgenommenen Wert und Nutzen einer Leistung abhängig. Bieten Sie also diesen besonderen Mehrwert!

Begeisterte Kunden sind loyaler als „nur" zufriedene – dazu ist allerdings der ganz besondere, der individuell abgestimmte Kundendienst notwendig: Services, die Kunden nicht erwarten – über das eigentliche Produkt/die Dienstleistung, den dazugehörigen „einfachen" Kundendienst (Lieferung, Montage, Einweisung etc.) und professionelles Reklamationsmanagement hinaus. Nur begeisterte Kunden sind wirklich treue Kunden, zufriedene Kunden wechseln dagegen schnell zum Wettbewerb – Zufriedenheit wächst eher aus rationalen Kriterien, erst Begeisterung macht Kunden zu „Fans"!

Beispiel:

Wer kennt sie nicht, die typische Durchschnittsübergabe eines neuen Autos? Nach wochen-, oft monatelangen intensiven Planungen und Verhandlungen mit dem Autohaus hinsichtlich Modell, Ausstattung und Finanzierung und nochmals Wochen und Monaten des gespannten Wartens ist der neue Wagen nun endlich eingetroffen – und wo steht er? Auf dem Hof des Autohändlers ... Der Verkäufer kommt schnell aus dem Verkaufsraum gelaufen, drückt Ihnen den Schlüssel in die Hand, erklärt Ihnen kurz ein paar grundsätzliche Dinge für den Betrieb des Fahrzeugs und wünscht Ihnen viel Spaß damit. Das war's. Der monatelange Aufwand, das viele Geld, die ganze Vorfreude für diesen nüchternen, oder besser: ernüchternden Moment?

Nehmen wir an, der Autoverkäufer ist ein neuer Hardseller und sich bewusst, dass sich die Bedeutung des Autos in Deutschland als einem der wichtigen Statussymbole auch in einer entsprechend feierlichen Übergabe widerspiegeln sollte. Sie kommen also zum Autohaus und bemerken sofort: Ihr neuer Wagen steht im Schauraum, ist auf Hochglanz poliert und ein wahres Schmuckstück. Wer platzt da nicht gleich vor Stolz?

Schon im Vorfeld der Übergabe hat der Autoverkäufer den ganzen lästigen, weil zeitraubenden Papier- und Behördenkram für Sie erledigt: Anmeldung, Wunschkennzeichen besorgt etc.

Da steht es nun, das Traumauto, auf das Sie monatelang gewartet haben. Der Verkäufer hat den Kfz-Meister der Werkstatt mitgebracht, der Ihnen natürlich auch gratuliert und mit Ihnen gleich den Termin für die Erstinspektion vereinbart. Währenddessen holt der Verkäufer ein kleines Geschenk für den Start in Ihr neues „Autoleben", einen Blumenstrauß für Ihre Frau und eine Flasche Champagner – schließlich möchte er mit Ihnen zusammen auf diesen gemeinsamen (Ver-)Kauf(-s)-Erfolg anstoßen!

Sie sind völlig überrascht über so viel persönliche Ansprache und können es kaum erwarten, mit dem neuen Wagen loszubrausen. Der Verkäufer inszeniert die Übergabe Ihres Autos wie ein Schauspiel, er macht daraus ein Spektakel, ein unvergessliches Erlebnis nur für Sie – aber der Höhepunkt folgt noch:

Neuer Hardseller: „Herr Kunde, Sie haben sich Ihr Auto so individuell zuammengestellt – er sieht so klasse mit der ganzen tollen Ausstattung und den herrlichen Felgen aus! Ist es für Sie ok, wenn wir Ihren Wagen, so, wie er jetzt dasteht, für unsere Fotogalerie festhalten, um zu dokumentieren, welch guten Geschmack unsere Kunden haben?"

> Was glauben Sie: Ist das eine gelungene Nachkaufmotivation? Werden Sie Ihren Freunden, Bekannten, Nachbarn von diesem Erlebnis erzählen?

Bei einem Unternehmercoaching berichtete mir ein Kunde, wie begeistert er von seinem jetzigen Autotuner sei. Er hatte sich ein Auto mit Standardausstattung bestellt und dieses veredeln lassen. Dieser Tuner schickte ihm während der vierwöchigen Umbauphase regelmäßig Bilder per E-Mail, die den jeweiligen Stand des Umbaus festhielten. Aber damit nicht genug: Der Tuner besorgte sich darüber hinaus das Unternehmenslogo seines Kunden und baute dies in die beleuchtete Türeinstiegsleiste ein, dort, wo normalerweise der Schriftzug des Autoherstellers abgebildet ist ...

Was glauben Sie: Ist dieser Kunde ein Fan? Und was für einer! Denken Sie einmal darüber nach, wo Sie Ihre Kamera in Zukunft einsetzen werden!

Für Kundenloyaliät ist die persönliche Ansprache insbesondere durch den Verkäufer wichtig, um das Vertrauensverhältnis zum Unternehmen auf- und auszubauen. Berechenbarkeit und Verlässlichkeit sind zwei wesentliche Elemente für den Aufbau von Vertrauen in einer Partnerschaft. Die erfolgreiche Kundenkommunikation erfolgt interaktiv, im Dialog, daher eignet sich das persönliche Gespräch besonders gut – und wer ist dafür besser geeignet als derjenige, der die ersten Schritte zum Aufbau von Kundenvertrauen im Verkaufsprozess bis zum Abschluss gemacht hat? Als neuer Hardseller verkaufen Sie ja den Kundenservice schon im Verkaufsgespräch vor, denn die intensive Kundenbetreuung ist ja Teil Ihres Angebots, das Ihren Kunden schließlich überzeugt. Umso wichtiger ist es, dass Sie auch nach dem Abschluss stets für diesen Kunden präsent sind, denn Sie bleiben im eigenen Unternehmen auch nach dem Kauf der wichtigste Ansprechpartner für Ihren Kunden – Sie sind das personifizierte Vertrauen Ihres Kunden in Ihr Unternehmen.

Mit *Zufriedenheitsbefragungen* – je nach Produkt oder Dienstleistung nach unterschiedlichen Zeiträumen – verknüpfen Sie mehrere Vorteile: Zum einen bestätigen Sie Ihrem Kunden, dass er mit dem Kauf die richtige Entscheidung getroffen hat. Ist Ihr Kunde zufrieden, haben Sie nicht nur ein positives Klima für Zusatzgeschäfte oder für ganz neue Aufträge geschaffen, sondern nutzen diese Gelegenheit auch für eine Empfehlungsfrage (siehe Seite 291 ff.). Ist Ihr Kunde wider Erwarten nicht zufrieden, können Sie sofort aktiv werden, um mit entsprechenden Maßnahmen sein Vertrauen (wieder)herzustellen. Das ist schon deshalb notwendig, um verheerender Negativwerbung vorzubeugen. Studien haben ergeben, dass zufriedene bzw. begeisterte Kunden ihre Zufriedenheit bzw. Begeisterung an durchschnittlich drei Personen weitergeben, während unzufriedene Kunden ihrem Ärger gegenüber durchschnittlich neun Personen Luft machen!

> **Expertentipp**
>
> Befragen Sie nicht nur Ihre zufriedenen Kunden, sondern auch – und besonders – die Interessenten, die letztlich nicht bei Ihnen gekauft haben, denn deren Antworten sind weit aufschlussreicher hinsichtlich dessen, was Sie noch zusätzlich an Leistungen bieten müssen, um auch diese zu Ihren Kunden zu machen: „Herr Kunde, was müssen wir beim nächsten Mal mehr bieten, dass Sie ‚Ja' zu uns sagen? Herr Kunde, worauf legen Sie besonders Wert, damit wir Sie als neuen Kunden gewinnen?"
>
> Tina Farblos und Olaf Grauemaus hingegen fragen ihren Kunden, was sie falsch gemacht haben, was gegen ihr Angebot spricht. Merken Sie den Unterschied? Beim neuen Hardselling formulieren Sie auch in der „Niederlage" Ihre Fragen positiv und signalisieren Ihrem Gesprächspartner damit, dass Sie auch weiterhin höflich-hartnäckig an ihm „dranbleiben". Denn: Positive Gedanken ziehen positive Ergebnisse nach sich!

Auch in der Phase, in der Ihr Kunde schon längst das Produkt nutzt, nehmen Sie als neuer Hardseller die Gelegenheit wahr, ihn kompetent zu beraten – zum Beispiel hinsichtlich des effektiven Einsatzes, der richtigen Instandhaltung, des optimalen Ersatzzeitpunktes des Produkts. Zur fachlichen Unterstützung greifen Sie dabei auf entsprechende Kollegen aus Ihrem Unternehmen zurück – welcher Kunde fühlt sich nicht „umsorgt", wenn sich der Verkäufer intensiv darum kümmert, dass das von ihm verkaufte Produkt auch wirklich hält, was er im Verkaufsgespräch versprochen hat? Ein Kollege hat es einmal so formuliert: „Ein guter Verkäufer ist ein guter Berater und hat stets den Vorteil des Kunden im Auge, ohne zu vergessen, dass auch das eigene Unternehmen überleben muss."

Sie glauben noch nicht so recht an den Unterschied der Erfolgsaussichten zwischen einem Menschen, der sich nützlich machen will, und einem anderen, der nur an seine eigenen Interessen denkt? Dann lesen Sie folgende Geschichte:

Harry, der Bettler auf der Themsebrücke

Diese Story habe ich schon vor rund 20 Jahren in meinen ersten eigenen Verkaufstrainings gehört und sie damals zu meinem Motto gemacht – und das gilt für mich heute mehr denn je. Trotz intensivsten Nachforschens konnte ich ihren Urheber nicht ermitteln. Sollten Sie also die Quelle dieser Geschichte kennen, freue ich mich über eine entsprechende Nachricht von Ihnen!

Die Geschichte von Harry, dem Bettler auf der Themsebrücke, ist eine Geschichte vom Erfolg.

Ein junger Mann – nennen wir ihn Harry – steht auf einer Themsebrücke in London. Es sind Krisenjahre: Harry hat alles versucht, aber niemand hatte Arbeit für ihn. Um nicht verhungern zu müssen, sieht er sich gezwungen, den allerletzten Ausweg zu wählen: Er stellt sich auf die Themsebrücke und bettelt.

Schließlich tippt ein junger, elegant gekleideter Geschäftsmann Harry auf die Schulter: „Junger Mann, ich gebe Ihnen keinen Penny. Aber ich gebe Ihnen einen guten Rat, der mehr wert ist als alles Geld, das ich Ihnen geben könnte: Machen Sie sich nützlich!" Ohne Gruß setzt der junge, elegant gekleidete Geschäftsmann seinen Weg fort.

Wir können dem Bettler leicht nachfühlen, was er denken mag: „Nützlich machen? Habe ich nicht alles versucht, bevor ich so abgerutscht bin? Habe ich nicht an so viele Türen von Personalbüros geklopft und immer wieder dieselbe Antwort erhalten: ‚Wir haben keine Arbeit für Sie.' Mich nützlich machen? Das möchte ich doch! Aber wie? Wenn mich doch nur irgendjemand brauchen könnte!"

Während Harry noch seinen Gedanken nachhängt, was es mit diesem „Nützlich-Machen" auf sich haben könnte, geht eine alte Frau über die Brücke. Sie zieht einen Handkarren hinter sich her, hochbeladen mit Tabak-Kisten. Immer wieder hält sie an, um die Kästen, die herunterzufallen drohen, zurechtzurücken. In diesem Augenblick durchzuckt Harry ein Gedanke wie ein Blitz: „Sich nützlich machen! Wäre das nicht *die* Gelegenheit? Im Grunde habe ich nur immer versucht, einen Job zu finden, aber eigentlich nicht, mich nützlich zu machen!"

Gedacht, getan – Harry läuft der Frau nach, hilft ihr dabei, den Handkarren zu schieben, indem er die Kisten, die vom Handkarren herunterzufallen drohen, zurechtrückt. Er ist einige Schritte hinter dem Karren hergegangen, da bleibt die alte Frau stehen und dankt Harry mit

Tränen in den Augen, denn sie ist gerührt von so viel Hilfsbereitschaft.

Sie haben gedacht, die Geschichte geht so weiter? Leider nein – es geschah ganz anders: Die alte Frau schickte Harry weg!

Warum? Uneigennützige Hilfsbereitschaft ist so ungefähr das Letzte, was wir von unseren Mitmenschen erwarten. Das ist traurig, aber wahr!

Harry lässt sich jedoch nicht abschütteln. Er kann die alte Frau beruhigen, indem er ihr versichert: „Ich habe denselben Weg, und ich möchte mich nur nützlich machen!" Widerwillig lässt sich die alte Frau dazu bewegen, sich von Harry begleiten zu lassen. Die beiden kommen schließlich zu einem Lagerhaus, wo Harry hilft, die Kisten abzuladen.

Im Lagerhaus sieht Harry, wie Arbeiter damit beschäftigt sind, Eisenbahnwaggons zu beladen. Als er bemerkt, dass einer der Arbeiter Mühe hat, mit einer schweren Kiste zurechtzukommen, legt er, immer getreu dem Ratschlag des jungen, eleganten und gut gekleideten Geschäftsmannes, ebenfalls Hand an und hilft dabei, die Waggons zu beladen. Es dauert nicht lange, bis ein Vorarbeiter vorbei kommt. Er entdeckt das neue Gesicht unter den Arbeitern und schickt Harry weg: „Wir haben Sie nicht gerufen. Machen Sie, dass Sie fortkommen!"

Er sieht Harry noch kurz ins Gesicht und fragt, von einer kurzen menschlichen Regung erfasst: „Wie lange haben Sie hier denn schon geholfen? Nun, so sind wir auch wieder nicht! Kommen Sie mit mir an die Kasse, und wir bezahlen Ihnen den Lohn, den Sie verdient haben. Dann aber verschwinden Sie! Wir haben keine Arbeit für Sie!"

Nachdenklich und einigermaßen erstaunt über die Erfahrungen, die er da gesammelt hat, geht Harry nach Hause. Er hat schon lange nicht mehr so viel Geld in der Tasche gehabt. Das Prinzip, sich nützlich zu machen, hat sich wenigstens fürs Erste bewährt.

Am anderen Tag erwacht Harry recht unternehmungslustig und überlegt, wie er dieses bewährte Prinzip auch weiterhin anwenden kann. Es fällt ihm nichts Besseres ein, als erneut den Weg zu jenem Lagerhaus einzuschlagen, um zu sehen, ob eventuell wieder Eisenbahnwaggons beladen werden. Er muss aber feststellen, dass dies nicht der Fall ist.

> In den kommenden Wochen geht er jeden Tag zu diesem Lagerhaus, um gelegentlich, wenigstens für ein paar Stunden, doch auszuhelfen. Eines Tages kommt der Vorarbeiter auf ihn zu und erzählt ihm, dass einer der älteren Arbeiter gestorben sei: „Wenn Sie wollen, haben wir einen Job für Sie." Harry sagt begeistert zu. Auch als Arbeiter versucht er nach dem bewährten Prinzip zu leben und erreicht den Erfolg, den er sich immer gewünscht hat.

Und die Moral von der Geschichte? Machen wir uns nützlich, bevor wir darum gebeten werden. Mark Twain sagte: „Lauf nicht herum und behaupte, die Welt schulde dir den Lebensunterhalt. Sie ist dir nichts schuldig. Sie war zuerst da!" Es ist gewiss auch schon eine Leistung, einwandfrei das zu erledigen, was von uns erwartet wird – unsere Kunden zufrieden zu stellen. Aber darüber hinaus unter allen Umständen und zu jeder Zeit nützlich zu sein – unsere Kunden zu begeistern – ist eine Kraft, die Eisberge schmelzen lässt, die Vulkane löscht und Berge versetzt!

Kundendaten – die Basis jedes individualisierten Service

Kunden- bzw. Vertriebsdatenbanken, CRM-Systeme und andere moderne Informationstechniken helfen, die Kundenkommunkation besser auf die individuellen Bedürfnisse und Erwartungen der Kunden abzustimmen: Ein hoher Individualisierungsgrad im Service reicht nahe an das Ideal des One-to-One-Marketing: völlig auf den einzelnen Kunden zugeschnittene Dienstleistungen rund um das Produkt.

Um den Kontakt zu Ihren Kunden in der Nachverkaufsphase noch besser zu pflegen, ist es wichtig, dass Sie schnell alle Informationen über den Kunden und Details aus vergangenen Gesprächen abrufbereit haben. Die Kundendatenbank muss permanent aktiv und intensiv gepflegt werden, damit die in ihr enthaltenen Daten immer auf dem neuesten Stand sind. Die Kundendatenbank leistet Ihnen eine gute Hilfe auch für den Fall, dass ein potenzieller Neukunde aufgrund einer Empfehlung eines Ihrer Stammkunden von sich aus auf Sie zugeht. Sie blamieren sich, wenn Sie den Namen des Empfehlers nicht gleich einordnen können oder gar direkt bei Ihrem neuen Interessenten nachfragen, wie Tina Farblos und Olaf Grauemaus es tun: „Wer genau hat mich noch mal empfohlen?" Das würde die positive Wirkung der Empfehlung bei diesem potenziellen Neukunden gleich wieder zunichte machen. Sollte Ihr Kunde Ihnen sagen, ohne einen

Namen zu nennen, dass Sie ihm empfohlen wurden, ist es natürlich wichtig, nach dem Namen des Empfehlungsgebers zu fragen, um sich auch später bei diesem zu bedanken. Ein schneller Blick in die Kundendatenbank sichert Sie ab – vor allem wenn Sie ein paar persönliche Hinweise vorfinden, zum Beispiel über den letzten Kauf des Empfehlers: „Hat Herr Schulz Ihnen schon erzählt, wie zufrieden er mit seinem neuen Sparplan ist? Mensch, das find' ich klasse, dass er uns weiterempfohlen hat!" Ihr Neukunde spürt sofort: Auch er wird bei Ihnen individuell wahrgenommen und serviceorientiert behandelt.

Ideen für Kundenbindungsmaßnahmen

▶ Versand von persönlichen Mails, die auf spezielle Bedürfnisse des jeweiligen Kunden abgestimmt sind – wirklich Erfolg versprechend sind nur diejenigen, die nachgefasst werden und „kussig" sind: kurz und sehr simpel!

▶ kontinuierliche Kundeninformation über Neuheiten, Weiterentwicklungen, besondere Aktionen – was der Kunde nicht kennt, kann er auch nicht nachfragen!

▶ Aufnahme des Kunden in den Verteiler für Telefonaktionen, zum Beispiel zu Zusatzangeboten

▶ Bereitstellung elektronischer Verkaufshilfen (Newsletter etc.)

▶ Informationsveranstaltungen wie Kundenseminare zu neuen Produkten/Verfahren, Kundenkongresse

▶ Events wie Jubiläen, Tage der offenen Tür, Hausmessen

▶ Kundenclubs (Geselligkeit, Sport, Fitness, Reisen etc.), VIP-Kunden, Vorzugskonditionen

▶ Kundenstammtische zu aktuellen Produkt- und Servicethemen

▶ Usergroups im Internet: Erfahrungsaustausch zum Unternehmen, seinen Produkten, Services etc.

Switchen Sie in Ihrer After-Sales-Kundenkommunikation flexibel zwischen beruflicher und persönlicher Kundenansprache. Haben Sie stets die Frage im Hinterkopf, was Sie Ihren Kunden zusätzlich bieten können, um ihnen ihren Job zu erleichtern: Wie kann ich als Verkäufer die brennenden Probleme meines Kunden am besten lösen? Welchen zusätzlichen Mehrwert für meinen Kunden kann ich entwickeln, der meine Marktmitspieler aussticht? Was kann ich tun, um meinem Kunden mehr Umsatz und bessere Erträge zu ermöglichen und dies im Cross- und Upselling auch für mein Unternehmen und mich selbst zu erreichen? Ihr Ziel sollte es stets sein, alle Maßnahmen zugunsten Ihres Kunden zu ergreifen, um für diesen und letztlich auch für Ihr eigenes Unternehmen und Sie selbst mehr Verkaufserfolg zu schaffen.

Mehrwert durch Networking

Haben Sie schon mal einen Immobilienmakler gesehen, der sich nach der Überreichung des Schecks für seine Provision noch einmal bei seinem Kunden gemeldet hat und ihn mit einem Besuch im neuen Heim überrascht hat? Nein?! Dann stellen Sie sich doch mal den neuen Hardseller als Immobilienmakler vor:

Er verkauft einem Kunden ein großes und gut geschnittenes Haus, das auf einem traumhaften Grundstück liegt – ruhige Lage am Stadtrand, gute Verkehrsanbindung, große Garage, Terrasse, Swimmingpool, alter Baumbestand etc. Kurz: ein echter Glücksgriff. Der Kunde ist Feuer und Flamme, allein die Innenausstattung des Hauses und der verwilderte Garten bereiten ihm ein wenig Kopfzerbrechen: Das Haus stammt aus den 1970er Jahren und der Vorbesitzer hatte sich auch schon länger nicht mehr um die Außenanlagen gekümmert. Das Bad grünbraun gekachelt, die Küche in schickem Orange, dunkel gebeizte Kassettendecken etc. – das volle 70er-Programm eben. Statt sich also nach dem Verkauf sofort auf Nimmerwiedersehen aus dem Staub zu machen und seinen Kunden mit dessen Kopfschmerzen allein zu lassen, nutzt der neue Hardseller seine Kontakte zu vorverhandelten Handwerkern und Dienstleistern: Innenarchitekten, Fliesenleger, Landschaftsgärtner, Sanitärinstallateure, Küchenstudios etc.

Sein Kunde ist begeistert, schließlich ist er erst vor kurzem in die Stadt gezogen und hat wegen seines Jobs kaum Zeit, sich selbst um die notwendigen Renovierungsarbeiten zu kümmern ... So werden Kunden zu echten Fans und aktiven Empfehlern!

Nutzen Sie jede Gelegenheit, Ihren Kunden auf einer persönlichen Ebene zu begegnen: Feiert Ihr Kunde ein Unternehmensjubiläum, überraschen Sie ihn mit einem Gratulationbesuch. Steht sein Geburtstag an, beweisen Sie mit einer kleinen Aufmerksamkeit, dass Sie an ihn gedacht haben. Lesen Sie zufällig einen Zeitungsartikel über das Unternehmen Ihres Kunden, über seine Branche ganz allgemein, schneiden Sie diesen aus und senden ihn mit dem Zusatz „Für Sie gelesen" an Ihren Kunden.

Wichtig: Ihr Kunde muss das Gefühl haben, dass diese Aufmerksamkeiten von Herzen kommen und Sie ihn nicht wegen des nächsten Auftrags becircen oder gar bestechen wollen. Auch hier gilt wie für den gesamtem Verkaufsprozess: Verkaufen ist ein emotionaler Vorgang!

> **Expertentipp**
>
> Vorträge, Seminare oder andere Veranstaltungen, die nichts direkt dem Verkauf Ihres Produkts bzw. Ihrer Dienstleistung zu tun haben, schaffen einen echten Mehrwert für Ihre Kunden oder Geschäftspartner!
>
> Beispiel:
>
> Einer meiner langjährigen Geschäftspartner ist als Bauträger im Privatkundensegment tätig. Er bietet seinen Kunden und Interessenten Vortragsreihen zu den verschiedensten Themen rund ums Bauen an, zum Beispiel Feng Shui, Erb- und Schenkrecht, Raumausstattung, Gartengestaltung etc. Diese Veranstaltungen sind reine Kundenbindungsmaßnahmen, die ihm zwar keinen unmittelbaren Vorteil hinsichtlich des Verkaufs seiner Wohnungen und Häuser verschaffen, aber bei seinen Kunden und Interessenten einen enorm positiven und nachhaltigen Eindruck hinterlassen: „Schau mal, was die alles für uns tun!"
>
> Einige Hersteller haben mittlerweile sogar eigene Akademien mit Seminaren für ihre Wiederverkäufer geschaffen. So bieten zum Beispiel Unternehmen im Tür- und Fensterbau „ihren" Handwerkern Verkaufstrainings an, ebenso wie Dachziegelhersteller „ihren" Dachdeckern etc.
>
> Denken Sie doch einmal darüber nach, was Sie Ihren Kunden als besonderen Mehrwert-Service anbieten können! Entscheidend ist, dass Sie, wenn Sie solche Veranstaltungen aufziehen (lassen), auch bei diesen Veranstaltungen dabei sind, um Ihren Kunden persönlich zu begrüßen – um diesen Mehrwert für Ihren Kunden ganz persönlich zu gestalten, ihn mit Ihrer Person zu verknüpfen!

Gelassenheit hilft: Der souveräne Umgang mit Reklamationen

In Unternehmen, die konsequente Kundenorientierung auf ihre Fahnen geschrieben haben, hat sich die positive Wirkung eines professionellen Reklamationsmanagements für Kundenbindung und Kundenbegeisterung schon längst herumgesprochen.

Versuchen auch Sie, in reklamierenden Kunden nicht etwa lästige Störenfriede, sondern einen wichtigen Umsatzfaktor zu sehen, denn diese Kunden geben durch ihre Reklamation zu verstehen, dass sie noch etwas mit Ihrem Unternehmen zu tun haben wollen – denn sie könnten ja schon längst beim Wettbewerber sein! Reklamierende Kunden geben Ihnen und Ihrem Unternehmen Hinweise auf verbesserungsfähige Unternehmensbereiche, Produkteigenschaften etc. Haben Sie eine Reklamation zur Zufriedenheit des reklamierenden Kunden gelöst, dann haben Sie einen besonders treuen und begeisterten Kunden gewonnen!

Warum ist das so? Ganz einfach: Unsere Kunden empfinden die unprofessionelle Abwicklung einer Reklamation meistens als weitaus ärgerlicher als den Fehler, der zur Reklamation geführt hat.

Unzufriedene Kunden stellen ein großes Gefahrenpotenzial für die Reputation eines Unternehmens dar. Sie geben ihre schlechten Erfahrungen weiter und wirken auf diese Weise als Multiplikatoren schädlicher Negativpropaganda, die Kundenverluste nach sich zieht. Nach einer Studie der University of California verzichten 95 Prozent aller Kunden auf eine Reklamation und wechseln kommentarlos den Anbieter. Ein Kunde, der nicht reklamiert, ist deshalb noch lange kein zufriedener Kunde. Eine geringe Reklamationsquote beweist weder eine fehlerfreie Servicequalität noch große Kundenzufriedenheit!

Denn nur fünf Prozent aller Kunden beschweren sich nach der genannten Studie überhaupt. Wenn also ein Kunde eine Reklamation tätigt, ist er bereit, mit Ihnen und Ihrem Unternehmen zu kommunizieren. Sehen Sie es so: Er macht sich die Mühe, nimmt Zeit- und eventuell finanziellen Aufwand in Kauf, um mit Ihnen über seinen Ärger zu sprechen. Er sagt Ihnen zwischen den Zeilen: Im Grunde mag ich euch noch, aber hier brauche ich eure Hilfe! Er gibt Ihnen damit die Chance, ihn wieder zu einem zufriedenen Kunden zu machen!

Ihre Aufgabe als Verkäufer ist es, eine Reklamation im Sinne Ihres Kunden und Ihres Unternehmens zu lösen, auch wenn Sie keine Verantwortung für eventuelle technische Schwierigkeiten tragen. Begegnen Sie dem Ärger des Kunden aktiv, lassen Sie ihn nicht einfach verblassen! Verblasster Zorn kann schnell wieder ganz scharf werden – spätestens, wenn die nächste Reklamation dieses Kunden ansteht, wird sein aufgestauter Ärger zum einseitigen Abbruch der Geschäftsbeziehungen führen!

Wie reagieren unzufriedene Kunden?

Jeder von uns hat seine eigene, hauptsächlich emotional geprägte Wahrnehmung der Welt. Nicht, wie die Dinge wirklich sind, sondern was sie in unserer Vorstellung sind, macht uns zufrieden – oder eben unzufrieden. Das gilt insbesondere dann, wenn Sie die Erwartungen Ihres Kunden nicht erfüllen: Was in Ihren Augen eine Kleinigkeit ist, kann zu großem Ärger bei Ihrem Kunden führen – und das lässt er Sie spüren:

▶ Er wird laut, vergreift sich im Ton und in der Wortwahl und übertreibt;
▶ er ist misstrauisch, seine Reaktionen sind rein emotional geprägt;
▶ er ist stur und beharrt auf seinem Standpunkt;
▶ er reagiert empfindlich auf Widerspruch und Rechtfertigung oder darauf, dass Sie die Schuld für den Fehler auf einen Dritten schieben wollen; und
▶ er erinnert uns an Fehler in der Vergangenheit.

Was erwarten unzufriedene Kunden?

Mit diesen Reaktionen signalisiert Ihr reklamierender Kunde gleich eine ganze Reihe von Erwartungshaltungen an Sie: Er erwartet

▶ in erster Linie, dass er direkt mit *Ihnen* spricht, denn Tina Farblos und Olaf Grauemaus geben ihn direkt an die Reklamationsabteilung weiter – und für den alten Hardseller sind Reklamationen ohnehin ein Fremdwort;
▶ wie jeder Kunde grundsätzlich Freundlichkeit von Ihrer Seite – auch wenn Ihnen das angesichts des (verständlichen!) Ärgers in seiner Stimme schwer fällt, weil Sie sich angegriffen fühlen;
▶ viel Verständnis und eine bevorzugte Behandlung, schließlich ist er durch Sie/Ihr Unternehmen erst in diese Situation geraten;
▶ ernst genommen zu werden – aktives Hinhören ist dabei ganz besonders wichtig;
▶ eine schnelle und positive Erledigung seiner Reklamation;

- eine Wiedergutmachung für die entstandenen Unannehmlichkeiten;
- die Einhaltung gemachter Versprechen;
- eine Entschuldigung; und
- Maßnahmen, durch die solche Situationen in Zukunft vermieden werden.

Viele Durchschnittsverkäufer und alte Hardseller reagieren auf die personenbezogene „Kritik" mit Gegenangriffen und anderen Fehlern, wie sie in folgenden Beispielen dargestellt sind:

Fehler im Umgang mit Reklamationen	Negative Formulierungen
Zweifel an der Reklamation äußern	• „Das kann ich mir nicht vorstellen!" • „Das ist noch nie passiert!"
Rechtfertigung/anderen die Schuld geben	• „Ich bin dafür nicht zuständig!" • „Das sind die Spediteure!" • „Wir sind nur der Händler!" • „Kollege kommt gleich!"
Voreilig zur Sache kommen	• „Ich kann Ihnen gleich sagen ..." • „Wie lautet Ihre Auftragsnummer?"
Den Kunden beruhigen wollen	• „Nun regen Sie ich mal nicht so auf!" • „Beruhigen Sie sich doch erst mal!" • „Nun mal langsam!"
Den Kunden belehren	• „Sie müssen ..." • „Sie haben die Bedienungsanleitung falsch verstanden." • „Das hätten Sie früher bestellen müssen!"
Direkter Widerspruch	• „Nein, das kann nicht sein!" • „Das ist unmöglich!"
Langwierig den eigenen Fehler erklären wollen	• „Das liegt daran, dass die Ware über Holland und dann nach Belgien transportiert wird und wenn dann noch die Zöllner streiken ..."
Die Reklamation herunterspielen	• „Das geht Ihnen nicht alleine so!" • „Das ist doch nicht so schlimm."

Diese Reaktionen sind zwar zum Teil menschlich verständlich, doch sie bringen nichts außer Verärgerung auf beiden Seiten und möglicherweise den Verlust des Kunden. Auf den folgenden Seiten erfahren Sie, wie Sie beim neuen Hardselling professionell mit Reklamationen umgehen. Nehmen Sie auch solche an, für die Sie nicht verantwortlich sind, denn in den Augen Ihrer Kunden bleiben Sie immer der erste und wichtigste Ansprechpartner im Unternehmen.

Was tun bei unberechtigten Reklamationen?

Grundsätzlich müssen Sie alle Reklamationen ernst nehmen. Hinter jeder Reklamation steht ein Motiv des Reklamierenden – und sei es auch „nur ein Missverständnis". Bei den meisten Reklamationen handelt es sich um echte Reklamationen, die Sie schnell und im Sinne Ihres Kunden bearbeiten. Der entscheidende Grundsatz des professionellen Reklamationsmanagements lautet: Schnelles Reagieren und Handeln auf Reklamationen und Beschwerden kann Stammkunden halten und neue Kunden hinzugewinnen!.

Erledigen Sie eine unberechtigte Reklamation genauso schnell wie eine berechtigte: Selbst wenn Sie sofort erkennen, dass die Reklamation Ihres Kunden unberechtigt ist, sollten Sie zunächst einmal mit Verständnis reagieren, denn: Je länger Sie warten, desto größer ist der „emotionale Gegenwind" des Kunden – dieser könnte bei längerem Zögern den Eindruck bekommen, sein Anspruch sei doch berechtigt.

Gehen Sie bei offensichtlich unberechtigten Reklamationen mit besonders viel Einfühlungsvermögen und Diplomatie vor: Selbst bei einem „echten" Missverständnis mag es der reklamierende Kunden gar nicht, wenn ihm das Gegenteil ganz deutlich bewiesen wird – er will nicht „das Gesicht verlieren". Auch Kunden, deren Täuschungsmanöver Sie schnell durchschauen, sollten Sie mit viel Taktgefühl behandeln, denn solche Kunden werden ihren vermeintlichen Anspruch nicht ohne Kampf aufgeben.

Beweisen Sie bei Kunden, die schon einmal schlechte Erfahrungen gemacht haben, ebensoviel Fingerspitzengefühl: Kunden, die bereits schlechte Erfahrungen mit Ihrem Unternehmen gemacht haben, sind besonders skeptisch und kritisch und neigen zu Überreaktionen. Sie bauen Vertrauen (wieder) auf, indem Sie sich in einer solchen Situation auch einer unberechtigten Reklamation annehmen und sie mit großer Geduld auflösen.

Bleiben Sie auch bei notorischen Rechthabern konsequent: Die meisten Kunden lassen sich bei entsprechend diplomatischem Vorgehen davon überzeugen, dass ihre unberechtigte Reklamation auch wirklich keinen realen Hintergrund hat. Aber es gibt eine kleine Minderheit von Kunden, für die feststeht, dass sie auch aus unberechtigten Reklamationen heraus Ansprüche erheben können, weil sie sich grundsätzlich im Recht fühlen. Es verlangt viel Geduld und Stehvermögen, mit diesen Kunden zu verhandeln. Behalten Sie in dieser Situation Ihre Nerven und Emotionen im Zaum. Bleiben Sie in der Sache hart, vermeiden Sie aber in Ihren Äußerungen jegliche Konfrontation, indem Sie Pluspunkte über Ihren Gesprächspartner sammeln und „softe" Formulierungen wählen.

Schritt für Schritt zur erfolgreichen Reklamationsbearbeitung

Aus den Erwartungshaltungen Ihrer Kunden können Sie sofort einige entscheidende Verhaltensweisen für die konkrete Reklamationssituation und -bearbeitung ableiten:

Hören Sie aktiv und konzentriert hin: Die ersten fünf Sekunden des Reklamationsgespräches entscheiden über dessen Verlauf. Deshalb ist es jetzt besonders wichtig, den Kunden erst einmal sprechen zu lassen, damit er seinen Ärger loswird: Hören Sie nicht nur aktiv und konzentriert hin, sondern machen Sie sich auch Notizen, um alle Details der Reklamation zu erfassen und später gezielte Fragen zu formulieren. Mit Hinhörlauten („Auch das noch ...", „ja", „oh je", „mhm" etc.) unterstreichen Sie, dass Sie sich ernsthaft für Ihren Kunden und dessen Anliegen interessieren.

Lassen Sie Ihren Kunden aussprechen: Unterbrechen Sie Ihren Kunden nicht, denn sonst beginnt dieser in seinem Ärger mit seiner Reklamations(vor-)geschichte wieder ganz von vorn – auf diese Weise erfahren Sie aber inhaltlich nichts Neues und verlieren kostbare Zeit, die Sie lieber in die eigentliche Reklamationsbearbeitung investieren und damit Ihren Kunden schneller besänftigen.

Zeigen Sie Verständnis für den Ärger Ihres Kunden und lösen Sie so den emotionalen Knoten im Gespräch: Erst wenn die emotionale Ebene zwischen Ihnen und Ihrem reklamierenden Kunden frei von möglichen Konflikten ist, dann erst ist es Ihnen überhaupt möglich, rational zu argumentieren, das heißt, ein sachliches Gespräch zur Lösung des Kundenanliegens zu führen, das beiden Seiten gerecht wird. Nehmen Sie die Reklamation Ihres Kunden wirklich ernst und signalisieren Sie Verständnis und Bedauern für dessen Ärger, damit dieser „Dampf ablassen" kann. Hat sich Ihr Kunde dann beruhigt, filtern Sie sozusagen die reinen Fakten aus den Emotionen des Kunden heraus. Entschuldigen Sie sich mit einer Formulierung wie „Es tut mir leid, dass Sie solche Unannehmlichkeiten hatten!" für den Ärger, den der Kunde durch das fehlerhafte Produkt hatte – damit erkennen Sie aber nur die Tatsache an, dass etwas nicht so läuft, wie es sich der Kunde wünscht. Entschuldigen Sie sich hingegen nicht für einen Fehler auf Ihrer Seite, solange die Sachlage noch nicht endgültig geklärt und fest steht, dass die Reklamation Ihres Kunden inhaltlich gerechtfertig ist.

Achten Sie auf Ihre „Selbstgespräche" und Formulierungen: Selbstverständlich spiegelt sich Ihr Verständnis für Ihren Kunden und dessen Ärger auch in Ihren Äußerungen wider. Formulierungen von Durchschnittsverkäufern und alten Hardsellern wie „Sie müssen erst mal ... !", „Aber Sie sollten ...", „Das kann aber nicht sein!" oder auch nur „Ja, aber ..." enthüllen, was Sie eigentlich denken: „Was für eine Unverschämtheit, mich so anzublaffen!" So entfachen Sie erst richtig die Weißglut Ihres Kunden zu einem „Höllenfeuer". Ihre innere Haltung ist also entscheidend dafür, dass Sie dem (verständlichen!) Ärger Ihres Kunden mit Gelassenheit begegnen – das spart Ihnen und Ihrem Gesprächspartner eine Menge Zeit und Nerven! Bleiben Sie ruhig und freundlich, selbst wenn der Kunde unhöflich ist und sich aggressiv verhält: „Herr Kunde, ich verstehe, was Sie sagen ..." Manche Kunden bringen eine Reklamation nicht im sachlichen Ton vor, sondern brüllen den Verkäufer an. Ignorieren Sie maßlose Übertreibungen Ihres Kunden und versuchen Sie, die Lage sachlich darzustellen. Halten Sie es dabei mit Friedrich Nietzsche: „Man widerspricht oft einer Meinung, während uns eigentlich nur der Ton, mit dem sie vorgebracht wurde, unsympathisch ist."

Erfassen Sie den Sachverhalt genau: Stellen Sie offene Fragen, um den Reklamationsgrund Ihres Kunden genau zu qualifizieren. Damit signalisieren Sie Ihrem Kunden, wie wichtig Ihnen dessen Reklamation ist. Ihre Notizen verwenden Sie nicht nur dazu, den Sachverhalt genau zu erfassen, sondern durch ihre Wiederholung zeigen Sie Ihrem Kunden auch: „Ich nehme dich ernst!" So wird der Ärger des Kunden schneller verfliegen, da er sich gut betreut fühlt.

Erarbeiten Sie gemeinsam mit dem Kunden eine Lösung: Mit Alternativvorschlägen geben Sie dem reklamierenden Kunden das Gefühl, dass dieser wählen kann – so holen Sie ihn aus der leidenden Position heraus und geben ihm eine aktive, mitentscheidende Rolle. Darüber hinaus legen Sie zusammen mit Ihrem Kunden die nächsten Schritte, Maßnahmen und den dafür vorgesehenen Zeitraum fest, um ihm das Gefühl zu nehmen, die Situation nicht unter Kontrolle zu haben. Wichtig: Versprechen Sie nichts, was Sie nicht hundertprozentig halten können!

Stellen Sie fest, dass der reklamierte Fehler tatsächlich auf der Seite Ihres Unternehmens liegt, geben Sie diesen Fehler zu und entschuldigen Sie sich aufrichtig, denn: Wer oder was genau für den Fehler zuständig ist, interessiert den Kunden nicht, denn er betrachtet Sie als Repräsentanten des gesamten Unternehmens. Verkneifen Sie sich allerdings einen sichtbaren Triumph, wenn das Reklamationsgespräch ergibt, dass das Verschulden eindeutig beim Kunden liegt. Bleiben Sie sachlich und verabschieden Sie sich freundlich-erleichtert: „Ich bin froh, dass wir den Fall gemeinsam für Sie geklärt haben."

Bedanken Sie sich: Bedanken Sie sich beim reklamierenden Kunden für die Chance, die er Ihnen bietet, das Thema zu bereinigen, und dafür, dass er Ihnen überhaupt ein Feedback gegeben hat – nur so verbessern Ihr Unternehmen und Sie selbst Ihren Service. In dieser Situation ist ein Dankeschön wichtig und richtig!

Kümmern Sie sich persönlich um die Erledigung der Reklamation: Stoßen Sie die sorgfältige Bearbeitung im Sinne des Kunden sofort an und sichern Sie diesem zu, noch andere Ansprechpartner, falls notwendig, mit einzubeziehen, um den Fall zu seiner Zufriedenheit zu lösen. Natürlich „überwachen" Sie die Erledigung der Reklamation, schließlich haben Sie ja die Verantwortung dafür übernommen und Ihrem Kunden ein Versprechen gegeben.

Schließlich überraschen Sie Ihren Kunden mit einer schnellen Erledigung der Reklamationn, unter Umständen auch mit einem kleinen Geschenk, zum Beispiel Wein, einem Blumenstrauß, Pralinen etc.

Bei dieser Gelegenheit überprüfen Sie auch das Ergebnis der Reklamationsbehandlung und stellen fest, ob sie zur Zufriedenheit des Kunden verlaufen ist. Trifft dies zu, besitzen Sie als cleverer Verkäufer das Geschick, direkt einen neuen Auftrag zu verhandeln!

> **Expertentipp**
>
> Wie schaffen Sie es, Ihren Kunden wirklich zu verblüffen? Antwort: Sie rufen ihn 14 Tage nach der erfolgreich bearbeiteten Reklamation an und fragen noch einmal, ob auch wirklich alles in Ordnung ist. Was glauben Sie, wie überrascht und erfreut Ihr Kunde über so viel Aufmerksamkeit ist? Im Übrigen ist diese positive Gesprächssituation eine hervorragende Gelegenheit, nach Empfehlungen zu fragen ... mehr auf den nächsten Seiten!

Empfehlungen: Die elegante Art der Neukundengewinnung

Kennen Sie ein motivierenderes Kompliment eines Kunden für einen Verkäufer als eine Empfehlung? Doch noch immer nutzen viel zu wenige Verkäufer aktiv die effektivste Art der Neukundenakquise: Sie ist nicht nur im Vergleich zu den anderen „klassischen" Akquiseinstrumenten die preisgünstigste Strategie der Neukundengewinnung, sondern auch die Erfolg versprechendste – eine Empfehlung ist wie ein roter Teppich, der Sie direkt in das Büro des Empfohlenen, Ihres potenziellen Neukunden, führt. Sie haben einen großen Vertrauensvorschuss, weil sich Ihr Gesprächspartner sagt: „Wenn mein Kollege diesen Verkäufer und dessen Produkte empfiehlt, kann ich mich eigentlich darauf verlassen ..." Keine Marketing-, Werbe- oder PR-Maßnahme wird jemals auch nur annähernd so positiv von diesem potenziellen Neukunden beurteilt werden wie eine Empfehlung. Begeisterte Stammkunden sind die günstigste und wirksamste Werbeinvestition überhaupt, denn empfohlene Kunden haben von Anfang an eine stärkere Bindung an den Verkäufer und dessen Unternehmen, als das mit den üblichen Werbemitteln und -formen erreicht werden kann. Wann haben Sie Ihre Stammkunden das letzte Mal aktiv nach einer persönlichen Empfehlung gefragt?

Die Empfehlungsfrage funktioniert nicht nur bei langjährigen Kunden und muss nicht erst nach einem erfolgreichen Abschluss gestellt werden. Mein Tipp für ganz Mutige: Fragen Sie doch einfach direkt zu Anfang des Gesprächs! Aber dazu später mehr ...

Tina Farblos und Olaf Grauemaus stellen, wenn überhaupt, die Empfehlungsfrage eher beiläufig, so, als wäre sie ihnen unangenehm – und diese Unsicherheit spürt ihr Kunde natürlich auch: „Herr Kunde, sollte Ihnen irgendwann mal jemand über den Weg laufen, für den unser Produkt/ unsere Dienstleistung interessant sein könnte, dann rufen Sie mich kurz an, ja?"

> **So macht's der *alte* Hardseller**
>
> „Herr Kunde, kommen wir jetzt zu meiner Bezahlung. Ich sagte ja bereits eingangs unseres Gesprächs, dass ich kein Geld für die heutige Beratung und Analyse verlange, sondern unser Prinzip ist das der Empfehlung. Bitte nennen Sie mir drei Geschäftsfreunde oder Unternehmen, für die unser Produkt interessant ist."

Diese Methode, dem Gesprächspartner die Zahl der Empfohlenen vorzugeben, wird auch heute noch in einigen Branchen praktiziert. Sie gehen als neuer Hardseller jedoch weitaus geschickter vor:

Neuer Hardseller: „Herr Kunde, wir sind eben gemeinsam eine Partnerschaft eingegangen. Habe ich jetzt eine persönliche Frage frei?"

Ihr Kunde wird jetzt meist mit Ja antworten, sonst hätte er ja nicht gerade bei Ihnen gekauft!

Neuer Hardseller: „Herr Kunde, was sind die Hauptgründe, dass Sie sich hier und heute für unser Unternehmen und mich als Partner entschieden haben?"

Mit größter Wahrscheinlichkeit wird Ihr Kunde nicht den Preis als Argument nennen – vielmehr stellt er meist die Dinge in den Mittelpunkt, bei denen Sie sich gegenüber Ihren Wettbewerbern in der Beratung, Präsentation und Verhandlungsführung entscheidend abgesetzt haben – der Preis ist, wenn überhaupt, nur ein Faktor unter vielen! An dieser Stelle bekommen Sie zusätzlich Feedback, was Sie in den Augen Ihrer Kunden als Verkäufer auszeichnet.

Neuer Hardseller: „Herr Kunde, für welche Ihrer Geschäftsfreunde, Kollegen oder Lieferanten ist unser Produkt ebenso interessant?"

Weil Sie ihn ja während des Verkaufsprozesses für Ihr Angebot, Ihr Unternehmen und sich selbst begeistert haben, wird er Ihnen jetzt gern gleich mehrere Namen nennen! Entscheidend ist, dass die Empfehlungsfrage ganz selbstverständlich erscheint – die Empfehlung Ihres Kunden ist nicht etwa eine Gunstbezeugung, wegen der Sie vor Dankbarkeit in die Knie gehen!

Setzen Sie jetzt nach, denn Namen sind zunächst einmal nur Namen. Weiterführende Qualifizierungsfragen sind sinnvoll, um mehr Hintergrundinformationen über die empfohlenen Geschäftspartner, Kollegen, Bekannten und Freunde in Erfahrung zu bringen. Besprechen Sie also nun mit Ihrem Kunden das weitere Vorgehen bei der Akquise der empfohlenen Geschäftspartner, Kollegen, Lieferanten, Bekannten etc. So erfahren Sie wichtige Hintergrundinformationen, die Tina Farblos und Olaf Grauemaus auch durch noch so intensive Recherchen nie herausbekommen hätten, denn Ihr Gesprächspartner kennt die von ihm Empfohlenen, ihr Standing im Unternehmen und vor allem ihre persönlichen Vorlieben, Wünsche und Kaufmotive besser – das ist fast die „Pole Position" in der Neukundenakquise!

Beim professionellen Einsatz dieses Empfehlungsinstrumentes wird Ihr Kunde von selbst sagen, dass er Ihren Anruf bei seinem Geschäftspartner, Kollegen etc. avisiert. Falls er dies wider Erwarten nicht tut, fragen Sie einfach danach: „Sind Sie so gut und rufen Herrn ... an, dass ich mich in den nächsten Tagen bei ihm melde?" Achten Sie sehr genau darauf, dass Sie mit Ihrem Gesprächspartner eine klare Zielvereinbarung treffen, bis wann dieser Sie beim Empfohlenen „vorverkauft" hat.

Expertentipp

Ganz mutige Verkäufer haken noch weiter nach: „Herr Kunde, haben wir die Möglichkeit, Herrn ... sofort anzurufen?" Dabei schauen sie ihren Gesprächspartner ruhig, freundlich und schweigend an (denken Sie an die Macht des Schweigens! siehe Seite 254 ff.). Haben Sie Ihren Kunden zum Abschluss geführt, wird es Ihnen ebenso gelingen, ihn zum Hörer greifen zu lassen und zu Ihrem aktiven Akquisiteur zu machen!

Bleiben Sie hartnäckig dran, geben Sie nicht gleich auf, auch wenn's mit der Empfehlung nicht sofort beim ersten Kunden klappt – Erfolg geschieht nicht, Erfolg wird geplant!

Haben Sie trotz langfristiger und damit erfolgreicher Geschäftsbeziehungen zu einem ganz bestimmten Kunden noch keine Empfehlungen erhalten, habe ich noch ein „Schmankerl" für Sie, mit dem Sie bei Ihren guten Kunden immer wieder punkten und so aufs Siegertreppchen steigen: Lobt Ihr Kunde Sie zum wiederholten Male und betont, wie zufrieden er doch mit Ihrem Produkt und Ihrer Betreuung ist, dann sagen Sie mit gespielter Enttäuschung, aber mit einem Lächeln auf den Lippen:

Neuer Hardseller: „Herr Kunde, ich glaube Ihnen kein Wort!"

Kunde: „Wieso?"

Neuer Hardseller: „Herr Kunde, wenn Sie wirklich so zufrieden wären, wie Sie sagen – aus welchem Grund habe ich dann bisher noch nie eine Empfehlung von Ihnen bekommen? Denn Sie wissen ja: Das Empfehlungsgeschäft ist das schönste Geschäft!"

Ihr Kunde wird zunächst überrascht sein, dann aber auf diese kleine charmante „Frechheit" mit einem Lachen reagieren. Es funktioniert prima – viel Spaß beim Ausprobieren! Nutzen Sie diese Situation und machen Sie sofort weiter wie bereits beschrieben: „Herr Kunde, für welche Ihrer Geschäftsfreunde, Kollegen oder Lieferanten ist unser Produkt ebenso interessant?"

Empfehlungen immer und jederzeit ansprechen

Tina Farblos und Olaf Grauemaus hängen die Frage nach Empfehlungen meist ans Ende der Kundenbeziehung. Kaum hat der Kunde unterschrieben, fragen sie ängstlich und zögerlich nach Empfehlungen. Kommt dann die Antwort des Kunden „Da fällt mir gerade keiner ein" oder „Die haben alle schon einen Dienstleister", ziehen sie enttäuscht von dannen.

Als neuer Hardseller holen Sie sich das Commitment für die Empfehlungen schon an ganz anderer Stelle. Sie bauen die Fragen hierzu in die ersten Phasen der Kundenbeziehung ein und stellen eine verbindliche Zusage bereits im Vorfeld her.

So haben Sie schon früh die verbindliche Absprache, dass Sie bei Zufriedenheit Ihre Empfehlungen erhalten werden. Wenn Sie dann zu einem späteren Zeitpunkt darauf zurückkommen, fühlt sich Ihr Gegenüber nicht überrumpelt, sondern hält seine gemachte Zusage ein.

Wann ist der frühestmögliche Zeitpunkt, um nach der Empfehlung zu fragen? Antwort: Immer und jederzeit.

Neuer Hardseller: „Herr Kunde, wenn ich Sie davon überzeugen kann, dass unser Unternehmen und unsere Dienstleistungen/Produkte genau das Richtige für Sie sind und Sie einen wirklichen Nutzen davon haben, wollen Sie dann auch andere Geschäftspartner/Kollegen/Lieferanten davon profitieren lassen?"

Reaktion des Kunden:

1. Na, schauen wir mal!"
2. „Kommt drauf an."

Neuer Hardseller: „Herr Kunde, was genau wollen Sie schauen?"

Kunde: „Ob Sie mich wirklich überzeugen und ob ich wirklich einen Nutzen habe."

Neuer Hardseller: „Gesetzt den Fall, das ist so, dann ..." (Lässt die Frage in der Luft hängen ... zur hypothetischen Frage siehe auch S. 187)

Kunde: „Ja klar, dann mach ich das!"

Somit ist Ihre Empfehlungsfrage von Beginn an optimal vorbereitet! Und diese stellen Sie so:

Frage nach der Empfehlung:

Neuer Hardseller: „Herr Kunde, ich gratuliere Ihnen zu Ihrer Kaufentscheidung! Habe ich nun bei Ihnen eine persönliche Frage frei, Herr Kunde?"

Kunde lächelt und bejaht dies vermutlich.

Neuer Hardseller: „Herr Kunde, was waren die drei Hauptgründe, dass Sie sich hier und heute für mich, mein Unternehmen und meine Produkte entschieden haben?"

Wundern Sie sich bitte nicht, dass der Kunde jetzt nicht sagt, es waren die Preise und Konditionen. Bei dieser Frage erfahren Sie zusätzlich, was Ihre persönliche verkäuferische Fähigkeit auszeichnet und erhalten so das direkte Feedback Ihres Kunden, der es schließlich am besten beurteilen kann.

Kunde: „Es waren Ihr Leistungsniveau sowie die Dienstleistung und insbesondere Ihre freundliche Hartnäckigkeit und Ihr Einsatzwille!"

Neuer Hardseller: „Danke für das Kompliment. Was denken Sie? Welchem Ihrer Geschäftspartner möchten Sie auch gerne einmal eine Freude machen und somit einen Zusatznutzen verschaffen?"

1. Kunde: „Da fällt mir spontan keiner ein!"

Neuer Hardseller: „So geht es mir manchmal auch. Wem aus Ihrem privaten oder geschäftlichen Umfeld möchten Sie mal wieder etwas Gutes tun?"

oder:

„Mal angenommen, ein Geschäftspartner würde Sie nach einer solchen vorteilhaften Lösung fragen. Wer fällt Ihnen bei dieser Fragestellung als erstes ein?"

2. Kunde: „Darüber muss ich einmal nachdenken!"

Neuer Hardseller: „Haben Sie auf Messen bzw. auf Unternehmensveranstaltungen mit Geschäftspartnern gesprochen, die ähnliche Fragen wie Sie zu Anfang unseres Erstkontakts hatten?"

3. Kunde: „Spontan fallen mir drei Geschäftspartner ein!"

Neuer Hardseller: „Ich freue ich mich darauf, diese drei Geschäftspartner bald kennen zu lernen! Dann notiere ich es mir gleich. Wer ist der erste?"

In der Praxis hat es sich für unterschiedlichste Branchen bewährt, inhaltlich entsprechende Empfehlungskarten oder einen Vordruck zur Referenznahme zu nutzen. Dies macht das Ganze authentischer, gleichzeitig steigert es die Wertschätzung der Referenz dem Kunden gegenüber.

Übung

Beispielformulierung	**Ihre Formulierung**
Sie haben heute eine sehr gute und wichtige Entscheidung getroffen. In ein paar Jahren haben Sie gegenüber anderen einen enormen Wettbewerbsvorteil. Dann werden Sie noch einmal sagen, dass Sie am heutigen Tag eine wichtige und wertvolle Entscheidung getroffen haben – dazu gratuliere ich Ihnen!	

So wie Sie sich heute für uns entschieden haben, ist anderen vielleicht gar nicht bewusst, dass es solch eine vorteilhafte Lösung gibt. Wenn es nun darum geht, durch Sie jemandem die Chance zu bieten, diesen tollen Service ebenfalls zu nutzen, denken Sie da eher an Geschäftsfreunde oder an Lieferanten?	
So wie Sie sich heute für unser aktives Versicherungscontrolling entschieden haben, wem möchten Sie ebenfalls die Möglichkeit bieten, diesen Service durch Ihre Empfehlung kennen zu lernen?	
Wenn es darum geht, dass Sie jemand anderem diese Chance geben, wer fällt Ihnen dazu als erstes ein? Eher jemand aus dem Bekanntenkreis oder eher jemand aus der Familie?	
Herr Kunde, glauben Sie, dass es auch andere Menschen gibt, die in einer vergleichbaren Situation wie Sie sind und die sich über eine solche Information gerade von Ihnen besonders freuen? *Kunde:* Ja. Für wen aus Ihrem Geschäftskundenbereich ist eine solche Information zu diesem Thema besonders vorteilhaft?	

Bedanken Sie sich beim Empfehlungsgeber!

Bekommen Sie eine Empfehlung, sind Sie verpflichtet, dieser auch nachzugehen – das erwartet Ihr Empfehlungsgeber! Er ist zu Recht enttäuscht, wenn Sie seine Empfehlung ignorieren – denn demonstrativer können Sie Ihrem Kunden gar nicht zeigen, wie gering Sie seine Empfehlungsbemühungen und damit auch ihn selbst schätzen!

Informieren Sie Ihren Empfehlungsgeber auch zeitnah darüber, wie die Reaktion seines Geschäftspartners, Kollegen, Partners etc. ausgefallen ist. Ihr Kunde fragt spätestens bei Ihrem nächsten Besuch nach, was aus der Empfehlung geworden ist – oder er hakt selbst direkt bei seinem Empfohlenen nach. Bringen Sie sich also nicht selbst in Verlegenheit und kontaktieren Sie die Empfohlenen immer kurzfristig!

Nutzen Sie auch Ihre Bestands- und Stammkunden zukünftig als aktive Empfehler! Kleine, angemessene Geschenke oder Provisionen für vermittelte Aufträge – sofern diese erlaubt sind – sind Formen der Freundschaftswerbung, mit der viele erfolgreiche Verkäufer sehr gute Erfahrungen gemacht haben!

Erwartungen übertreffen

Der Schlüssel zur Empfehlung sind stets die Erwartungen des Kunden. Nur wenn Sie hier überdurchschnittlich sind, kommen die Empfehlungen wie von selbst.

Es gibt nur noch einen effektiveren Weg als die Empfehlungsfrage – die freiwillige Empfehlung, die hinter dem Rücken des Verkäufers ausgesprochen wird. Das ist die Kür, die auch der neue Hardseller beherrschen sollte. Seine Beratung und sein After-Sales-Service sind so herausragend, dass seine Kunden ihn automatisch empfehlen. Zugegeben: Hier gibt es einige Branchen, die sich besser eignen als andere, und es gibt Zielgruppen, die leichter empfehlen als andere. Aber das Prinzip lässt sich übertragen. Auch hier geht es um die Einstellung des Verkäufers oder Dienstleisters.

Beispiele:

▶ Ein Kinderarzt, der die Eltern seines kleinen Patienten am Tag nach der Behandlung anruft, um sich nach dem Befinden zu erkundigen, wird punkten. Wenn er dann noch darum bittet, ihn über die Entwicklung der Genesung auf dem Laufenden zu halten, werden die Eltern das sicherlich weiter erzählen.

▶ Ein Handwerker, der sich nach den Zeiten der Kunden richtet, auch samstags und sonntags bereit ist zu arbeiten, das Ein- und Ausräumen der Möbel übernimmt, Teppiche und Parkettböden selbständig abdeckt, die Baustelle gründlichst reinigt, Angebote binnen 24 Stunden abgibt und sich auch nach Ausführung der Arbeiten erneut nach der Zufriedenheit mit der Leistung erkundigt, wird sicher freiwillige Empfehlungen bekommen.

- Ein Versicherungsberater, der seine Kunden nach der Unterschrift über das Produkt und gesetzliche Veränderungen informiert, bestätigt seinem Kunden die Richtigkeit der Entscheidung. Wenn er seine Kunden mit aktuellen Testergebnissen zu dem Produkt versorgt oder gesetzliche Veränderungen zum Beispiel bei der Besteuerung von Finanzprodukten am Telefon erklärt, wird das als besonderer Service empfunden werden.
- Bei Produkten, deren Garantie in Kürze abläuft, erkundigt sich der Verkäufer nach der Zufriedenheit und dem Zustand des Systems. So hat der Kunde die Möglichkeit, eventuelle Mängel noch im Garantiezeitraum beheben zu lassen. Ein echter Mehrwert für den Kunden.

Übung

Formulieren Sie herausragende Serviceideen für Ihre Kunden. Denken Sie dabei noch einmal an die wichtigsten Kaufmotive Ihrer Kunden: Sicherheit, Wirtschaftlichkeit, Prestige, soziale Gründe, Interesse an Neuem, Bequemlichkeit und Umwelt/Gesundheit. Erarbeiten Sie die Ideen für die verschiedenen Phasen Ihrer Kundenbeziehung.

Diese Art von passiven Empfehlungen macht richtig Spaß. Ohne Ihr Zutun kommen neue Kunden direkt auf Sie zu – Sog statt Druck. Als neuer Hardseller tun Sie alles, um Ihre Kunden zu begeistern. Einfach nur zufriedene Kunden reichen hierfür nicht aus. Gerade in immer enger werdenden

Märkten, in denen die Wettbewerbssituation zunehmend verschärft wird, ist es wichtig, Kunden zu verblüffen und zu echten Fans zu machen.

> **Expertentipp**
>
> Empfehlungen haben den Vorteil, dass Sie niemandem erklären müssen, dass Sie ein Held sind. Das übernehmen andere für Sie. Dadurch steigt Ihre Glaubwürdigkeit, und Sie sind bereits vor dem ersten Kontakt bei Ihrem neuen Interessenten „vorverkauft".
>
> Der neue Hardseller tut alles, um Empfehlungen zu erhalten – aktive wie passive. Für ihn gehört das Empfehlungsgeschäft zum Business, und er baut es in den Verkaufsprozess mit ein. Er geht dabei systematisch vor, indem er für jede Phase der Kundenbeziehung Angebote bereithält, die nicht nur zufriedenstellen, sondern begeistern. Nach Empfehlungen fragt er ganz natürlich und selbstverständlich, einfach und direkt.

Empfehlungen messen

Tina Farblos und Olaf Grauemaus freuen sich über jeden neuen Kunden, der auf sie zukommt. Aber sie fragen nicht weiter nach: „Wie sind Sie auf uns aufmerksam geworden?" Dabei würde diese einfache Frage dazu führen, die Wirksamkeit der Empfehlungen zu überprüfen und noch wichtiger – sich bei den Empfehlungsgebern zu bedanken. Der neue Hardseller hingegen setzt alles daran, ein regelrechtes Empfehlungsmanagement zu betreiben. Hier ist nichts dem Zufall überlassen, und für den Spitzenverkäufer ist es selbstverständlich, dass er seine Erfolge und Ziele auch in messbaren Größen anpeilt und überprüft.

Genau wie bei allen anderen Zielsetzungen im Verkaufsprozess formulieren Sie als neuer Hardseller Ihre Empfehlungsziele nach der Smart-Formel: spezifisch – motivierend – Aktion auslösend – realistisch – terminiert. Eine geeignete Visualisierung Ihrer Ergebnisse ist es, sich vorzustellen, dass Sie nie wieder Kaltakquise betreiben. Dass alle Kunden von selber kommen, weil begeisterte Empfehler sie zu Ihnen schicken. Motivierend ist es auch, die Erfolge Ihrer Arbeit zu messen. Die Messung dient der weiteren Systematisierung Ihrer Vorgehensweise, und Sie lernen dabei viel für die Zukunft.

Geeignete Fragen zum Messen Ihrer Empfehlungen:

- Wie hoch ist der Kundenanteil, der Sie empfiehlt? Aus welchen Gründen werden die Empfehlungen ausgesprochen?
- Wer genau hat Sie empfohlen? Wie honorieren Sie diesen Einsatz?
- Wie viele Aufträge sind aufgrund einer Empfehlung zustande gekommen?
- Wie ist die Entwicklungsphase detailliert verlaufen?
- Wie hoch ist Ihre Abschlussquote bei empfohlenen Interessenten im Verhältnis zu selbst akquirierten Kunden?
- Welche Ihrer Kunden sprechen die wirksamsten Empfehlungen aus?
- Mit welcher Wahrscheinlichkeit werden Empfehlungsnehmer selbst zu Empfehlungsgebern?
- Welche Zielgruppen und Branchen/Kundengruppen empfehlen am stärksten? Gibt es geschlechterspezifische oder regionale Unterschiede?

Aber befragen Sie nicht nur sich selbst, sondern jeden Interessenten, der auf Sie zukommt:

- „Wer hat uns empfohlen?"
- „Wie haben Sie uns gefunden: Über unsere Pressearbeit, unseren Webauftritt, einen begeisterten Kunden? Und jetzt interessiert mich einmal: Was hat denn der Empfehler genau über uns/unser Produkt/ unseren Service gesagt?"

Wenn Sie Ihre Referenzen so detailliert analysieren, haben Sie einen doppelten Bonus: Sie erhalten praktisch eine kostenlose Marktforschung über Ihr Produkt, Ihre Dienstleistung, Ihren Service, Ihr Unternehmen und Ihre Person. Jede andere Art von Kundenbefragung kommt an diese Aussagekraft kaum heran.

Mit diesen wertvollen Informationen planen Sie Ihre zukünftigen Empfehlungserfolge. Sie wissen, von wem Sie wofür empfohlen werden. Dieses Wissen setzen Sie gezielt ein, um Ihre Quote weiter zu steigern und immer mehr Sog zu erzeugen. Bedanken Sie sich bei Ihren Referenzkunden und zeichnen Sie sich auch in dieser Phase durch eine außergewöhnliche Leistung aus. Denn Sie wissen ja: Kontakte, Netzwerke und Empfehlungen schaden nur dem, der sie nicht hat. In diesem Sinne: Bauen Sie Ihr Referenzsystem konsequent aus!

> **Bausteine für das erfolgreiche Beziehungsmanagement**
> (nach Dale Carnegie)
>
> ▶ Gehen Sie mit einem Lächeln auf Ihren Gesprächspartner zu und versuchen Sie es stets mit Freundlichkeit.
>
> ▶ Denken Sie daran: Für jeden Menschen ist sein Name das schönste und wichtigste Wort.
>
> ▶ Interessieren Sie sich aufrichtig für Ihren Gesprächspartner. Sprechen Sie von Dingen, die Sie an ihm interessieren und versuchen Sie ehrlich, die Dinge von seinem Standpunkt aus zu sehen.
>
> ▶ Seien Sie ein guter aktiver Hörer. Ermuntern Sie Ihren Gesprächspartner, von sich selbst zu sprechen. Bestärken Sie ihn in aufrichtiger Weise in seinem Selbstbewusstsein.
>
> ▶ Wenn Sie Unrecht haben, geben Sie es ohne Zögern offen zu (ISCA!).
>
> ▶ Machen Sie Ihren Gesprächspartner nur indirekt auf seine Fehler aufmerksam. Achten Sie des anderen Meinung und sagen Sie ihm nie: „Das ist falsch."
>
> ▶ Liefern Sie Ideen, statt Befehle zu erteilen.
>
> ▶ Bringen Sie den Vorschlägen und Wünschen Ihres Gesprächspartners Wohlwollen entgegen.
>
> ▶ Beginnen Sie mit Lob und aufrichtiger Anerkennung. Loben Sie jeden Erfolg, auch den geringsten. Seien Sie herzlich in Ihrer Anerkennung und großzügig mit Ihrem Lob.
>
> ▶ Geben Sie Ihrem Gesprächspartner ausreichend Gelegenheit, „ja" zu sagen.
>
> ▶ Lassen Sie ihn glauben, Ihre (gemeinsamen) Ideen würden von ihm stammen.
>
> ▶ Zeigen Sie Ihrem Gesprächspartner, dass Sie eine gute Meinung von ihm haben, und er wird sich entsprechend verhalten. Seien Sie einfach nur ein neuer Hardseller!

Der Fleißige schlägt das Talent oder warum es ohne Training nicht geht

Trainieren Sie Ihre Mannschaft nicht nur von der Seitenlinie. Gehen Sie mit aufs Feld, gehen Sie mit zum Kunden. Schauen Sie, was draußen im Markt und was bei Ihrem Team los ist. Greifen Sie zu ungewöhnlichen Maßnahmen, die die Leute zusammenbringen. Aber nicht, um zu klagen, sondern um zu klotzen. Training, Training, Training – das ist das Einzige, was wirklich zum Erfolg führt. Ob im Fußball oder Business. Und das geht nicht ohne Sie – den Trainer des Teams.

Gerade in herausfordernden Zeiten werden die Trainings gekappt. Da wird Druck aufgebaut, um die Zahlen zu verbessern. Da wird an den Zielvereinbarungen geschraubt und an Investitionen gespart. Schulungen bleiben auf der Strecke, die Motivation sinkt, die Ergebnisse ebenso. Ich bin der festen Überzeugung, dass Verkäufer mindestens zwei Mal pro Jahr ein externes Training brauchen. Die interne Schulung ist gut und schön, aber externe Trainings haben den Vorteil, dass ein frischer Wind und externes Know-how ins Unternehmen kommen.

Daniel Coyle bringt es in seinem Buch „Die Talent-Lüge" auf den Punkt: Talent ist nicht gottgegeben, sondern erlern- und dauerhaft steigerbar. „Warum wir (fast) alles erreichen können" ist nicht einfach nur eine These. Coyle belegt diese Tatsache auch wissenschaftlich: Es ist ein Mechanismus im Gehirn, der aktiviert werden muss. Myelin, ein Stoff, der sich um die Nervenzellen legt und diese festigt, ist verantwortlich für unseren Erfolg. Wie ein Plastikschutz um ein Kabel bildet er sich um unsere Nervenzellen. Viel Wissenschaft um eine einfache Sache. Was wir brauchen, um Ziele zu erreichen und Erfolg dauerhaft zu pachten, ist kein Geschenk des Himmels, sondern Motivation, Übung und knallharte Disziplin.

„Das kann ich nicht! Das wurde mir nun mal nicht in die Wiege gelegt!" – Kennen Sie diese Leute, die immer eine Ausrede parat haben, wenn etwas nicht geht, wenn sie eine Sache nicht beherrschen? „Der Fleißige schlägt das Talent" – ein Satz, für den ich meine Hand ins Feuer lege und den ich auch anders ausdrücken kann: „Der Fleißige wird zum Talent."

Spitzenergebnisse werden nur erzielt, wenn wir uns unser Talent erarbeiten. Niemand bekommt Erfolg geschenkt. Wir brauchen Disziplin, besser noch Selbstdisziplin. Deshalb nützen Ihnen talentierte Neulinge erstmal recht wenig. Sie müssen sie immer weiter treiben auf ihrem Pfad des Lernens und sie dazu bringen, alle Phasen und Techniken des Verkaufsprozesses zu perfektionieren.

Erst nach 10 000 Stunden erhalten Sie Spitzenverkäufer

Kennen Sie die 10 000-Stunden-Regel? Bestsellerautor Malcolm Gladwell („Überflieger. Warum manche Menschen erfolgreich sind – und andere nicht") hat sie entlarvt. Ein wahrer Experte, ein Champion, ein echter Profi wird nach circa 10 000 Übungsstunden geboren – das entspricht in etwa zehn Jahren harter Arbeit. Niemand gelangt mühelos, ohne andauernde, konsequente, leidenschaftliche Übung an die Weltspitze. Und da sind wir wieder bei Daniel Coyle und seiner Talent-Lüge. Übung oder „aktives Lernen", wie er es nennt, ist der Teil auf dem Weg zum Talent, der am aufwändigsten, langwierigsten und härtesten ist.

Der Weg zum Erfolg hat eigentlich nur eine große Hürde, die immer wieder den Weg versperrt: Zufriedenheit. Was machen wir, wenn wir mit etwas zufrieden sind? Wir freuen uns darüber und hören auf, daran zu arbeiten. Also machen wir genau das Gegenteil von dem, was wir eigentlich sollten. Streichen Sie das Wort „Zufriedenheit" aus Ihrem Wortschatz! Merken Sie sich lieber Hartnäckigkeit, Siegeswille, Gewissenhaftigkeit, Konzentration und Frustrationstoleranz. Diese Eigenschaften führen zum Erfolg.

Du hast es in der Hand

Liebe neue Hardseller, Sie haben es selbst in der Hand, aus diesem Buch etwas zu machen. Ich freue mich, wenn Sie sich bereits an einzelnen Stellen wiedererkannt sowie neue Motivation und Praxis-Know-how für sich gefunden haben, um in Zukunft noch erfolgreicher zu sein.

Mit dem folgenden Test prüfen Sie, wie weit Sie bereits die Prinzipien des neuen Hardselling verinnerlicht haben. Kreuzen Sie einfach die Alternative an, die für Sie am meisten zutrifft.

Ein kleiner Test zum Abschluss	
Im Verkauf ist besonders wichtig, dass ich	
c – meine Produkte in- und auswendig kenne	❏
a – die richtige Einstellung habe und sich diese in meinem Verhalten widerspiegelt	❏
b – möglichst viele Kontakte habe und Besuche absolviere	❏
Verkaufen ist für mich ...	
b – Beruf	❏
a – Berufung	❏
c – Arbeit	❏
Als Verkäufer zeichnet mich vor allem aus ...	
b – meine Ausdauer	❏
c – mein Mut	❏
a – meine Begeisterung und Begeisterungsfähigkeit	❏
Wie gehen gute Verkäufer mit Niederlagen um?	
c – Überhaupt nicht – sie verdrängen sie	❏
a – Sie analysieren sie und lernen aus ihnen	❏
b – Sie nehmen sie einfach hin	❏
Was sind konkrete Ziele?	
c – Meine Wünsche und Visionen, die ich im Kopf habe	❏
b – Die Dinge, die ich schon in meinem Leben erreicht habe	❏
a – Ziele sind immer SMART und zukunftsbezogen	❏

Modeling of Excellence bedeutet für mich	
c – immer bei meinen bewährten Verkaufstechniken zu bleiben, bis sie zum Erfolg führen	❏
a – von den Topleuten in meiner und anderen Branchen zu lernen, um deren Know-how auch für mich zu nutzen	❏
b – dass ich mich nicht anpassen will, weil ich meinen eigenen Stil habe	❏
Akquise ...	
b – bedeutet für mich eine Notwendigkeit, um zu neuen Kunden zu kommen	❏
a – macht mir Spaß und motiviert mich, denn ich bin „hungrig" auf Neukundenerfolg	❏
c – bedeutet für mich ein lästiges Muss	❏
Beim Terminvereinbarungsgespräch ...	
b – lasse ich mir immer von der Assistentin helfen und sage ihr den Grund meines Anrufes	❏
c – steige ich immer erst beim zuständigen Einkäufer/ Sachbearbeiter ein, um mir Informationen zu beschaffen	❏
a – steige ich immer erst ganz oben beim Entscheider ein	❏
Sollte ein Kunde einmal nicht meinen Terminvorschlag annehmen, dann ...	
a – sehe ich das als besondere Herausforderung und Sport und bleibe hartnäckig an ihm dran	❏
c – streiche ich ihn aus meiner Kundenkartei, denn er hat mich nicht verdient	❏
b – gebe ich diesen Kunden an einen Kollegen ab, damit er sein Glück versucht	❏
Ein Verkaufsgespräch beginne ich immer ...	
c – mit Smalltalk	❏
b – damit, den Kunden zu loben, sein Büro, sein Unternehmen etc.	❏
a – direkt mit dem Thema des Gespräches	❏
Was ist beim Gespräch wichtiger?	
b – sich den Kunden sympathisch zu machen	❏
c – sich dem Kunden sympathisch zu machen	❏
a – beides	❏

Welche Fragen soll sich ein guter Verkäufer nach dem Ersttermin stellen?	
a – Wie motiviere ich den Kunden beim nächsten Termin zum Kauf?	❑
c – Was werde ich jetzt machen?	❑
b – Was sollte ich beim nächsten Termin anders machen?	❑
Bei der motivorientierten Nutzenargumentation ist es wichtiger ...	
b – alle Produktvorteile und -eigenschaften aufzuzählen	❑
a – die Vorteile durch Brückenworte mit dem Kundennutzen zu verbinden	❑
c – die Stärken meines Unternehmens zu präsentieren	❑
Wie präsentiere ich mein Angebot?	
b – Umfassend mit aufwändiger Powerpoint-Präsentation	❑
c – Ich warte den Gesprächsverlauf ab und präsentiere situativ und spontan	❑
a – Einfach, klar, begeistert und verständlich	❑
Am besten überzeuge ich meinen Kunden durch ...	
c – mein Unternehmen	❑
a – Produktvorführungen bei meinen begeisterten Stammkunden	❑
b – Referenzen	❑
Wenn Kunden keine Einwände vorbringen, weiß ich,	
a – hier stimmt was nicht!	❑
c – dass sie kaufen	❑
b – dass sie nie kaufen	❑
Wenn mein Kunde ständig neue Einwände vorbringt, weiß ich, dass ...	
a – er überzeugt werden will	❑
b – er sich den Kauf noch überlegen will	❑
c – er nicht kaufen will	❑
Auf Einwände reagiere ich ...	
b – direkt	❑
c – nur, wenn's sein muss	❑
a – indem ich sie erst mal mit der Hypothesentechnik prüfe	❑
Auf Nachlassforderungen von Kunden reagiere ich ...	
b – mit dem Motto: Keine Leistung ohne Gegenleistung	❑
a – indem ich ihnen den Mehrwert meines Angebots deutlich mache	❑
c – sofort, um den Auftrag zu machen	❑

Auf den Einwand „zu teuer" reagiere ich ...	
b – gleich mit der Frage „Im Verhältnis wozu?"	❑
c – mit Preisrechtfertigungen	❑
a – mit Stolz auf das Angebot und weiteren Nutzenargumenten	❑
In das Preisgespräch gehe ich mit ...	
c – Unsicherheit, aus Angst, den Auftrag zu gefährden	❑
a – Siegeswillen und Abschlusskonsequenz	❑
b – gemischten Gefühlen	❑
Den größten Einfluss auf den Auftrag nimmt ...	
b – mein Angebot	❑
c – meine Verkäuferpersönlichkeit	❑
a – der Preis	❑
Wenn mein Kunde mit meinem Angebot nicht einverstanden ist, dann ...	
b – schlage ich ihm einen neuen Gesprächstermin vor	❑
c – locke ich ihn mit einem Nachlass	❑
a – formuliere ich die Vorteile meines Angebots und den Nutzen für ihn neu	❑
Meine Kunden kaufen in erster Linie ...	
c – wegen meines Angebots	❑
b – weil sie überzeugt sind	❑
a – wegen mir – dem Verkäufer	❑
Kundenbindungsmaßnahmen sind nach dem Abschluss Sache ...	
b – des Innendienstes	❑
c – des Kundenservice	❑
a – des Verkäufers	❑
Langfristige Kundenbindung funktioniert nur, wenn ich meine Kunden ...	
a – zu echten Fans und Empfehlern mache	❑
c – zufrieden stelle	❑
b – begeistere	❑
Empfehlungen bekomme ich ...	
a – weil ich danach frage	❑
b – manchmal, wenn mein Kunde von selbst dran denkt	❑
c – von jedem meiner Kunden automatisch	❑

Auswertung:

a = 3 Punkte
b = 2 Punkte
c = 1 Punkt

71 – 81 Gratulation! Sie haben mein Buch geradezu inhaliert ... Jetzt aber los – gehen Sie „raus" und zeigen Sie Ihren Kunden, was ein neuer Hardseller ist!

70 – 50 Sie sind auf dem richtigen Weg! Vertiefen Sie Ihr Know-how, indem Sie noch einmal dort nachlesen, wo Sie Ihr Wissen optimieren können – oder besuchen Sie eins meiner Seminare!

27 – 49 Was zeichnet einen neuen Hardseller insbesondere aus? Seine Hartnäckigkeit und Ausdauer! Also geben Sie nicht auf – lesen Sie mein Buch noch einmal und setzen Sie Ihr Wissen Schritt für Schritt in der Praxis um, indem Sie sich SMART(E) Ziele setzen!

Ich freue mich jetzt schon über Ihr Feedback – schreiben Sie mir Ihre Kritik, Anregungen und Hinweise, erzählen Sie mir von Ihren Erlebnissen und Erfahrungen, die Sie beim Umsetzen meiner Ideen und meines Praxis-Know-hows hatten!

Ihr Martin Limbeck

Literatur

Altmann, Hans-Christian: *Erfolgreicher verkaufen durch positives Denken.* Landsberg/Lech, 7. Auflage 2000

Altmann, Hans-Christian: *Mut zu neuen Kunden. Wie Sie sofort neue Kunden gewinnen.* Heidelberg, 7. Auflage 2006

Bono, Edward de: *Laterales Denken. Ein Kursus zur Erschließung Ihrer Kreativitätsreserven.* Reinbek 1982

Carter-Scotts, Cherié: *Negaholiker: Der Hang zum Negativen.* Frankfurt/Main 1992

Christiani, Alexander: *Magnet Marketing. Erfolgsregeln für die Märkte der Zukunft.* Frankfurt/Main 2002

Christiani, Alexander: *111 Motivationstipps für persönliche Höchstleistungen.* Landsberg/Lech 2002

Christiani, Alexander/ Detroy, Erich-Norbert/ Fink, Klaus-J./ Kreuter, Dirk/ Limbeck, Martin: *Das Sales-Master-Training.* Wiesbaden 2005

Cialdini, Robert B.: *Die Psychologie des Überzeugens. Ein Lehrbuch für alle, die ihren Mitmenschen und sich selbst auf die Schliche kommen wollen.* Bern, 6., überarbeitete Auflage 2009

Coyle, Daniel: *Die Talent-Lüge. Warum wir (fast) alles erreichen können,* München 2009

Czichos, Reiner: *Changemanagement. Konzepte, Prozesse, Werkzeuge für Manager, Verkäufer, Berater und Trainer.* München, 4. Auflage 2002

Czichos, Reiner: *Creaktives Account-Management. Kunden-, Verkäufer- und Vertriebs-Management.* München – Basel, 2. Auflage 2000

Detroy, Erich-Norbert: *Sales Spirit®. Was Spitzenverkäufer zu allen Zeiten auszeichnet.* München 2003

Detroy, Erich-Norbert: *Sich durchsetzen in Preisgesprächen und Preisverhandlungen.* Frankfurt/Main, 14., vollständig aktualisierte und erweiterte Auflage 2009

Detroy, Erich-Norbert: *Engpass Preis.* Wien, 2. Auflage 1999

Detroy, Erich-Norbert:. *Das Powerbuch der Neukundengewinnung. Effektive und gewinnorientierte Kundenakquise per Brief, Telefon und Internet.* Frankfurt/Main, 3. überarbeitete und erweiterte Auflage 2005

Ebeling, Peter: *500 Verkäufersünden.* Landsberg/Lech, 6. Auflage 1992

Enkelmann, Claudia: Machen Sie sich einen Namen! Das wichtigste Wort in Ihrem Leben! In: Scherer, Hermann (Hrsg.): *Von den Besten profitieren. Erfolgswissen von 12 bekannten Management-Trainern.* Offenbach, 5. Auflage 2002

Fink, Klaus J.: *Bei Anruf Termin. Telefonisch neue Kunden akquirieren.* Wiesbaden, 3. Auflage 2005

Fink, Klaus J.: *Empfehlungsmarketing. Königsweg der Neukundengewinnung.* Wiesbaden, 4. Auflage 2008

Fornahl, Rainer: *Abschlusstechniken im Verkauf. Die erfolgreichsten Vorgehensweisen. Übertragbar auf alle Branchen.* Düsseldorf/Berlin 2000

Franke, Edmund Udo: *Durch Kundeneinwände mehr verkaufen.* Landsberg/Lech 1985

Gladwell, Malcolm: *Überflieger: Warum mache Menschen erfolgreich sind – und andere nicht,* Frankfurt/Main 2009

Koch, Richard: *Das 80/20 Prinzip. Mehr Erfolg mit weniger Aufwand.* Frankfurt/Main, 3. Auflage 2008

Limbeck, Martin: *Siegerstrategien für Verkaufsprofis.* Wien 2002

Ohoven, Mario: *Die Magie des Power-Selling. Die Erfolgsstrategie für perfektes Verkaufen.* Landsberg/Lech, 5. Auflage 1992

Pickens, James W.: *Closing. Erfolgsstrategien für offensive Verkäufer.* Franfurt/Main – Wiesbaden 1989

Pickens, James W.: *Masterclosing. Die Erfolgsgeheimnisse der Sales-Manager,* Frankfurt/Main – Wiesbaden 1993

Rückert, Hans-Werner: *Entdecke das Glück des Handelns. Überwinden, was das Leben blockiert.* Frankfurt/Main, 2. durchgesehene Auflage 2004

Ruhleder, Rolf H.: *Verkaufstraining intensiv.* Renningen, 2. Auflage 2000

Scherer, Hermann (Hrsg.): *Von den Besten profitieren. Erfolgswissen von 12 bekannten Management-Trainern.* Offenbach, 5. Auflage 2002

Scherer, Hermann (Hrsg.): *Von den Besten profitieren II. Erfolgswissen von 14 bekannten Management-Trainern.* Offenbach, 2002

Schnappauf, Rudolf A.: *Verkaufspraxis – Wegweiser durch alle Verkaufssituationen.* Landsberg/Lech, 4. Auflage 2000

Schranner, Matthias: *Verhandeln im Grenzbereich. Strategien und Taktiken für schwierige Fälle.* München, 4. Auflage 2004

Watzlawik, Paul: *Anleitung zum Unglücklichsein.* München, 25. Auflage 2003

Der Autor

Martin Limbeck zählt zu den Spitzenverkaufstrainern und gilt als der Hardselling-Experte in Deutschland. Er agiert erfolgreich als Verkaufs-, Management- und Persönlichkeitstrainer in der Dienstleistungs- und Investitionsgüterbranche. Nach Ausbildungen zum Groß- und Außenhandelskaufmann sowie zum Fachkaufmann für Marketing bildete er sich in den USA und Europa weiter. Erfahrungen sammelte er zudem in verschiedenen Positionen als Vertriebsprofi, Key-Account-Manager und Führungskraft. Neben seiner vielseitigen und marktnahen Verkaufstätigkeit hat er zahlreiche  Verkaufsschulungen konzeptionell entwickelt und praxisgerecht durchgeführt. Daher rührt auch sein Motto: „Nur ein Verkaufstrainer, der selbst verkaufen kann, kann auch Verkaufsschulungen durchführen." In Praxistrainings vermittelt er Insider-Know-how und konkrete Erfolgsstrategien. Er ist Lehrbeauftragter an der ESB Reutlingen, Expertenmitglied des Club 55, der „European Community of Experts in Marketing and Sales", und Mitbegründer des Top-Trainer-Teams SALES MASTERs. Für sein Trainingskonzept DAS NEUE HARDSELLING wurden Martin Limbeck und sein Team mit dem Internationalen Deutschen Trainings-Preis 2006 des BDVT (Bronze in der Kategorie „Vertrieb und Verkauf") ausgezeichnet. 2008 wurde er zusätzlich vom BDVT mit dem *5 Years Award* in Bronze gewürdigt. 2009 erhielt er den Conga Award.

Martin Limbeck
Alte Gasse 4 a
D-61462 Königstein

Hotline: 0800-LIMBECK
www.martinlimbeck.de
kontakt@martinlimbeck.de